學術論考

聖嚴法師——著

目錄

上篇　教理

下篇　論考

編案：本書內容結集自法鼓全集《學術論考》和《學術論考Ⅱ》。

上篇

教理

天台思想的一念三千

本文是我於去（一九七一）年讀博士課程第一年中的一篇日文的研究報告，在此之前，我也不是研究天台宗的專家，故就本文的內容而言，學術思想史的整理介紹，多係依據近代日本佛教學者們的已有成果，唯其對於中國的佛教界而說，尚是新鮮的東西，所以把它譯成中文。提供並就正於《內明》雜誌的編者和讀者。

一、天台思想的傳承

不用說，天台思想是由天台宗的創祖智顗（西元五三八—五九七年）的發明而來。但是，天台宗既屬於佛教的一大學派，便不能沒有來自印度佛教的根據。此在智者大師本人，並未加以說明。然在做為其學派傳承者的弟子們，這卻是一樁大事。天台門下的最大功臣，是灌頂（西元五六一—六三二年），因此，在他為天台大師筆錄的《摩訶止觀》的開頭寫序，即提起了天台學派的傳承系統。他所提示的，有兩個線索：一是依據《付法藏因緣傳》，從釋迦付法摩訶迦葉為初祖，經阿難、商那和修，而至師子比丘，共二十三代祖師。唯此和智者大師之間的關係，尚不夠明確，故其接著又舉出了第二個系統，以龍樹為其高祖，其下依次是北齊的慧文、南嶽的慧思（西元五一五—五七七年），而到智者大師，共為四人❶。

此到天台六祖，荊溪湛然（西元七一一—七八二年）所寫《止觀輔行傳弘決》之中，即將前者的二十三祖，稱為金口祖承，後者的四祖，名為今師祖承。這兩大系統的前者，是印度的傳承，龍樹即是其中的第十三代祖師；後者是由印度而開出了中國的天台，龍樹又成了中國天台學派的高祖，故在天台宗而言，對此兩個系統，無不尊重。至於中國的慧文和印度的龍樹之間，如何連結起來，那就無從追索了。

事實上，這種法脈相承的觀念，雖受傳統的佛教，特別是禪宗及天台宗之所重視，卻是未必可靠的，若照「依法不依人」的原則而言，也是不必要的。其中尤以《付法藏因緣傳》這部書的真實性，亦頗有疑問，此在宋代契嵩的《傳法正宗論》卷上，即推定其為北魏曇曜的偽作，近代學者，則以此書是曇曜依據來自西域的吉迦夜的口述，再參考了《阿育王傳》、《大智度論》卷二的記事，以及馬鳴、龍樹、迦那提婆等的傳記，新編而成者❷。

不過第二種所謂今師相承的說法，的確是可信的。我們知道，天台智顗，是南嶽慧思的門人，慧思則曾於北齊的慧文禪師處稟受禪法。因此，在禪法的基礎上，慧文、慧思、智顗，乃是一線相承的。再看慧文禪師，是依《大智度論》做為修禪的根據❸，從慧思及智顗的著述之中，也可明顯地知道他們三位，均對龍樹的《大智度論》，極為重視。

另從思想的發展上看，天台的一念三千，是受自慧思的一心三觀，慧思的此一思想，是來自北齊慧文的三智一心，慧文又是淵源於《大智度論》第二十七卷的「三智實在一心中得」（編案：參見《佛祖統紀》卷六。《大智度論》並無「三智實在一心中得」之句，但有此思想。）。可見此一禪法為中心的三位中國祖師，之能開展成天台學派，源頭是出於印度的龍樹菩薩。

說起龍樹菩薩，他的思想的幅度，極其廣大而又高深，單就實相論的體系而言，他造了三部論書，此對中國佛教的影響之大，可謂空前絕後。這三部論書的書目是：

（一）《中論》
（二）《十二門論》
（三）《大智度論》

《中論》及《十二門論》，闡揚的是以空諦為主的實相論；《大智度論》則是闡揚以中諦為主的實相論。故在譯成漢文之後，也在中國形成了兩個學派，吉藏大師（西元五四九—六二三年）承受了空諦的實相論而成立了三論學派。北魏之際，由於道場的兼重《大智度論》而被視為四論學派的創始人，唐之吉藏，著有《三論玄義》，同為唐代人物的均正，則著了《四論玄義》。

至於天台宗，既非三論宗，亦非四論宗，而是就《大智度論》的立場推展出來的。不過，重視《大智度論》的人，早在羅什的門下，即有僧叡（西元三五五—四三九？年）的研究了。僧叡重視《大智度論》，同時也研究《法華經》。此一羅什的系統，也正是龍樹的學派所傳。故到南嶽慧思，在信仰的實踐方面，採取《般若經》立場的《大智度論》，在教理方面則以《法華經》為其中心。由此傳至智顗，便以《法華經》和《大智度論》的統合，發揮完成了天台學派。

但是，龍樹的實相論，尚是屬於論理的，到了南嶽慧思，所主張的一心三觀，已從三智一心的基礎上，又接受了地論派及攝論學派所倡如來藏緣起論的實踐觀之影響，而成了唯心論的實相論，但其尚未及於每一眾生的當下一念，此到天台大師智顗，始採用了《法華經》的十如是，《大智度論》所說的三種世間，乘以十法界，便成了眾生當下的一念之中，即具足三千世間的諸法性相，這是個人的實相論了。

然而，眾生當下的一念心，分有真妄兩面，智顗尚未論及，到了天台宗的第六代荊溪湛然，才對之做了申論。可是，這個一念心的真妄問題，竟為趙宋時代的天台家子孫，帶來了所謂山家派與山外派的四十年之論爭或七年之論爭，那就是四明知禮（西元九六〇—一〇二八年），站在妄心的立場而註釋湛然的《十不二門》，孤山智圓（西元九七六—一〇二二年）雖也站在妄心立場，卻是唯心論者而非實相論者。雖然兩派均以自家為天台的正統，天台學派畢竟是實相論者而非唯心論者，故其結果，四明派獲勝而名為山家派，孤山派則被貶稱為山外派了。

追究其中的原因，兩方只是在觀心修道的理論上爭持不下，四明派以為修習止觀的工夫，是由觀照妄心著手的，如果直接觀照真心，真心是不動的、無相的，根本無處著手。在山外派的源清以及洪敏等的看法，一念三千的那個一念心，必然是真心，妄心為幻法，豈能具足三千世間，所以用功觀照的那個一念心，定是真心的第九識，而非如四明所說的陰妄的第六識。實際上，此也正是實相論和唯心論所持觀點的不同之處。四明是指有相及無相的一念心，源清等人則係指的真常的一念心。

天台宗本為實相論的學統，怎會引出了唯心論的派別，這是很饒趣味的問題。其癥結是出於《大乘起信論》的思想，《大乘起信論》這部書，是唯心論系的重要典籍，因為和實相論不同，故在近代的日本學者，多以南嶽慧思的《大乘止觀法門》是採取《大乘起信論》的立場，推定不是出於慧思的著述❹。可是智者大師本人，也在他親撰的《小止觀》中，引用了《大乘起信論》的文字。唯其從智顗的全般思想中考察起來，他並未重視《大乘起信論》的思想體系，乃係事實。因此，在現代的日本學者，例如關口真大博士，於其所著《天台小止觀之研究》之中，提出新的證據，證明《小止觀》亦非智顗親筆所撰，乃是由其弟子淨辨的筆受，他的根據是藏於東京上野寬永寺的《略明開矇初學坐禪止觀要門》的一部抄寫本，以其內容對照，即是《小止觀》，而其卻以「天台山智顗禪師說．齊國沙門淨辨私記」來表明其成立的過程。在這淨辨私記本的《小止觀》中，卻沒有發現引用《大乘起信論》的字樣可徵，智者大師可能從未涉及《大乘起信論》的問題❺。

不過，在一般流通本《小止觀》的〈正修行第六〉之中，確有引用《大乘起信論》的依據：「《起信論》云，若心馳散，即當攝來，住於正念，是正念者，當知唯心，無外境界，即復此心，亦無自相，念念不可得。」❻故到六祖荊溪大師，便對《大乘起信論》重視起來，他將《大乘起信論義記》❼的真如不變隨緣說，引進了天台學的範圍，他本是為了解說上的便利而加以引用，但卻帶來了唯心論的傾向。他在其所著的《金錍論》中，述及有情非情皆有佛性之時，亦顯示了唯心論的色彩，到了趙宋天台的山外諸家，乃是本著他的這一傾向的繼續強化發展而來。

雖然趙宋時代的山家派和山外派，都因荊溪大師重視《大乘起信論》而均熱心研究，但以山家派主張《大乘起信論》是屬於別圓二教，山外派則以《大乘起信論》唯屬圓教。因此，山家派仍未脫離天台的本位，亦可說是荊溪的本位，山外派則乾脆離開本位的實相論而成了天台宗的唯心論派。故也可說，趙宋時代的山家山外之爭，為實相論和唯心論的爭執。

趙宋以後的中國天台宗，即趨於衰微，直到明末清初的蕅益大師智旭（西元一五九九—一六五五年），起來為天台學派的思想，做了全盤性的統一，他不但統一了天台學，而是以天台思想為背景，融合了中國佛教的各大宗派，向來的天台宗學者，對於唯識思想是不能相融的，智旭卻以天台立場，接受了唯識學的調和，當然，對於禪、淨、律宗以及華嚴的融通，更不用說了。此後的天台宗，除了演述古說之外，便沒有另創新說的思想家了。自然，依歷史的時間而言，有創發能力的大思想家，也不是經常可得而見的。

註解

❶《大正藏》四十六．一頁上—中。
❷望月氏《佛教大辭典》四四九四頁上。
❸安藤俊雄氏《天台学——根本思想とその展開》十一頁。
❹有關此一問題，筆者已在拙作《大乘止觀法門之研究》一書的第二章第三節，做了詳論。中譯本已於《海潮音》月刊連載發表，不妨參考五十二卷十月號，十一—十四頁。
❺關口真大氏《天台小止觀之研究》六十八頁。
❻《大正藏》四十六．四六七頁上。但據《天台小止觀之研究》一七四至一七五頁的諸本對照，在

此所引《大乘起信論》的前後計二百三十六字，於「日光山輪王寺天海藏古鈔本」、「上野寬永寺藏寫本」的《小止觀》，以及《圓覺經道場修證儀》的所引，均未發現。

❼《大正藏》四十四．二四〇頁，唐法藏撰。

二、天台思想的一念三千

由於上節的介紹，我們已知道，天台思想的形成，是經龍樹、慧文、慧思、智顗而產生了一念三千的理論。在智者大師的三大部之中，以《摩訶止觀》出現得最遲，如說《摩訶止觀》是智者大師晚年最成熟的集大成的論書，一念三千的理論，也是到了《摩訶止觀》之中，才被發揮出來。到後來，天台學派中的主流思想的演變，也以一念三千為其中心。所以，一念三千的思想，和三諦三觀的思想，同為天台教學之中教觀二門的中心教義，也是天台教義的兩大特色。對於三諦三觀的問題，本文之中，暫時不加討論，且待之於另外介紹。本文所關心的，是一念三千的問題。

所謂一念三千，即是在當下的一念之中，具足三千世間的諸法性相之意。這是智者大師的究竟極說，也是做為天台十乘觀法之體的觀不思議境的內容。因在天台的思想，不論三性之有漏與無漏，介爾之一心，即具三千世間的迷悟諸法而無欠缺。此在《摩訶止觀》卷五上，有如下的一段說明：「夫一心具十法界，一法界又具十法界、百法界。一界具三十種世間，百法界即具三千種世間。此三千在一念心。若無心而已，介爾有心，即具三千。亦不言一心在前，一切法在後；亦不言一切法在前，一心在後。」❶

這就是說，檢點考察吾人於日夜所起的一念心，必屬於十法界中的某一法界：若與殺生等的瞋恚相應，是為地獄界；若與貪欲相應，是為餓鬼界；若與愚癡相應，是為畜生界；若與我慢勝他相應，是為阿修羅界；若與人倫的道德律相應，是為人間界；若與欲界、色界、無色界等的禪定相應，是為天上界；若與四聖諦之理相應，是為聲聞界；若與十二因緣觀相應，是為緣覺界；若與淨佛國土成就眾生的願行相應，是為菩薩界；若與真如法界相應，即為佛界。所以說，不論你是否已在三惡道中，或者是否已經解脫，只要一念與某界相應，此心即在某界，佛果的聖者，雖斷修惡，仍可以為了度生的悲願而不斷性惡；惡道眾生雖因沒有修善而處於惡境，但仍不斷性善，若能一念與佛道相應，此念即是佛界。這是天台宗的獨特思想。所以，若不理解一念三千，便無從理解天台思想的性具和性惡之說。

這是說，眾生的一念心，既屬於當下所處的某一界，但此一念心亦不與一切諸法之間，不相連接，而是本無隔絕，互具互融的。因其不是單獨孤立的，故在一界，必具十界；同時，於此所具的十界，又各具十界，以十乘十，便成了百界。再以此百界的每一界，均具足《法華經．方便品》所示的十如是——如是相、如是性、如是體、如是力、如是作、如是因、如是緣、如是果、如是報、如是本末究竟等，即成了千如，合稱之謂百界千如。至於三千，乃是根據《摩訶止觀》卷五所謂「三種世間，一者五陰世間，二者眾生世間，三者國土世間」的三種世間，配屬於百界的千如，每一如均具有三種世間，所以構成了三千世間的理念。這三種世間，即是空間和時間的總體，也包羅了眾生的正報和依報的全部。五陰世間，是構成十界的共通要素，它是眾生身心的差別現象。眾生世間，是眾生所持正報的差別相。國土世間，是眾生所感依報的差別相。總括起來，將十界乃至百界的所有差別相，便稱為三千世間。此三千世間，不在別處，而是具足在吾人日夜所起的一念心中，故稱為一念三千。不過，三千之數乃是理論上用以組織和說明的概念，實際上也不必呆板地限定三千之數，故而六祖荊溪湛然曾說：「三千者無盡之異名也。」（編案：參見：1.《法華文句記》卷二〈釋序品〉。2.安藤俊雄著、蘇榮焜譯，《天台學——根本思想及其開展》，臺北：慧炬，一九九八年，頁一五二。）即是說，三千之數，乃是用作表示「無盡」差別相的一種象徵性的解釋法而已。

並且，此一念既不在三千之前，三千也不在一念之前或一念之後。若謂由一心而生三千，便墮於縱過；若謂三千於一時具於一心，又墮於橫過，當離縱橫並別之過，唯是一念即三千，三千即一念。因其既不是二物相合之即，也不是背面相翻之即，乃是當體全是之即。三千無盡之諸法，全在吾人的剎那一念心，即空、即假、即中。五陰之身和所依的國土，也和此一念心相同。因此，六祖荊溪湛然，在其《止觀輔行傳弘決》卷五之三，說了惡國土的十如、善國土的十如、無漏國土的十如、佛菩薩國土的十如，並謂：「土雖差別，不異寂光。寂光雖寂，不異諸土。」❷

由於三千諸法在於剎那一念，便構成了三諦圓融的理念，也就是說，當在成道之時，此一本有之理，即能以一身一念而周遍法界，顯現三千即空之德，便成般若；顯現三千即假之德，便成解脫；顯現三千即中之德，便成法身。也就是開示悟入三德之祕藏了。

已如前述，一念三千之說，乃是智者大師晚年的思想結晶，唯到《摩訶止觀》，方始開演出來，在此之先完成的《法華玄義》卷二上，以及《法華文句》卷二上等處，雖已論及十界十如的互具互融，但尚未及三千之說。此在荊溪湛然的《止觀輔行傳弘決》卷五之三，也做了如下的論述：「大師於覺意三昧，觀心食法，及誦經法、《小止觀》等，諸心觀文，但以自他等觀，推於三假，並未云一念三千具足。乃至《觀心論》中，亦祇以三十六問，責於四心，亦不涉於一念三千。唯四念處中，略云觀心十界而已。故至止觀，正明觀法，並以三千而為指南，乃是終窮究竟極說。」❸

這是湛然大師對於智者大師，在觀心思想體系上的發展過程，所做的源流追索。但是，智者大師，何以在晚年之際發現了這麼個重要的思想呢？這恐怕與《華嚴經》有著極大的關聯。甚至可說，他在《摩訶止觀》所示十乘觀法的第一觀不思議境，述及的一念三千，已很明顯地表露著，是依照《華嚴經》而自行組織成功的。他說：「不可思議境者，如《華嚴》云，心如工畫師，造種種五陰，一切世間中，莫不從心造。」❹

可見，智者大師的一念三千思想，固然有其十界十如，互具互融的先驅思想，為之前導，也有龍樹、慧文、慧思等先輩思想的引發，然其對之組合而成一貫的一念三千之說，不能不說是以《華嚴經》〈唯心偈〉為其主導了。這是根據晉譯《華嚴經》卷十〈夜摩天宮菩薩說偈品〉所說：「心如工畫師，畫種種五陰，一切世界中，無法而不造，如心佛亦爾，如佛眾生然，心佛及眾生，是三無差別。」這個〈唯心偈〉，曾被智顗再三地引用。依照智顗對於此偈的理解來看，其中所說的佛，是佛界，眾生是除佛之外的其餘九界，而此眾生及佛的十法界，即為一心之所造作，所以產生了一念即具法界的思想。又以心、佛、眾生，三無差別（晉譯六十卷《華嚴經》卷十如來林菩薩說偈「心佛及眾生，是三無差別」（《大正藏》九．四六五頁下）），故而產生了十界具於一界的思想。再以《法華經》的十如相乘，便唱出了一念三千的教義。

其實，這個天台思想，純粹是中國的產物，即以《法華經》的十如是而言，在已發現的梵文本中，並沒有十如之說。假如漢譯本的十如是，係出於異本敷衍的話，便無法構成千如之說，充其量只可形成一念三百之說了。

但是，智者大師，能發前人之所未發，釋迦世尊也曾表示，他所已說之法如手中葉，他所未說之法，如林中葉。智顗既係依據經論，組織而成的特異法門，自亦宜予尊敬，如同佛說，所以代表天台教學的三諦圓融、十界互具、百界千如，以及最後的一念三千等說，自古即受到學者們的重視。尤其不易的是，這是一套先後一貫、相互關聯的哲學性的體系化的學術思想，雖個別自成單元，但卻基於同一個原理，形成了天台宗的十界互具、百界千如、一念三千的法界觀。

再予以追索的話，十界之說，是依據《華嚴經．十地品》而來。所謂十界互具，即是從地獄界乃至佛界的每一界中，無不同時具足其他的九界，十界雖然各別有其界限，但也同時內具十界的全體，自成一個內在的小宇宙。由於十界各各有其互具的關係，故成為百界，再由百界千如的宇宙，開為一念三千的宇宙；在一念心中，即其全體的法界。

若照日人安藤俊雄博士的看法，也說此一思想和《華嚴經》有關，但他是說，智者大師借用了《華嚴經》第三會忉利天宮會（十住會）的〈初發心菩薩功德品〉而來[5]。因在該會的經文之中，闡說在無論怎麼微細的一物之中，即具無限廣大的世界，一念之中，當然也具一切了，《華嚴經》的教說，是在說示初發心菩薩的功德，而此被智顗借用之後，即成了《摩訶止觀》之中名為一念三千的不思議境之內容[6]。這一推論，乃為一念三千之說，找到了《華嚴經》背景的另一個根據。

然而，又有一位現在的日本學者佐藤哲英博士，竟把一念三千之說，疑為非出於智者大師本人所說，而是《摩訶止觀》的筆受者灌頂章安的思想。他的理由是，另有一部《觀心論》，為智顗入寂之前，最後所授，灌頂對於此書，著有五卷的《觀心論疏》，加以註釋，其中引用《摩訶止觀》之處極多，雖亦強調了十界百如和百界千如，竟然未有一言半句涉及一念三千。佐藤氏因此提出疑問，認為智者大師於隋文帝開皇十四年（西元五九四年）在玉泉寺講說《摩訶止觀》之際，可能尚未及於一念三千之說❼。

假如說《觀心論疏》所依用的《摩訶止觀》，是其原初的型態，想其尚未完成一念三千之說，因此，與其說一念三千是出於智顗的講說，倒不如說一念三千的完成，是出於灌頂章安的功績了❽。章安在對《摩訶止觀》的整理修治的過程中，以自己的思惟，完成了一念三千之說；到了六祖荊溪湛然，盛講《摩訶止觀》，在天台學徒之間，引起了深遠的關心，乃至使此一念三千和三諦三觀，形成了天台學派的中心教義，而加以研究❾。

這種疑問和推論，當然是學術精神的表現，既有人提出問題，即應注意考察，若能提出反證，將之推翻，便可使得這一思想，更加出色，即使不能提出反證，縱然被公認為灌頂的功績，也無損於智者大師的偉大，更不會影響到一念三千說的價值。

其實，縱然《摩訶止觀》的一念三千，是出於章安的功績，在《法華玄義》卷二上，智者大師解釋妙法二字的條下，說明《華嚴經》的遊心法界之文時，已經有了如下的思想：「又遊心法界者，觀根塵相對，一念心起，於十界中，必屬一界。若屬一界，即具百界千法。於一念中，悉皆備足。此心幻師，於一日夜，常造種種眾生、種種五陰、種種國土。所謂地獄假實國土，乃至佛界假實國土，行人當自選擇，何道可從。」⑩

照這一段文字看來，一念三千之名，雖未見於《摩訶止觀》以前的天台著述，它的內容，可說已在《法華玄義》中表現出來，因在其中已經述及十界、百界、千如、一念、三種世間了，何以要待灌頂章安來為之完成呢？

總之，一念三千思想，是智者大師晚年的作品，乃是對於一心三觀的思想，更進一步地圓熟⑪，此一思想，也就成了天台學派思想史中心：由智顗向上推溯，它是最終的結果；由智顗向下演變，它是活水的源頭。

（一九七二年五月十六日中文稿完成，刊於《內明》雜誌第三、四期）

註解

❶《大正藏》四十六・五十四頁上。

❷《大正藏》四十六・二九五頁下。

❸同上，二九六頁上。

❹《摩訶止觀》卷五上，《大正藏》四十六・五十二頁下。

❺安藤俊雄氏《天台学——根本思想とその展開》一五三頁。

❻同上，一五六——一五七頁。

❼佐藤哲英氏《天台大師之研究》三九〇——三九一頁。

❽同上，四〇〇、六八二頁。

❾同上，七三三頁。

❿《大正藏》三十三・六九六頁上。

⓫關口真大氏《天台止觀之研究》一三六——一三七、一四〇頁。

密教之考察

一、現在是密教的時代嗎？

數十年來的中國佛教界，儘管不曾重視密教的傳播，但是密教已漸漸受到部分人士的歡迎，卻是事實。例如民國二〇年代，先後有顯蔭、持松之東渡日本學東密，又有法尊等優秀僧人赴西藏學藏密，特別是法尊法師學成後，譯出了藏傳彌勒的《現觀莊嚴論》、月稱的《入中論》、宗喀巴的《菩提道次第廣論》及《密宗道次第廣論》等書，為中國佛教的義學，注入了新的活力。

又由於蒙藏高級喇嘛如班禪、諾那、貢噶、章嘉等的訪問中國內地，在修持的方法方面，也引起了許多人的興趣和信仰，尤其當一九五九年達賴喇嘛離開西藏之後，西藏的高級喇嘛及優秀的藏胞，陸續到印度及尼泊爾。漸漸地移民西方各國，也將西藏的密教帶到了世界各處，在歐美諸國的發展情形，比之南傳的上座部佛教，以及日本的禪宗，頗有後來居上之勢。他們傳教的對象，不僅是西藏人，實際是以西方的當地人為主。這些喇嘛，既是優秀分子，在顯教的基礎及密法的修持方面，多有若干吸引力，對於歐美語文的學習與適應也相當努力。因此有人說，密教將在世界各地盛行，我固覺得此尚言之過早，同樣地也以為西藏密教，係印度晚期大乘佛教的主流，若不能在西藏繼續存在，也該於今後的世界佛教之中，有其一席地位。所以本文主要是討論藏密問題。

二、密教有其豐富的文化遺產

若說晚期的印度密教，不是根本佛教的原貌，便不足流傳於現代，那是不公平的。中國流行的大乘諸宗，淵源雖在印度，大成卻在中國，到了近代如淨土宗的印光大師，就是以儒家的人倫為本位的佛教大德。晚期印度密教，自也有其時代文化及區域環境的背景，能適應於西藏，不一定能適應於中國內地，如其不做適時適地的改變，今後能否適應於世界各地，尚在未知之數。

密教在中國，已曾數起數落。早在唐朝玄宗開元年間（西元七一三—七四一年），所謂善無畏、金剛智、不空等三大士來華，譯出大量的密典之前，已有零星的經咒傳入，可是在不空傳惠果之後，一時中絕。到了宋、遼對立時代，又派僧人至印度取經，由施護、法護、法天、天息災等，譯出大量的密教典籍，然而，密教仍未大行於宋代。元朝蒙古人入主中國，元主崇信喇嘛教，並以西藏的八思巴等政教領袖，統理全國佛教，也有沙囉巴、安藏、釋智等，譯出少數密典，固然漢僧受壓迫，密教亦未能因此流行於中國內地的漢人社會。由此看來，西藏密教之能否真的大盛於世界，但視其在思想及型態上的改變程度而定了。

密教雖未大行於中國的漢人社會，然在譯成漢文的密典數量而言，並不算少，收於《大正大藏經》「密教部」的，共有五百七十三種。當然，若與西藏傳譯的三藏比較，咒乘類的，漢譯尚缺三百三十種，瑜伽類的，漢譯尚缺三十八種。若將藏譯的甘珠爾（經律）及丹珠爾（論著）相加，漢譯共缺九百五十八種。如果從文化思想的交流與觀摩的觀點而言，我們不唯不應反對藏密，更應該訓練足夠的藏文人才，有計畫地將藏文的三藏，做系統性的並大規模的迻譯工作。正由於此，我與成一法師主持的中華學術院佛學研究所，正在聘請西藏學者，教授研究生們修學藏文。

三、密教是佛教

密教的興起，應與印度本身的文化思想的起落有關，佛教興起時，是對印度的婆羅門教，採取批判的立場，但也沒有完全否定其價值，只是將其置於有為有漏的世俗層次。

初期的佛教，一掃婆羅門教多神與一神交互混融的神鬼色彩，但以簡樸生活的實踐，以及基於緣起思想的四聖諦、八正道的修行，達到解脫煩惱的目的，故對於四《吠陀》中的咒術及祭儀，與其說是忽視，毋寧說是站在反對的立場。然到佛滅之後，離開佛的時代愈久，一般印度人對於傳統的印度宗教信仰的行為，愈覺得需要，故在漢譯的《十誦律》卷四十六等處，即見到比丘尼們運用咒術治病除毒的記載。咒術有其不可思議的神力靈驗，故在中國及日本乃至西方各地，均有方術巫祝等的民間信仰的活動。神力不可測，故稱為祕密教，簡稱為密教。密教的原義，在印度是沒有這個字的，咒語，稱為曼陀羅（mantra），譯為真言。它可用作人們現實生活中的求願、禳災、祈福、預卜凶吉等行為，故可迎合一般人的精神需求。又可以字種發揮成為高深的哲學思想，例如彌曼差派的聲論哲學，即以聲為常住的宇宙本體，密咒中常用的唵（oṃ）字，即是創始宇宙的元初之音，修得其法，便能化入宇宙本元的神我境界，而達於超脫自我，進入大自在的精神領域。

佛教從印度傳統宗教的藩籬中脫出來，又在不知不覺中，接受了印度傳統宗教中的某些實用而又慣用於印度社會中的若干部分。當然，佛教也有其自覺的一面，在接受異類事物的同時，也考慮到如何以佛法的性空緣起之說及大悲無我之義，疏導說明它們，以期將世俗的事物，淨化為佛法的方便。這便是佛教中的密教，它雖接納外道，而它畢竟已與外道不同。

可是，容受外道法而將外道法淨化為佛法，雖能顯出佛教之包容性及涵蓋性，卻也易於被人誤認外道法即是佛法，魚目混珠，所謂附佛法的外道者，便是由於佛法涵容廣大，旁門左道的活動，五花八門的民間信仰及地方性的習俗，也均豎起了佛教的招牌。

四、中國顯教多用密咒

前面說過，密教一詞，大致是從咒語的梵文曼陀羅一字的意譯，此字又有總持的意思，凡稱為咒語的各種曼陀羅，均有無限的神力，均代表著各咒所屬本尊的全部神力，如果本尊的神力與法身佛相等，各咒的神力也即與法身佛的無限全體相等，事實上是否如此，是另一回事，理論上是可以說得通的。這也就是祕密不可思議的道理。由於佛法理論，對於現實生活，雖能做為化解疾苦的指導，往往無法及時解除現實的疾苦，所以想到求助於冥冥中的神力，此所謂神力，不一定是鬼神之力，主要是指諸佛菩薩的廣大神通力。在密教中，諸佛菩薩及護法神王，各有其特定的神咒，而且不限一位本尊只有一個咒。這些神咒，使得諸佛菩薩及護法神王的人格印象，與普遍的大眾，親切地接合起來，也將諸佛菩薩及護法神王的慈悲願力，通過信徒的信心，成為現實生活中的救濟者。因此，有好多人雖非密宗的信徒，也多樂意乞助於密咒的功能。

考察密咒的翻譯，在唐朝的開元三大士來華以前，已有梁代僧伽婆羅、姚秦時代的鳩摩羅什，各自譯有《孔雀王咒經》❶。經中收集各種神咒，功能各別，驅邪、治毒、除病、禳災、遠惡、離難、延命、祈雨、祓旱等凡是人間一切疾苦災橫，無一不能藉咒力而得解除。

又有北涼的曇無讖，譯出《金光明經》四卷，在其第二卷的〈功德天品〉之中，即有一個神咒，若能如法受持讀誦，便能「令此所居，若村邑、若僧坊、若露地，無所乏少，若錢、若金銀、若珍寶、若牛羊、若穀米，一切所須，即得具足，悉受快樂」❷。

以上兩經，均非密宗的基本經典，甚至《金光明經》從未被視作密部的經典。《孔雀王咒經》的用途極廣，其在中國民間的流通，究竟如何，我未做探查。而《金光明經》則自隋之吉藏、智顗，唐之灌頂、慧沼，宋之知禮、宗曉、從義，乃至明之受汰，均有關於此經的註釋傳世，他們卻包括了三論、天台、唯識等各系的大師在內。

一向是顯教經典的《法華經》譯於姚秦的羅什，其中第二十六品，即是〈陀羅尼品〉。

另有一部由唐高宗時代的伽梵達摩於永徽年間（西元六五〇—六五五年）譯出了《千手千眼觀世音菩薩廣大圓滿無礙大悲心陀羅尼經》❸，其中的〈大悲心陀羅尼〉，通稱〈大悲咒〉，凡是受持讀誦者，不僅能生十五種善，不受十五種惡死，並且能生諸佛國土，能得無量三昧辯才，能轉女身成男身，能消除一切罪障，能滅一切惡業，乃至十惡五逆、謗人謗法、破齋破戒、破塔壞寺、偷僧伽物、汙淨梵行，均可由於誦持此咒而得消滅。所以此咒流行極廣，宋時的知禮，為此編成《千手千眼大悲心咒行法》一卷[4]，直至如今，仍為中國佛教界最流行的懺法之一。但是，此經譯出的年代，早在開元三大士來華之前。

唐末開始，《大佛頂首楞嚴經》，受到諸家的重視[5]，尤其經過宋代華嚴學者長水子璿（西元九六五—一〇三八年）的著力註解之後，該經卷七所錄的〈佛頂光聚悉怛多般怛囉祕密伽陀微妙章句〉，漸漸地成了禪宗各寺的日課之一，通常簡稱之為〈楞嚴咒〉。此咒功能，與〈大悲咒〉相為伯仲，持咒之人，火不能燒，水不能溺，大毒小毒所不能害；劫劫不生貧窮下賤不可樂處；縱然未做福業，十方如來所有功德，悉與此人；未得戒者，令其得戒；未精進者，令其精進；未清淨者，令其清淨；無智慧者，令得智慧。乃至若造五逆無間重罪，及諸比丘與比丘尼犯了四棄、八棄，誦此咒已，一切重業，猶如猛風吹散沙聚，悉皆滅除。

我不能確定，近代中國寺院所用的《禪門日誦》，編成於什麼年代，常州天寧寺版本的，刻於清末德宗的光緒二十六年（西元一九〇〇年），其初刻本，可能完成於明末清初之際，因為天寧寺的香雪與南京寶華山的讀體，同是寂光三昧律師的弟子。見月讀體（西元一六〇一—一六七九年）所編的《傳戒正範》，規定於受戒儀式中，必須持誦〈大悲咒〉；又在其所編的《毘尼日用切要》❻一書中，採用《華嚴經．淨行品》的偈頌、大律中的威儀、密典中的神咒，混合編成了讓出家人，從早晨起床到夜晚就寢，行、住、坐、臥、著衣、吃飯、飲水，乃至大小便利，聞聲見物，一舉一動，都要唱誦特定的經偈和密咒，共計五十四偈，三十七咒，四十四門威儀。明末的另一位比丘性祇，編了一部《毘尼日用錄》❼，也用同一方式編成，在其前言中說：「今之所錄者，與宣城圭師所集《苦海浮囊》大約相同，然而其中增補，稍有差別，學者貴乎持誦為美，慎毋彼此疑議焉。」❽可見讀體與性祇，均依《苦海浮囊》而做了增補，也許就是增補了密咒的部分，則未可知。再看天寧寺本的《禪門日誦》，除了編入朝暮課誦〈楞嚴咒〉、〈大悲咒〉、十小咒、蒙山施食儀的十四咒、臨齋儀的三咒，尚有附錄的〈尊勝咒〉、〈普庵咒〉、〈祈雨咒〉、〈二佛咒〉，以及其他的三十六咒。此與《毘尼日用錄》所集的咒文，有許多相同。故可推定，也是編成於明末清初的時代。

經過元朝蒙古民族統治的中國佛教，由於來自蒙藏的喇嘛教的影響，明代有一類專為人家超度亡魂等誦經持咒的僧人，被稱為瑜伽之教，用的是顯密之法❾。故在明末之世，蓮池大師修訂《水陸儀軌》，寶華山的律宗道場修正《瑜伽焰口》，大量採用密咒，效仿密壇的儀軌，稱為顯密圓融。明末的蕅益大師，亦特重持咒，共持有〈楞嚴咒〉、〈大悲咒〉、〈地藏咒〉、〈觀音咒〉、〈藥師咒〉、〈往生咒〉、〈準提咒〉、〈七佛滅罪真言〉等八種神咒⑩。

如上所舉的事實，說明中國雖未成為密宗盛行的地區，密教卻附於顯教的諸宗而在流行。當然，密教的另一特色，是儀軌的重視，此到下一節中討論。

註解

❶《大正藏》十九．四四六頁中—四五九頁上、四八一頁下—四八四頁下。

❷《大正藏》十六．三四五頁中。

❸《大正藏》二十．一〇五頁下—一一一頁下。

❹《卍續藏》一二九．五十四頁上—六十一頁下。

❺圭峰宗密（西元七八〇—八四一年）的《圓覺經大疏》卷中之一引用了《大佛頂首楞嚴經》（《卍續藏》十四．二八三頁下）。

❻《卍續藏》一〇六．一二九頁上—一三七頁下。

❼《卍續藏》一〇六·一〇五頁上—一二五頁下。

❽《卍續藏》一〇六·一〇五頁下。

❾《釋鑑稽古略續集》卷二，《卍續藏》一三三·二五六頁上—下。

❿聖嚴著日文《明末中國佛教の研究》二〇八—二一六頁。

五、顯教所用的儀軌

凡是宗教，無不用儀式。印度的古《吠陀》中，即有記載祭儀的專書，司祭者的資格，有一定的條件。佛陀出世，本不重視儀式，然在僧團的人數愈來愈多之後，必須有其共守的規則，同時也需要執行規則的議事程序，因此有了羯磨作業的軌式制定。此與宗教所不同者，宗教的儀式對象是神，是溝通人與神之感應的方法，佛教僧團的羯磨，其對象是人，是溝通人與人之意見的方法。

可是，佛滅之後，漸漸地有了供養三寶的儀式、出家受戒的儀式、死亡喪葬的儀式，其適用的範圍，逐漸擴大，可用於現實的人，也可用於信仰上的佛。再進一步，從日常生活及特定紀念日的儀式，成了修行方法上的規定，修某一法門或持誦某一經咒時，必須遵守某些規則，如何設立清淨道場，如何供養諸佛菩薩，如何修法。這樣便有了修持用的儀軌。

不過，密教的儀軌，須由夠資格的灌頂上師的傳授，這是修證經驗的師師相承，如無師承的加持而私自修持任何儀軌，不唯不得實益，而且罪過無邊。

顯教在中國，亦無一派不主張修持，修持必假藉方法，共通的原則是持戒、修定、發慧。持戒的律儀本身，即是一種儀軌，如《根本說一切有部百一羯磨》等諸部律中的羯磨法。明末的讀體著有《傳戒正範》，弘贊著有《歸戒要集》、《八關齋法》❶。南北朝之慧思有《受菩薩戒儀》，唐之湛然有《授菩薩戒儀》，宋之延壽有《受菩薩戒法》❷。可知，不論七眾戒或菩薩戒，皆須遵循一定的儀式軌範。

修定須假方便，中國諸宗之中，以天台宗最注重修持禪定的層次步驟，修法相當嚴密，而且首重懺悔。所以隋之智者大師，著有《法華三昧懺儀》及《方等三昧行法》；唐之荊溪湛然，著有《法華三昧行事運想補助儀》；宋之遵式，著有《金光明懺法補助儀》、《天台智者大師齋忌禮讚文》、《請觀世音菩薩消伏毒害陀羅尼三昧儀》、《熾盛光道場念誦儀》；宋之知禮，著有《金光明最勝懺儀》、《千手眼大悲心咒行法》；宋之仁岳，著有《釋迦如來涅槃禮讚文》❸；宋之志磐，著有《水陸儀軌》。這些儀軌之中，有的夾有咒文，有的則否。值得注意的是，智者大師撰著修行儀軌之際，離開密宗開元三大士的來華，早出了一百多年，而其《方等三昧行法》的六門，均稱為「方等祕法」，並且規定誦咒，七眾個別誦不同的咒文❹。明末的蕅益大師，受天台宗的影響很深，他不僅持咒，而且也編了《占察善惡業報經行法》及《讚禮地藏菩薩懺願儀》❺。

如果查閱《卍續藏》的「禮懺部」，當可發現，不僅天台宗重視懺法、行法等的儀軌，華嚴、淨土、禪等各宗的學者，均有儀軌的編著，例如淨土宗的曇鸞、善導、法照、延壽，華嚴宗的宗密等諸大師，均編著有一種以上的儀軌行法。故被收入《卍續藏》「禮懺部」的，共計四十五種一百四十八卷，時代則從北魏以迄清朝，若將《大正藏》第四十六冊所收天台家等的儀軌加進去，則超過五十種，編著人數多達四十位。

由此可見，密教的實質，與顯教相通，且在顯教各宗的修行方法之中，已經運用了密教的特長。此所不同於密宗的，在於未講求傳承，不需要上師，除了「焰口施食」之外，未運用手印及鈴、杵、曼陀羅等。故從密宗的立場看來，那些儀軌不屬密教，使用明咒亦不合法。然而那些明咒章句以及儀軌行法，已被顯教各宗用了一千數百年，畢竟有其效驗可觀，故也不能不說為是密教的行法。

註解

❶《卍續藏》一〇七冊。

❷《卍續藏》一〇五冊。

❸以上所舉諸書，均收於《大正藏》四十六冊。

❹《大正藏》四十六．九四三頁中—九四四頁上。

❺《卍續藏》一二九冊。

六、密教與外道的異同

外道，有其共通的特點，不是仰賴神力以利益自己，便是利用方術以利益自己，或者神力與方術並用以利益自己。低級的宗教信仰或普通的民間信仰，多用符籙、咒術，以召神闢邪，或役使鬼神為自己做某些特定的工作。高級的宗教信仰，則運用天啟或神示的符籙、咒術，加以修持，而使自己的身心，長生久視，或者羽化、氣化、靈化，以期達到與天地萬物合一，與最高的精神世界同體，不僅飛行自在，而且了無心物世界的罣礙。此被稱之為仙、為神、為聖、為真，乃至佛教所稱的佛性或法身。名目與層次雖有不同，基於自利的要求則一。

佛教的密宗，中國的道教，印度的瑜伽派，從層次上說，由於佛教的緣起性空的基本思想，在於破除我執我見，雖用外道之術，仍不同於外道。術只是方便，空方為究竟。然在佛教的大乘思想，信佛學佛，非為自己，乃為一切苦海中的眾生，所以世尊出家修道的起因，是見到了眾生生死的疾苦，故發願於其修行而悟得脫苦之法，再來廣度眾生。基於此一原理，密教根本經典之一的《大日經》第一卷，即標出：「佛言：菩提心為因，悲為根本，方便為究竟。」❶這裡面沒有提到空的智慧，因為空慧是屬於自內證的經驗，菩提心、大悲、方便，則為利他的大願與大行的範圍。縱然密教採用與外道類似的咒術，也非為了利己，只要對眾生有益，使眾生脫苦，任何方法都可以用的，故稱「方便為究竟」，而不以空慧為究竟。到後期的密教，極力強調般若的空與方便的悲，原因即在提醒自己，不要本末倒置，運作方便之際，連帶著要落實於空慧之上。尤其用以表明自己雖用方便類似外道，只要站穩空慧的立場，便不致與外道合流，乃至被人誤認密教與外道相同。

「方便為究竟」的本意，在於忘卻我而一味地運用度脫眾生的種種方便。不幸到了末期密教，即以方便的本身為修行佛法的究極，並且給予高深的理論做為支持他們的觀點，把凡夫行為提昇到法身理體的同一層次，美其名曰即身成佛，悲智雙運，事理合一，事即是理。此在理論上當然高超，在修行經驗上，也許說得通，然在現實世界的佛法中，總是不相應的。正由於此，密教不以歷史上的釋迦世尊為依歸，而以超現實的法身佛大日如來為本尊。並將世尊為主的顯教為方便說，大日如來示化的密教為究竟。正統的密教，不會否定顯教的價值，也不致毀謗顯教，甚至他們仍以顯教為基礎，只是不以顯教為極則而已。

註解

❶《大正藏》十八．一頁中—下。

七、外道法與密法

佛教發源於印度，而後大行於中國。從其文化背景來考察，在印度，與印度的其他宗教，彼此接融，互相影響，歷約一千五百年而佛教在印度滅亡❶。在中國，與儒、道二教，彼此頡頏，互為助緣，歷一千九百年而迄今未已。密教起於印度，本與中國的道教，交涉不多，然自近代以來，由於蒙藏密教，漸漸受到漢人社會的歡迎，故與道教之間，也產生了同異之爭，故也願意在此，一併加以論列。

道教，大致上可分作符籙及丹鼎的兩大流。符籙之術，近乎密教所用神咒及印契的作用。丹鼎則又分內丹及外丹的兩門，外丹用藥及金屬，煉成金丹，服丹成仙，稱為「餌」；內丹則以服氣及按摩導引等法，達成辟穀羽化、長生不死的目的，善用道術者，均會內外二丹並重兼顧。凡是修養身心者，無不禁忌男女的欲事；然以陰陽交會而達到與太極合一的理論為基礎，煉丹修道者，若真期望此身的長生不死，必須內丹與外丹並用，外丹的上藥，便是童女，因此而演為房中術，修行者有了服氣的內丹工夫做基礎之後，房中術的陰陽交接，乃是成道登仙的無上大法。相傳黃帝以九鼎升天，即是以九個童女為鼎，使之煉成仙丹而即身升天。此與密教的無上瑜伽，主張以十二至十六歲的童女為佛母或明妃（般若空慧），在上師的加持之下，給修行的弟子做智慧灌頂的雙身雙運，極為類似。此種大法，非已有了內丹或定力基礎的修行者，不宜修，若在中國，因與儒家的倫理道德相背馳，不是有財有勢，做為「依恃」，也不易辦到。若係成年女性，如非此女本身也是心無欲念的大修行者，最好就是上師本人，否則，但起貪愛淫欲的衝動，便與修行「相背」，這就是何以要選童女的理由了。

《圓覺經》中，佛答彌勒菩薩之問，如何使得眾生斷除輪迴根本之時說：「卵生、胎生、濕生、化生，皆因婬欲而正性命。當知輪迴，愛為根本。」所以「眾生欲脫生死，免諸輪迴，先斷貪欲，及除愛渴」❷。《楞嚴經》卷八，也訓示入定之人：「要先嚴持清淨戒律，永斷婬心。」「常觀婬欲猶如毒蛇，如見怨賊。」❸所以比丘比丘尼戒的首條重戒，便是戒淫。不論是為修定，或為解脫生死，戒淫斷欲為首要急務。即在道家，亦重視不洩不漏、保精固元、搬運河車、煉精為氣、化氣成神，喪精者必失神，精氣神不保，根本不能修道。西藏民族，也不是縱欲淫蕩的人種，唯有長期刻苦修行之後，方得實踐男女雙身的大法，亦唯有良家的清淨女子，始有機會被選為明妃，以供行者的智慧灌頂，故在藏地，此被視為一種榮寵。

故不可以淫邪的觀點，看待道教的房中術及密教的雙身法。不過不論以如何的哲理來說明，此與外道法相應而與佛法相悖，則無異議。重視以肉體的感受而達到與法身佛相應的空義，與瑜伽行的禪定有關，也與道家的丹道類似，與根本的佛法對照，則只能說是後期大乘密教的一種特殊現象。

即在印度的宗教史上，重視女性的性力派，也不起於《吠陀》時代，晚在西元第九世紀，始從舊的印度教中分裂出一個濕婆（Śaiva）信仰的流派，濕婆即是大自在天，他有妻子名叫沙克蒂（Śakti），是萬物之母，是生殖之源，因此而形成了性力崇拜的信仰，此在印度教中，也算是左派，但是在印度波羅王朝（Pala Dynasty）的保護之下，密教抬頭，波羅王朝經過十八傳，歷五百年（西元六〇〇——一一三九年），極力護持密教，從純密如開元三大士傳來中國的情況，漸漸接受更多的印度末派的色彩，終於成為無上瑜伽的諸種灌頂。從蓮華生與寂護將佛教傳入西藏，而到伊斯蘭教入侵印度期間，正好是波羅王朝的一頁興亡史，隨後不出百年，佛教即在印度絕跡，因此我要說：佛教在印度滅亡，並非亡於密教的盛行，卻是伴著密教的盛行，在伊斯蘭教經過先後十七次的摧毀洗劫，佛教便在印度滅亡了！

外道法，既然能受中國的道教採用，也受印度教的性力派所重，必定有其共通的生理學上的根據，至少從內丹的修練或瑜伽的修練過程中，人體有其一定和必然的某些反應，道教稱為精、氣、神、河車、任督二脈等的生理現象，密教稱這些為明點、氣、菩提、心、中脈等。雖其彼此的說詞及觀點不同，現象的情況，卻同為基於生理的反應。以致現在有些密教上師，擔心著中國的密教徒轉入道教，也憂慮著西方人士將密教與印度教的軍荼利尼（Kundalini）瑜伽派，混淆不清。

今日美國人之接受印度教者，確實超過接受密教人數不知多少倍。印度教的哈薩瑜伽（Hatha yoga）所用軍荼利尼法門，亦確與藏密的拙火中脈法頗為相同。軍荼利尼的修行目的，是用一種靈性較高的聲波或音，所謂曼陀羅，將神祕而沉睡在各人脊椎骨尾端的意識能力，叫作軍荼利尼的喚醒，然後沿著脊椎，從會陰部的海底輪（Mūlādhāra cakra）上升，經過生殖輪（Svādhisthāna cakra）、臍輪（Maṇipūra cakra）、心輪（Anāhata cakra）、喉輪（Viśuddha cakra）、眉心輪（Ajñā cakra），達於頭頂，與頂輪（Sahasrāra cakra）相會合，便使此人成為覺者，而其每通過一輪，均有不同的心靈感受。此與中國道教所說，打通任督二脈的情況，頗相類似。至於藏密，也主張由上師指授的智慧灌頂，由杵輪（男性生殖器）發動菩提心，沿著中脈上升，經過密輪、臍輪、心輪、喉輪、頂輪，達於最高的髻輪。可見，印度教的軍荼利尼，道教稱為氣，藏密稱為菩提心。道教沿脊椎而上者稱為督脈，藏密貫穿七輪者名為中脈。道教打通督脈者叫作黃道，只是僅講上下的丹田，未如印度教及密教之同講七輪。密教的上師，畢竟是依用佛理，說明其生理現象，批評道教的督脈及黃道，以及印度教的軍荼利尼，均係身見的執著，不僅有我執，而且是以色身為我，有唯物論斷滅見的傾向。藏密所說的中脈，是由智慧產生，其本身是空，能貫七輪而過，所以是中道，是空慧，是無我的如來藏，是佛的法身。所以修密法而即身成佛，亦唯仰賴中脈，將全身的七輪從中貫通，方為成就。

由此比較研究，真不知誰在學誰？以歷史的考察看來，大概是密教採用了外道法而加以淨化的。密教何以會採用外道法？是故意的抑是無意的？是人為的抑是神示的？若從純歷史的觀點而言，無論任何宗教的教典，無不有其來源不明的部分，故被學者們指為偽造。若從宗教信仰的立場考察，做為一個有修有證的宗教師或宗教徒，又有誰敢冒充神意或假藉佛名而杜撰經典？所以，我們必須肯定，那些來源不明的後期聖典，都是通過大宗教家或聖者們的宗教經驗，在他們與佛菩薩及諸神交通之際，或僅聞聲，或兼見形，垂示法門，告誡教訓，乃至連續數天，宣說一種經典，由人誦出，記錄成文，便可能是一部新的聖典之產生了。從第三者看，此類聖典，確係出於這些修行者的口述和傳誦，從這些大修行者自身來說，他們僅是傳達神示或佛菩薩所說，絕對不會承認是出於他們的杜撰揑造。此在心中有物的大修行者，或是修行有素的瑜伽行者，見聞神佛示現的經驗，乃是相當普遍的事。此等宗教經驗，乃是由於瑜伽、禪定、咒法、儀軌、祈禱等的宗教行為，只要行之得力，信之虔誠，得到超常的身心反應，與精神界的感應，是意料中事，感得神祕經驗，也是意料中事。因此，我們不可以說後期密典的行法，各種法續法本（tantra），是故意模仿自印度教的性力派。不過，性力派既然風行於當時，修行密教的瑜伽行者（yogi）們，不是有意，但卻不能不由類似的修行經驗中，獲得了那種令人神往的啟示。

最值得注意的，是在西元第八世紀前半葉，印度教內出了一位偉大的大師商羯羅阿闍梨（Śaṅkarācārya，西元七〇〇—七五〇年），他以傳統的婆羅門教哲學，綜合印度一切宗教和哲學，佛教也被包括在內，他以吠檀多派（Vedānta，成立於西元第一世紀）的知識宗教為立場，註釋了許多古代的哲學書。他又親自遊歷四方，教化人民，高唱破邪顯正，找向佛教徒辯論時，竟無一人是他對手。他用哲學思想來攝受上層社會人士，又用宗教的實際經驗來教化廣大民眾，佛教比丘一次即有五百人改宗。因為他熟悉佛教，並且吸收了中觀及唯識的長處，直到今天，仍有人以「偽裝的佛教」來稱呼吠檀多派，原因是他們已將佛教中最上的利器，重視方法論的中觀及唯識，變成了他們的囊中物。佛教徒們不僅不懂商羯羅的印度教思想內容及其宗教經驗，連佛教自己的教理方法也不甚了然。經過那次嚴重的打擊之後，為了知己知彼，所以一面重視義學，同時鼓吹實踐，學習印度教中能夠引人入勝的部分，以振興大乘佛法為神聖的使命，而成為大乘金剛密教的一大原因。這也正是藏密之所以既重視中觀，同時也運用瑜伽的主要原因。

註解

❶ 世尊滅於西元前三八〇年頃，佛教在印度亡於西元十二世紀之末。考證資料見於聖嚴編著《世界佛教通史》上冊十八—十九頁，二三〇—二三一頁。

❷《大正藏》十七・九一六頁中。

❸《大正藏》十九．一四一頁下。

八、密教與禪的異同

近世中國佛教的衰微，原因在既不重視義理之學的研究，也無系統層次和明確有效的修行方法可循。所以下焉者捨佛學道，中焉者捨顯教學密教，上焉者探究顯教而不知如何從修證方法上來自利利人。一輩聰明之士，便以一代大師之襟懷，左手提密教，右手提道教，兩足踩禪宗，以大一統的姿態，宣揚佛教。這種苦心是值得敬佩的，只是如此博雜，能否仍與根本的佛法相應，恐怕是有問題的。雖不必說，那便是附佛法的外道，然以外道法與佛法相混，不得不算是變了質的佛法。

佛法何以會變質？而且變質不以今日為始，這與修證經驗有密切關係。此所謂修證經驗，主要是指由禪定或禪觀的修持，所產生的生理反應及心理的精神感應所致。正如前節所述，任何種類的宗教行為，只要行之得力，信之虔誠，便會產生預期的身心反應，此種反應，雖可由於思想觀念的不同而有染淨深淺的互異，而其基礎必然有其共通之處。

以佛法的立場說，修證不出戒、定、慧的三無漏學，可是，就定而言，也承認有共外道的世間定及不共外道的出世間定，還有通於外道及小乘而為外道、小乘所不能知的世出世間的大定。這些共外道及通外道的禪定，對於未離欲及未解脫的凡夫而言，縱有經驗，又豈能了解其中的高下差別？

在印度，禪定為各宗教共通的修行方法。根本佛教中的九次第定，便是包括共外道的世間定八個層次，以及不共外道的第九個層次，《華嚴經》的海印三昧及《楞嚴經》的楞嚴大定，便是世出世間的定境，所謂如來常在定，無有不定時，而且雖住常寂光中，卻不礙普遍示現於眾生之前。

禪定的修法，在基礎上既與印度外道各派相同，名詞也可互通，早期佛典中稱為禪（dhyāna）字，佛陀時代，「專精禪思」是佛弟子的日常行持，但到《大毘婆沙論》時代（西元一〇〇—一五〇年間），或更早些，瑜伽與瑜伽師，已為佛教通用的名詞。印度佛教的瑜伽與瑜伽師，傳來中國，一向被稱為禪與禪師，故對中國佛教而言，瑜伽是由《瑜伽師地論》而來，此論為法相宗《成唯識論》所依的十一部論書之一，並且是極重要的一部論書，故說到瑜伽，便想到法相宗。其實，唯識思想，固然是與瑜伽師的瑜伽行者，有密切關係，中國早期譯出的禪觀，也均出於瑜伽師的瑜伽方法，例如《修行道地經》，曾被東漢安世高（西元一六〇年頃譯出）、西晉竺法護（Dharmarakṣa，西元二八四年譯出）等數次譯成漢文，其作者便是大瑜伽師僧伽羅叉（Saṃgharakṣa），鳩摩羅什集出的《坐禪三昧經》，也有僧伽羅叉所集禪經的成分在內。據印順法師的考證，僧伽羅叉，乃是印度佛教史上，初期的大瑜伽師，他是禪者，也是富於宗教熱忱的教化者❶。是以早期的中國禪師，如《梁高僧傳》卷十一所見的僧顯、僧光、曇猷、慧嵬、法緒等人，多有居於深山、虎兕不傷、感化山神、異人皈敬等的記載，一如印度及西藏的瑜伽行者，亦可與《密勒日巴尊者傳》對比著看。

可知，禪觀之法與瑜伽行，本屬同源。瑜伽原為印度的《梨俱吠陀》時代即已有了的一種冥想法，後來分為內外兩流，外瑜伽重於魔術及苦行結合，流行於低級宗教家之間，內瑜伽重於哲學及定力的修持，被知識階層所採用。到了西元第四世紀，始有《瑜伽經》（*Yoga-sūtra*）的成立，宗旨在於教人滅止心的妄動，歸於神我的本性，修習分為八支：豫修、自制、坐法、制息、制根、總持、禪定、三昧。我們看到如今收集於《大正藏》第十五冊的諸種禪經，均係講的修習禪觀的方法次第，以及對治身心煩惱的修行指導。乃至在《瑜伽師地論》中，也是說明依瑜伽行的修行，次第完成十七個階段。西藏密教，重視修行次第，亦即是瑜伽行的特色。中國的天台智者大師，主張教理與禪觀並重，幾乎與所有印度及西藏的內外道諸大師一樣，哲學思想與修證經驗的結合，始能成為偉大的一代祖師。天台智者大師，不僅在教理上有五時八教之判，在禪觀的修行方法上，更有《釋禪波羅蜜次第法門》、《六妙法門》、《小止觀》、《摩訶止觀》等書，均係詳細說明修行的層次。以《小止觀》為例，即有十門：具緣、訶欲、棄蓋、調和、方便行、正修行、善根發、覺知魔事、治病、證果。故到今天為止，仍以天台所示的修行次第最為嚴密，天台智顗也被古人稱為禪師。若不依法次第修習，便是盲修瞎練。

許多人為了貪便宜，走捷徑，以為密教的方便，容易得力，在上師及密法的加持下，可以急速成就，或者憑藉上師及密咒的力量，有求必應。這種觀念，絕對是錯誤的，而且是危險的！其實，如十六世的大寶法王，指示行者，若真發心學密，入門方便，必須先修四種加行：1.皈依發心大禮拜十萬遍，2.〈金剛薩埵百字明咒〉十萬遍，3.供曼陀羅十萬遍，4.上師感應法十萬遍。經過四加行的修持之後，身心自然已進入新的境界。如果忽視了密教的高深哲理及其精進的實修，只祈求藉上師的加持及神咒的力量，來給予驅魔趕鬼、預報吉凶、祓禍降福、招魂引魄、薦亡延壽的話，也可由許多的外道異術辦到，何必定要密教？不過，密教之被誤解成為同於外道，亦正由於密教本身，除了瑜伽的修持，尚有明咒的威神及護摩的燒供，能有：1.息災避禍，2.增益致福，3.調伏鬼神的作用。以搖鈴打鼓、吹螺吹喇叭、懸蓋樹幢立幡、築高壇、戴天冠等的威儀莊嚴，表現了密教內容的多面性質。雖然密教的諸種施設，確有其宗教上的作用，大修行者的心力加持，也確有其功能，但這些畢竟不是世尊化世的本懷，故有可能被人誤視為與外道同類的危險了。

再說中國的禪宗，不僅不同於晚期的密教，也不同於早期的禪觀（瑜伽），在修行之際，不歷層次，所謂不立文字，直指人心，明心見性，見性成佛。其結果可能與早期的禪觀及密教的瑜伽有共通處，於修行階段，則重在單提一句話頭，專精向上追究，用信心、願心、憤志、疑情、緊逼、放下、悶塞、開通、指點、轉撥等方便，達成頓悟的目的，古人將參禪工夫，比作蚊子叮鐵牛，不問任何理由，只要緊叮不放，一旦開悟，蚊子與鐵牛都不見了，至少蚊子消失之時，鐵牛是否還在，已經不是問題了。縱然禪宗也有臨濟「四料揀」、曹洞「五位君臣」、師遠《十牛圖》等設施，類似工夫的次第，其實與瑜伽密教不一樣，禪宗的設施是為考驗工夫的成熟次第，不在指導修行方法的次第。

尤其禪宗主張「佛來佛斬，魔來魔斬」，用一句話頭，抵擋一切妄境，對治一切身心的幻障，所謂「打得念頭死，許汝法身活」。在修行過程中，身心必有種種反應，密教與道教，視之為成就的表徵，在禪宗的禪者，則縱然有了異常超常的視聽及行動的作用，也應當作魔障幻境處理。雖然因此而被道教評為「修性不修命」，又被密教譏為不究竟，但其卻很幸運地減少了被人用來與外道異術相提並論的話柄。密教雖說中道，但其重視即身成佛，則既有佛可成，仍與外道的梵我或神我同一層次。禪宗如果堅持見性成佛，有悟可開，當然也在神我的範圍。成佛者無佛可成，見性者無性可見，方為究竟的佛法，偉大的密教諸尊，禪宗的出格諸祖，都會承認此說。其他的設施均為度眾的方便法門，如以方便當作究竟，在凡夫位上，即是顛倒。此在末世難免，所以晚近的禪門，也在模仿密教的若干行事，以適應民間一般的需求。不幸的是，即因此而造成了予人以禪、密、道混雜，神與佛難分的模糊印象！

註解

❶ 印順法師《說一切有部為主的論書與論師之研究》三九四—三九六頁。

九、展望密教的未來

我寫這篇文章的緣起，是由於馬來西亞的僑僧繼程法師（他曾隨我在臺北打過三次禪七，且有一些心得），近來鑑於密教在各地氾濫，許多人聽說哪裡出了一位上師，或者從哪裡請來了一位上師，便蜂擁前往，盲目附從。其中固有高級喇嘛、大修行者，卻不少是濫冒上師之名，實係騙色騙財的無賴神棍，長此以往，佛教殆危，法運垂亡，所以給我寫信，要我回答如下的三問：

（一）印度佛教之滅，是否因為密宗興起而導致？

（二）有人說，密教是佛教與婆羅門教的混血兒，此話是否正確？

（三）密教興起，對顯教是否有不良影響？

我處理問題時，尤其處理類似的問題時，很少用是與不是、對或不對的二分法來作答。對於外道，佛尚容忍，經律中處處說及，佛子應當於恭敬供養沙門釋子之外，亦宜供養沙門婆羅門。除了外道之中有害於人類身心健康的邪師、邪術之外，佛陀並未排斥。何況密教雖然晚出，畢竟也是佛教的一大支流，豈能以一句話把它否定或肯定。

我是相信因緣的，密教在印度興起後，約五百多年而佛教滅亡，密教吸收印度教的成分，固然有其時代背景的需求，可是印度教迄今未亡，佛教卻亡了，足徵印度佛教之亡，主要由於伊斯蘭教的入侵。佛教有印度教的弱處，卻沒有印度教擁有的本錢。因為印度教是印度民族的傳統信仰，所以根深柢固，能與印度民族共存，佛教是後起的教派，與民族的情感疏淡，一經伊斯蘭教軍隊的全面摧毀，佛教的教團，便在印度絕跡了。密教進入西藏後，能夠適應當地民族的原因，乃在西藏原來雖有山嶽鬼神的信仰，卻沒有自己的文化，密教的神祕部分，正好能與原始的當地信仰相通而予以淨化，密教文化思想則為西藏民族帶來了高尚的知識學問。密教嘉惠藏族之多，可謂無與倫比。故在印度佛教滅亡後七百年，密教依然是藏胞的中心信仰。

至於密教興起，是否會對顯教產生不良的影響？我的看法是：影響一定會有，良與不良則在未定之數。首先要看密教之發展，是否有其根本立場的穩定性與持續性，然後要看密教的本身，是否有因應時代環境的彈性和容量。密教始終未能在中國社會中成長，乃由於儒家的思想一向支配著中國的上層社會，任何出乎常情的神祕現象，永遠不被重視，甚至遭受禁制，禪宗不以神祕經驗的身心反應取勝，而以踏實的平常心為道，故為中國社會所容受。今後的密教，如果恃其神祕性為號召，吸收來的信徒，僅係出於一時的好奇之士，好奇心如一陣旋風，吹襲之時威猛，吹過之後空虛。一定要使得來學的人士，初嘗有益，愈久愈有益；不僅使一般的群眾得益，也要使得上層社會的知識人士擁戴。

以目前的情況看，藏密的學術研究有其前途，至少，在東方的日本，西方的歐美，許多宗教學者，正在研究西藏密教的典籍，高級喇嘛們也在各大學裡教授藏文。在信仰的傳播方面，主要有寧瑪派（Rñiinmapa）、格魯派（Dgelugspa）、噶舉派（Bkahrgyudpa）、薩迦派（Sakyapa）等四派的活動。寧瑪派是紅教，在英、美相當活躍的人物邱陽創巴（Chögyam Trungpa）是紅教而兼白教。格魯派是達賴喇嘛系統的黃教，不過達賴自身是全藏的政教領袖，每次逢他遊化歐美，各派都會出來而造成轟動。噶舉派是白教，一九八一年在美國芝加哥以胃癌去世的大寶法王第十六世噶瑪巴（Karmapa），便是此派領袖。由於此派的前輩中，如諾那、貢噶，來漢地兼通漢語，現在臺、港、星、馬、美國等地的漢人上師們，多數淵源於此派。他們對於西方人的了解，似乎要比漢人的中國顯教各大德們深入得多，能以簡單淺顯的方法，介紹他們自己的歷史和特色，並以教人基本禪修的活動來攝化從未接觸過佛教的西方人士。他們理性、溫和、不排斥其他教派，因此，他們發展的速度之快，以及在歐美吸收的人數之多而言，不僅漢僧望塵莫及，日本的禪僧也相形見絀。當然，密教在西方也有危機的暗流，尤其在美國，從印度來的印度各教派，自稱為完美大師（perfect master）的上師（guru），有好多位，均有相當多信徒，每年去印度喜馬拉雅山修行印度教禪定的美國人，數以千計。西方人對佛教毫無基本知識，通常對密教與印度教的同異是分不清的。所以在西方傳播密教的人，不得不小心，他們很少用無上瑜伽之類的大法引誘人。如果不是以佛教的本色示人，僅以同於外道的技術做號召，便不會有其穩定性及持久性了。

漢語系的大乘佛教，在傳統的漢人社會中，已有深厚的根基，在未來的世界性的社會中，卻面臨著強有力的挑戰。若能由於西藏密教勢力的伸張，中國的大乘佛教之中，激盪出若干位如隋、唐時代的大師，為了適應時代的需要，教理、教制、教儀，都該有其重新檢探、組織的必要。如果顯、密二教，都能朝著這個方向努力，終究會由分裂而達於統一的局面。

我對密教，所知有限，所見未必為密教的大德同意，然我自始即肯定了密教的價值，恐怕也未必為顯教的大德贊成。我的目的，只是想把我所知道的密教，用歷史的角度、客觀的立場，和與外道及顯教對比的方法，介紹出來，期望對於今後的顯密二教，都有一些幫助。如果我的時間許可，還有心把日本學者研究密教的著作譯介出來，用供漢文的讀者們參考。

（一九八二年六月十三日脫稿於美國紐約禪中心，刊於一九八二年十一月一日《普門》雜誌三十八期）

禪的本質

各位法師，各位居士，各位同學，我在回國後沒多久，也就是上個月初，曾經來此地講過一次專題，同時宣布我要舉行兩次禪七，因此在本月四日到十八日，我連續主持了兩次禪七，而兩個梯次所參加的人都不相同，這是相當吃力的事情，正如方才成一法師所說的，我很疲倦，在主持了兩次禪七之後，我的確有精疲力盡的感覺，在這種情況下，我也隨順善緣，由於第一和第二次禪七中，有好多位是大專佛學講座的同學，所以在兩天前，當我接到成一法師邀我再來演講的消息，毫不考慮就答應了，而且答應得很匆促，臨時接受了這個講題。

在開始講這個題目之前，先澄清一個觀念：禪是不能講的，透過語言所表現出來的禪，已經不是禪的本身了。過去我無論教禪或打禪七，一定嚴厲訶罵學生的知見障，破斥學生從知識上獲得有關禪的零星知解，而我現在又來講禪，不是自相矛盾嗎？請諸位務必了解一點，做為最初的方便引導，還是需要透過語言來講解，因此，在不立文字的原則下，我們特別開了方便門，企圖以語言來表達那不立文字的道理。今天我就分成九個小題，很簡單地做個介紹。

一、禪與禪定

禪與禪定有層次上的不同，中國人提到禪，往往聯想到禪宗，而中國禪宗所體證的禪與印度的禪定，有層次上的不同。中國禪宗的禪，是指破除無明煩惱之後的心地妙用，也就是智慧本身。智慧是無限的，它不能用任何語文，或任何形式來詮釋，卻能產生無窮的妙用；印度的禪那（dhyāna）是指禪定，中文義譯為思惟修或靜慮，意思是收攝散心，繫於一境，不令動搖，進而達到三昧（samādhi）的境界。禪那是一種修定的工夫，三昧則是由修定而達到的一種功用了。

中國禪宗的禪與印度的禪定，雖然有層次上的不同，關係卻非常密切。如果沒有禪定的修持基礎，無法達到中國禪所體證的悟境。雖然有少數人未經禪定的修持，而直接產生頓悟的現象，這種特殊例外，畢竟是千百年難得一遇，大多數人，必須要從禪定的工夫開始修持，有了基礎以後，不要貪著禪定的寂靜妙樂，進一步才能出離禪定，昇入智慧的領域，這就是中國禪宗所謂禪的目的，所以中國禪不僅只是禪定，而是由禪定出離禪定，進入智慧的領域了，定境可以衡量高低深淺，智慧是無法衡量的圓滿光明。我們要開發智慧的領域，需要有禪定的修持工夫，僅只是禪定的工夫，而不能擺脫禪定的享受，便無法進入智慧的領域，也不能稱之為中國禪。

不管在中國或印度，對禪的表現有各種不同的風格，後代為了便於了解，必須加以分類，其中有：

二分法：世間禪和出世間禪。

三分法：凡夫禪、小乘禪、大乘禪。

五分法：凡夫禪、外道禪、小乘禪、大乘禪、最上乘禪。這五分法，是華嚴五祖圭峰宗密的分類法，他和禪宗有著密切關係。另外還有兩種分類：如來禪和祖師禪。兩種都是指大乘禪而言，所以可分可不分，分了較容易了解。

我個人主張三種分類：世間禪、出世間禪、世出世間禪，以這三類歸納前面的幾種分類，我覺得這三種分類較為完密。以下列一簡表說明：

世間禪包括凡夫禪和外道禪，凡夫禪是指修四禪八定，主要是四禪天中色界的禪定。生於色界天中得禪的人，是生來就得的，叫報得或生得，人類或某些異類眾生，也可能修成四禪天的禪；外道禪是指欲界一類眾生，修不共佛法的禪定，所以它不與佛法相應，而凡夫禪在佛法中可以算是一支。大致上在欲界的眾生是修得的禪定，如果他死後禪定工夫還能保持住，就可以生到色界天去，繼續修四禪天的禪定。

- 世間禪（偏重於定）
  - 凡夫禪——凡夫——世界眾生——生得、修得。
  - 外道禪——外道——修不共佛法的禪定的欲界一類眾生——修得。
- 出世間禪（偏重於定）——小乘禪
  - 先於欲界修次第禪觀而得解脫。
  - 生於色界五淨居天，自然住於定中，進而修滅受想定，脫離三界，證阿羅漢果。
- 世出世間禪
  - 大乘禪（如來禪）——八地菩薩至十地圓滿佛果可證得，如首楞嚴大定，唯如來能證——定慧均等。
  - 最上乘禪（祖師禪）——一般凡夫、賢人、聖人皆可修得，尚未圓滿佛果，未斷盡無明——著重於慧。

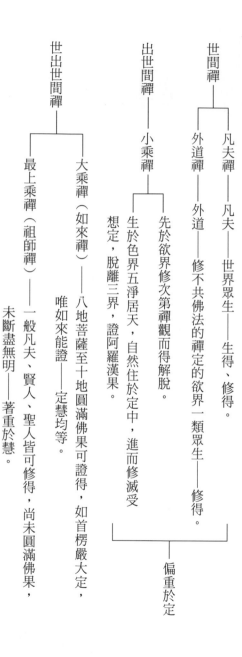

出世間禪（小乘禪）也可分修得和報得，證小乘三果的人，一期生命結束後，生到色界五種天中的五淨居天，自然住於定中，繼續修滅受想定，證了阿羅漢果位而解脫生死，永離三界，稱之為出世間禪。一般凡夫在欲界天也能修出世間的禪定，只要能達到永遠出離世間生死的境界，都是小乘禪。

世出世間禪包括大乘禪和最上乘禪，大乘禪是指如來禪，最上乘禪是指祖師禪。

大乘禪（如來禪）必須八地以上達無功用行的菩薩，直到十地圓滿佛果，才能夠證得。如首楞嚴大定的妙用，和華嚴海印三昧大定，不是一般凡夫可得，唯有如來能證，證了如來禪，便得大解脫、大自在，這是如來禪的特色。

最上乘禪（祖師禪）適宜一般凡夫、賢人、聖人修持，因為修祖師禪雖曾一度煥發出智慧的光輝，不像證如來禪，徹底破除無明煩惱，所以一般凡夫、賢、聖都可以修持而得妙用，這是中國祖師禪盛行的因素之一，也是祖師禪的特色。

出世間禪偏重於定，世出世間禪中的如來禪是定、慧均等，而祖師禪則著重於智慧的開發。

禪與禪定的共同修持基礎是止觀，不管小乘禪或大乘禪都各有止觀法門。

從修禪的過程和目的來講，止觀必須並用，最初收攝散心，繫止於一境，但僅僅止於一境也不行，止的目的是要再起智慧觀照，擴大心性，然後再止下來，再起觀照，這樣止了又觀，觀了又止，猶如攀登樓梯，往上爬一層，再停一停，往上爬是觀，停下來是止，假如你停止不動，那你不能進步，必須止觀並用，才能工夫日漸進步，而達到止觀不二，這才是大乘禪的目的，至於祖師禪是不是止觀不二？這個問題暫時保留。

凡夫定和小乘定雖然也修止觀，嚴格說來，並沒有徹底得解脫。凡夫定的最高境界，到達身心和宇宙合一，這是從小我到大我的境界；小乘定的最高境界，是從大我進入無我的阿羅漢果位；大乘禪和最上乘禪，是把無我的空執也破除掉了，進入無邊無礙的智慧領域，所以不受束縛。小乘破除了小我和大我，叫作人無我；大乘破除了無我的空執，把無我這個觀念也捨棄掉，叫法無我。

從對治的效果來講，修止觀在對治我們散亂和昏沉的毛病。我們初修禪定的人，普遍遇到的兩大困難就是散亂和昏沉，首先面臨的是心境的浮動散亂，再來是模糊昏沉，修觀可以對治昏沉，修止對治散亂。對治散亂的方法有兩種：一種是把散亂心收攝起來；如果散心無法收攝，就把它放掉，使它自然平靜下來。這兩種方法可以並用，也可以擇一而用。當你漸漸克服了散亂心和昏沉心，便可以漸漸達到止觀雙運、定慧圓明的境界了。

二、禪的傳承與創新

講到禪的傳承問題，必須先了解一點：禪不應該只限於「禪定」或「禪宗」，而是涵蓋了佛與佛法的核心。因此禪的傳承，不只是表面的儀式或方法的傳授而已，這是心法的印證，心法是佛與佛法的核心。

傳承的問題並不限於禪，傳戒時戒體的接受也必須師師相傳，當你受戒時，你從你的戒和尚得戒體，你的戒和尚又從他上一代的戒和尚處得，這樣師師相承，歷歷分明，而且是著重在心法的傳承，如果你受戒時，對戒和尚所說的話，沒有一心領受，雖然儀規莊嚴，告訴你，你不能得戒體，必須你的心和戒和尚的心相契合了，才有感應，你才能得戒體。至於戒體是心法或色法的諍論，今天暫時不談。

密宗也很講究傳承，當你修瑜伽法門的時候，如沒有接受上師的傳法，你便無從修起，修了也可能出毛病，即使你從書本或經典得到有關修法的認識，你知道那些儀軌和步驟，沒有上師的加持和指導，你也不能夠修，即使修了也不會得力。

禪宗在法統的傳承上，更重視師師相傳，而且必須「以心傳心，心心相印」，所謂「直指人心，明心見性」，都是從心法的傳授上著眼，一定要由師父傳給你，你再往下傳，如果沒有師父傳給你，你無法得到，即使你自己摸索而獲得法益上的體驗，也必須參請高明的禪師，勘驗你的境界，經過師父確實勘驗後加以印證了，才能證明你的體驗沒有偏離正法。所以禪宗史上，自晚唐以來，彼此立門戶、爭嫡裔，這是愚昧而無意義的，但在禪的修持和心法的印證上，必須嚴格講究有無師承。

關於禪宗師承的問題，必須糾正所謂「傳法」這個觀念。一般人認為表面上衣缽的授予，或名義上法眷的安立就是「傳法」，這是很大的誤解。「衣缽表信」，《六祖壇經》說得很清楚，傳法的根本精神所在，是以心傳心，心心相傳，不在於表面的形式，而在你是不是誠懇接受師父的指導去修行，當你修行有了成果，便獲得師父印證，這叫「傳法」。因此「傳法」的意義建立在師徒之間，方法的不斷傳授，和境界的不斷證明，而「傳法」的因緣，也就直接靈活地表現於師徒的關係上。

師徒的關係，最初建立在方法的接受，這是較淺的智識性層面，任何人都有平等的機會接受方法的訓練，但當你依法修行，達到某個境界，開發了智慧心地，由師父加以印證，在印證的當下，師徒心心相印，便真正達到心法的傳承，這就超越了一切知識、思想、經驗的範疇，同時也不是每一個人輕易能達到的成就。

從方法的傳授，到依法修行，到獲得師父印證，整個過程都是非常嚴格慎重，做師父的人絕不稍假人情，所以佛法不賣人情，一定要你有了這個工夫，達到這個境界，師父才能答應說：的確！你已經進入這個程度了。

從師父對弟子的重要性來說，如果一個人沒有師承或不經師父指導，只靠自修有了成就的話，可能進入了一個階段以後，會自大、傲慢、以為了不起，自以為已經證了最高的境界，而不自知實際的程度如何。如果有師父隨時指點你的錯誤，隨時鞭策你上進，就可以避免停頓在不成熟的階段自我陶醉了。因此在師父座下修行是非常安全的，你到了什麼程度？師父會告訴你；你下一步該怎麼走？師父會指點你；你的境界是不是超過了前一個階段？師父會給你證明。師徒之間的關係，就是在這種不斷地指導、不斷地鞭策，和不斷地印證中日益密切，師父並不能給你什麼東西，禪的本身是智慧，師父指點一個開拓智慧的方向，幫助你完成慧命，但必須你自己肯努力修行。

從弟子對師父的重要性來說，師父也需要有徒弟，師父如果沒有弟子，或弟子沒有修行，他的進步也很慢。如果師父座下有幾位出格大器，或有一、兩個弟子非常勇猛精進修行的話，就會激勵師父也加緊修行，也許他的境界並不高，由於弟子的激勵，逼著自己也要上進，境界一天天地往上提昇，如「水漲船高」，產生「教學相長」的效果。因此師徒之間在道業上的進步，也是互相影響、互為因果的。

師父沒有高明的弟子，師父不會進步，高明的弟子能夠幫助高明的師父，但高明的弟子，不一定出自明師之門。

禪的傳承和創新，前者是法統的保守，後者是見地的開發，從法統的傳承上講，必須師師相傳，樹木不能無根，在禪的修證上，雖然有孤明自發的例子，獨自奮鬥畢竟是冒險的行徑，即使你能獨闢疆域，仍然必須有師父的幫助和印可。因此創新必須有法統的傳承做基礎。

講到這裡，又牽涉到公案的問題。有很多人在講公案、解釋公案，或透過學術性的研究，加以考證、分類、歸納。事實上，公案不能從字面上去講解。

從達到開悟的機緣這一層意義來講，公案的案例只能活用一次，任何人援用已發生過的公案，想要達到同樣的開悟效果，都不會成功，因此，當一個公案發生的時候，對那個產生公案的當事者是新的、活的、有用的，過後對任何第三者來說，這則公案已經是舊的、死的、沒有用的，唯有在明眼的禪師心中，每一則公案都是活的，因為他們能明白公案的活潑機用，以及公案背後所蘊涵的是什麼內容。普通人還沒有到這個境界，無法理解公案背後的內容是什麼。僅從字面的意義上去揣測公案，或者似是而非地猜想其中涵義，結果得到一些曖昧不清的概念，而不能全然領會公案的整個機趣的內容。因此，若不是開過智慧眼的人，無從理會公案，你或是站在禪的門外欣賞它，或是進入禪的修行領域，把它當作修持的方法來參，叫作「參公案」。

當你修行到了某一個階段，師父會指點你該參哪一則公案，參了這個公案會幫助你進一步上升；如果是一位不高明的師父，隨便指給你一個公案，不能對機，你參了也不會有效果，有了明眼的師父指導你參公案，可能會產生新的公案出來，參舊公案產生新公案，公案可以不斷發生，如果集眾打禪七、或對禪的精進修持，能產生幾則新的公案，就算成功了。

從禪的機用和方法來講，是非常地活潑，沒有一成不變的規則，而往往一般人教禪，只知道教禪的形式，怎麼樣打香板、跑香、打坐、生活起居等，這些都是禪的軀殼，不是禪的核心。最初祖師們創立禪宗，在方法上並沒有立下一定的規則要人去固守，他在破除一切執著的原則下，能夠大大地活用，能活能殺，活殺自在，這是發自心地妙用的一種活潑的創新。因此在同一個師門造就之下的許多弟子，成就後各有風格、各有機用、各有方法，而開創出各種不同的派別，這是創新的一面，形成中國禪宗史上所謂五家七宗的盛況。

三、內證和外證

前面反覆強調過，禪無法用語言來表達，因為這是一種內證的體驗，內證的體驗無法用任何方式來展現，只有達到相同程度的人，彼此互相明白，也就是「唯佛與佛乃能相知」，因此內證必須以心印心，不能透過任何解釋來證明，如果你要求一個有了內證體驗的人拿出證據來，他不能把內證的體驗質量化而變成具體的證據給你，即使他用種種方法想讓你進入那個無限的領域，由於你心眼沒有開，你也無法接受，必須你有了同等的內證工夫，你具備了勘驗這種內證境界的能力，證據便是現成的了。

一個真正達到內證體驗的人，他形諸於外的人格風範是謙沖淡泊、平易親切的，絕不會自高自大，也不會自我標榜，凡是自稱證了很高境界的人，都有問題，一個自讚為高明的禪師，那是他自己不知慚愧。因為禪的內證，無法用任何標準來衡量，禪本身就是無限的智慧，智慧能用長短、高低、大小、輕重來衡量嗎？沒有辦法！在佛教浩瀚的經典中，無處不是智慧的結晶，但經典所描述的只是智慧的功用，它無法詮釋智慧的全貌。我們前面說過，在修禪的過程中，有種種不同層次的境界，現在又說智慧無法衡量，是不是很矛盾？並沒有矛盾，當你禪定的工夫深了，可能觸機而靈光一閃，智慧的光芒在心頭閃過，如電光石火，有些人慧光燃亮一下就熄了，有些人能保持一段較長的時間，有些人慧門豁然開啟，煩惱全部脫落，這是少有的例子，很多是一閃而過的情形。慧光不斷地煥發出來，到了煩惱全部脫落，便是智慧的無限圓滿，這就無法衡量了。前面也講過，一般凡夫或賢人、聖人修祖師禪容易得受用，原因在你努力修禪的時候，能夠把心頭的煩惱撥開一下子，而見到一點智慧的光，也就是禪宗祖師所謂的「見性」或「見自性」，應該說見智慧的光比較貼切，說「性」太抽象了。當你心中靈光一閃，智慧的火花爆開一下子，隨即又讓無明煩惱給悶住了。我們從凡夫地修行，不會因為開悟一次，馬上把煩惱全部抖掉，就像心靈的花、智慧的花豁然開放，遇到外界的刺激，馬上又合攏起來，比曇花一現還短促，這種短暫的內證體驗，只要你誠懇接受明眼的師父指導，努力去修行，便能夠達到，至於達到這個目的後，是不是就解脫生死？就成佛了？沒有！智慧的光明當下一閃，你當下是佛，「即身成佛，立地成佛」在這個時候可以做到，但是煩惱再合攏起來的時候，你還是凡夫一個。

曾經開過智慧之窗的凡夫，比起心地一片無明的凡夫要高一層，至少他奠定了修行的基礎和信心，他知道繼續努力修行。有了這種短暫的內證體驗做基礎，你再修淨土法門，效果會更好，所以中國自宋以來，闡揚禪淨雙修，很有道理。我們初步修行，用禪的方法，把心頭的煩惱撥開一下子，再一心念佛，容易達到一心不亂的境界，這時候你的信心非常堅定，一心念佛求生西方，非常穩當。所以諸位來聽禪，我反而轉過頭來勸你們念佛。

我們（凡夫）畢竟還是凡夫，心靈的火花閃過一次，無明煩惱並沒有徹底解除，不能保證以後不再犯錯，一旦犯錯誤、造罪業，依然還要輪迴生死、流轉六道，實在不保險，所以有人認為學禪不可靠，事實上學禪的顯著效果在奠定你修行的信心，有了短暫的自內證，想要一下子完全得解脫並不容易。因此，又有人認為修禪達到某種程度後，可以乘願再來，世世度眾生，這個觀念很正確，我們初步學佛就要發大心去度眾生，但境界不夠，很困難，要能夠自在出入生死，必須初地以上的聖位菩薩才可以。普通初向道的人只有一個補救的辦法，就是以你的廣大願力去推動你出入生死，生生世世努力修行和度眾生。

內證的體驗無法說明，說出來了便是假的，「說似一物即不中」，但是有了內證體驗的人，或經過一番工夫切實修禪定的人，無論性格、氣質、思想都會有很大的轉變，影響他整個宇宙觀、世界觀與生命觀的重建。就我多年來主持禪七的經驗，凡是懷著懇切殷勤的心來參加禪七的人，打完七後，就是一個洗心革面的新人，和初進禪堂的那個毛躁、浮動、剛強，或者寡默、孤僻、疑慮的人完全不同，變得溫柔開朗、祥和穩重，待人處世更加親切而有信心，這種明顯的改變，他自己會覺察到，別人也會看得出，這是明顯的外證，也就是證於內形於外的自然流露。一位有內證體驗的禪師，表現出來的人格風範，能夠發揮言教與身教的感召力量。

有了禪的修持和體驗的人，他的人格生命會落實下來，或許禪師在教誡弟子的時候，近似一種「狂」的態度，他為了破斥弟子心中的層層執著，不只訶佛罵祖，還會罵得你狗血淋頭，只有他一個人高高在上，但是他在平常對待一般人，一定極其謙虛懇切。

外證是外在的人格表徵，不是什麼怪異的外表現象，所以不要聯想到神通，學禪不是要你得神通，而是要你開智慧，如果你妄想有了內證的體驗後，就會顯現神通，而想利用神通去度眾生，這是危險的想法。有了禪的內證體驗，形於外的是你人格氣質的表徵，因此，在日本有的企業家，為了訓練忠實沉著的幹部，首先希望他接受禪的訓練，日本有好幾家公司，招收新員工時，先給他們幾天的修禪訓練，這種訓練，不一定使他們開悟，但至少對他們的性格磨鍊有幫助。

四、信心和疑情

我們都聽說過：「大疑大悟，小疑小悟，不疑不悟。」在參禪的過程中，內心產生大疑情、大疑團，才能得到大的開悟。沒有疑情，你不能開悟，而諸位如果沒有信心的話，你的疑情也產生不起來，沒有信心，疑團打不開，沒有信心，你根本談不上參這個大疑團。

信和疑本來是對立的，但在參禪的過程中，信和疑並不衝突，這就要講到「信」是信的什麼？「疑」又是疑的什麼？

信是信三寶、信自己、信指導你的禪師，在密宗就要信金剛上師。如果你不信，你參禪、修法都不會成功。不但要信，而且要絕對無條件地信，你信到什麼程度？師父一眼就看穿了，你就是在師父面前保證說：「師父啊！我是全心全意、誠心誠意，我是無條件地相信您……。」你這話還沒說完，師父馬上就知道你有幾成假意、虛情，你就是磕大頭磕得很響，跪下去拜得很虔誠，師父馬上指出你還有驕傲氣，你還有幾分不實在、不誠意在裡頭，你對師父的信心不徹底，你就得不到師父傳授給你的方法，修行不會有進步。

我們中國人過去參禪都是有方法的，可是我們看禪宗語錄或公案，往往師父一個拳頭、一頓棒子、或罵一聲，弟子就開悟了，其實沒那麼簡單，舉個公案做例子，有人問天龍禪師：「什麼是第一義諦？什麼是佛法？」他豎起一根指頭，弟子在旁邊看見師父這麼做，當人家用同樣的問題問這位徒弟時，這位徒弟也依樣畫葫蘆，把指頭豎起來，天龍禪師就考驗他：「過來！過來！什麼是第一義諦？」徒弟就豎起一根指頭，師父馬上拿把利刀「咔！」一聲把他的指頭砍斷了，痛得徒弟大叫著逃開，怕師父再要揍他，師父從背後就喊：「回來！」徒弟一回頭，師卻豎起指頭，徒弟當下開悟了。請問諸位，如果把你們的手指也砍掉，你們能不能開悟？絕對開不了悟，只是痛而已，你開不了悟。

禪師訓練弟子、指導弟子的方法，各有各的，祖師們也各有方便權巧，不是隨便叫弟子盲修瞎練，表面看來好像毫無道理地折磨你，其實是費盡苦心訓練你，你是什麼性質的人、什麼根器的人，他就用什麼方法來引導你上路，所以禪和密，如果修持到了某一層的境界，一定要有高明的師父指導你入門，沒有師父指導，靠自己摸索不會有成就。因此，我們一定要有信心，信自己、信師父、信三寶，如果你連三寶都不信的話，你怎麼能夠求法？有不少人被公案害了，他們看到公案中的訶佛罵祖、劈佛當柴燒、念佛一聲漱口三天、在佛頭上溺一泡尿、拉一泡屎等例子，這些都是祖師一時的機用，為了破斥行者心中的執著所用的方法，方法用過後就沒有意義了，如果你也依樣畫葫蘆，照做一番，那就完了，就像有個傷寒的病人，醫生開了傷寒的方子把它治好了，你以為這劑藥方可以治百病，人家只是小感冒，你也拿了傷寒藥給他吃，結果只會把人害死。所以公案再拿來用就害人了，害到什麼程度？那會使你否定佛、否定祖師、否定三寶，只有自己，自己是什麼？自性三寶！相信自己就是三寶，還有拜什麼佛？看什麼經？信什麼僧？沒有必要了，這個危險！千千萬萬人會因此墮入魔道。

對三寶必須要有信心，而且要有懇切的信心，你才能得到三寶的法，然後才能修持。法是哪裡來的？是師父傳授的，但是你不先相信自己能夠修持，師父也沒辦法傳授給你。相信佛能成佛，祖師能開悟，我也能成佛、能開悟，時間的久暫我不知道，但我有成佛的條件，也有這個信心，而且很堅定，你在修行的過程之中，更要建立一個信念：「人家能做的，我一定能做。」常常接受師父的教法，毫不懷疑地努力去修。

如果你不相信師父，你將什麼也得不到，對師父沒有絕對的信心和敬意，你無法進入禪的門，在祖師禪來講，強調這一點的人很少，但我個人要特別強調信心的重要，如果不強調這一點，無從使人進入禪的門。

疑情是一種修行的方法，而不是懷疑自己夠不夠格修行？或懷疑三寶的方法能不能使你修行？修了這個方法能不能使你開悟？不是這種懷疑，對自己、對三寶要絕對相信，百分之百地相信。

疑情是和信心完全相應的一種方法，師父教人用這個方法來修行，疑情是疑什麼？我們舉一個例，宋以後很多人主張禪淨雙修，流行參「念佛是誰？」這句話頭，天天都在念佛，是誰在念佛呢？是「我」嗎？念佛的是我，那麼，我是什麼？有一個實在的我嗎？告訴諸位，「我」是不存在的，我是由許多「我所有的」東西聚集而成的幻相，「我的」煩惱、「我的」無明、「我的」業報等，構成這個我，還有「我的」事業、「我的」財產、「我的」家庭、「我的」身體和身分……，許許多多「我的」，構成了我，究竟哪一個是我？沒有我，都是煩惱心構成的幻覺，當你一再追問：「我是誰？」「念佛是誰？」「誰在念佛？」就產生大疑團，這就是個疑情。有人參「念佛是誰？」他一參就是幾年，也有人參「什麼是祖師西來意？」、「什麼是未出娘胎以前的本來面目？」，這些都是話頭。

參禪、參話頭，參就是疑，你的疑情愈重，你也得力愈快、愈大，破除疑團的可能性也愈高，疑團破除後，所產生的智慧光芒也愈強。所以大疑大悟、小疑小悟、不疑不悟，這些疑情都是指修行過程中的心境或方法，並且與信心相資助的方法，不是貪、瞋、癡、慢、疑的那個疑。

五、迴避與消融

禪的立場，或佛教的立場，都不主張鬥爭，也不主張抵抗敵人，在心法的工夫上也是如此。如果你在修行的時候，常常想到有煩惱、有妄念、有種種壞習性，還有外面的嘈雜聲音，這一切攪亂你的事物都使你心裡討厭，都障礙你修行，那麼，告訴你，你不能參禪，你到哪裡都修不成，因為你的心始終在動亂，本來已經有個妄念了，你再加上「討厭」那個妄念，等於妄念上加妄念，兩個妄念相抵抗，正好把你的努力和工夫全部抵銷，而念頭上加念頭，可以使你愈修愈煩惱，愈修火氣愈大，所以大多數的老修行，都是火爆爆的，瞋恨心大得很，為什麼？因為他的煩惱和煩惱正在鬥爭，滿肚子沒好氣，你同他一碰，火氣馬上爆開來，活該你倒楣。

真正修禪的人不會這樣子，他對一切逆境、逆緣或不順遂的念頭，都要迴避它、消融它，不去抵抗它。什麼叫迴避？譬如你遇到個壞人，他對你很凶惡，但你不希望和他多囉嗦，你盡量用和平的方法避開他。如果他一拳揍過來，你絕不抵抗，你不只回敬一拳的心沒有，連希望他不再揍第二拳的心都沒有，因為這個希望本身也是妄心，挨揍就挨揍，不抵抗，不還手，對方不會繼續打你，這也就達到消融的目的，修禪也是如此，凡是虛妄的念頭，你不要去討厭它，凡是虛妄的事物，你也不以為它可愛或可憎，你的心自然會收攝起來，我們修禪的人，應該在平常生活中，處處有這種修養，也用這種態度來處理日常事物，當我們遇到困難的時候，不要先去討厭這件困難的事情，因為你一討厭它，等於困難上再加一層困難，只會使你心煩意亂。你用和平的心迴避它、消融它，困難自然會化解。就像昨天我們禪七結束後，一位參加禪七的人跑來告訴我：

「我心裡很難過，才打完禪七，馬上我又生了一個煩惱心。」

「你生什麼煩惱心？」

「早上有人給我一份雜誌，我正打開看的時候，背後另外一個人把雜誌搶過去，他翻到另一頁，指著上面一篇他寫的文章要我看，當時我非常瞧不起他，因為這個人有驕傲心，好像故意在我面前賣弄才華，我心裡很難過。」

「你不必難過啊！你這是平常心，平常的人產生平常的心，有什麼好難過的？」

他聽了這句話，想一想，有道理。我再告訴他：「那個人也是平常心，平常的人有平常的心，做出平常的行為，你何必看不起他？他又沒有陷害你，你的反應也只是平常心而已，何必難過？他以凡夫心待你，你就以凡夫的心境來衡量他；平常的心產生平常的行為，平常的行為也以平常的心境來衡量他；聖人的心就以聖人的心境來衡量他，彼此能無心相忘是最好的了。」

他聽完話，很高興，心裡的疙瘩沒有了。

我們修禪的人，不但要面對現實，接受現實，還要消融現實。我們一開始迴避它，不去抵抗它，然後達到消融的目的，以迴避和消融來代替鬥爭和抵抗。

六、山林與都市

初修禪定的人，最討厭嘈雜的聲音，所謂「聲為定刺」，聲音是修定的人最難忍受的一種刺，而所有的聲音之中，最討厭、最可怕的就是人的聲音，但對一個真正修禪的人來說，沒有這個困擾，他能夠動靜一如。

很多人誤認為佛教隱遁山林是為了修禪，看到古代許多大叢林都建立在山林中，更認為修禪的人是逃避現實、閉關自守，把三門關起來自己修行，這是錯誤的看法。中國佛教自唐末遭遇了幾次法難以後，都市的佛教受到政治迫害，和其他社會因素的排擠，許多有修行的高僧大德都隱入山林，在山林中修行，不必依靠施主布施，不必仰賴政治保護，也不必取得社會認同，可以很安定地發展出一種自力更生、踏實穩健的風格，例如在都市講經修道，必須有殿宇、禪堂，及各種設備，在山林中只要有間簡陋的茅篷遮避風雨就行了，既踏實又穩健，而且真正達到修行的目的。所以佛教便在山林中展開修行與傳法的工作，中國佛教的命脈能夠延續下來，流傳到今天，就是靠禪宗在山林中發揮修行和傳法的功能，但不要因此誤會佛教和禪的精神是山林的、是逃避現實的。

修定的人會討厭人間，厭惡嘈雜，真正修禪的人，不會討厭人間。有一次，我有一個學生打坐，無論怎麼坐也沒辦法把心定下來，我問他有什麼困難？他說：「我在家裡打坐，鄰居開收音機、聽唱片、孩子叫，吵死了，坐不好；我到山裡去，開始的時候很喜歡深夜的寧靜，後來風吹樹動、鳥叫蟲鳴，也是吵，坐不好；我再鑽進山洞裡，雖然聽不見風聲，可是黎明前有許多昆蟲唧唧啾啾地展開大合唱，也是吵，坐不好……。」他為了逃避聲音到處跑，最後實在沒有地方可以躲藏了，我只好告訴他：「世界上沒有無聲的地方，你就是把耳朵塞起來，聽不到外界的聲音，也會聽到自己的心臟『砰！砰！砰！』上下鼓動，如果你害怕聲音，乾脆不要打坐了。」他說：「不行啊！我一定要打坐。」我就教他一個方法：「你真的要打坐？那就讓聲音進來好了，先不要排斥它，你聽著這個聲音，你的心不要讓境轉動，你的心不動，外面的事物動，你聽好了。」他聽聲音，心也漸漸定下來了，這就是我們前面講的，「收散心、放散心」，不能收，就要放。

禪沒有山林和都市的分別，也沒有捨動取靜的趨向，所謂十字街頭好參禪。禪宗有個《十牛圖》，描寫一位禪師的修行歷程，到後來他走進城市去化度眾生。即使是在修行的過程中，只要你方法用的得當，同樣可以在人群嘈雜的城市修行，任何時候、任何地方都可以修行。在我教人修行的方法中，其中有一種看來很古怪，要人站在臺北市西門町的十字街口看景物。這只是一種方法的譬喻，不是真要你站到西門町去，目的在讓大家了解，都市也好，山林也好，對真正修禪的人來講，都一樣。佛陀行化人間，走遍印度各大城、小鎮、窮鄉僻壤、山林小徑，只要有眾生可度的地方他都去，沒有固定要隱居山林，也沒有特別要避開都市。

七、合理與反常

禪的方法或禪師講的話，往往是反常的，一個禪師所講的話，一般人聽了，會以為他瘋瘋癲癲，胡說八道，不是用常情常理可以衡量的，你說東他一定說西，你說好天他說下雨，你說長他道短，你說成佛他說著魔，總是和你持相反的態度。譬如禪宗語錄有句話「人從橋上過，橋流水不流」，人從橋上走過的時候，看見橋在流動，水沒有流，這是怎麼回事？還有「東山下雨西山濕」，這句話也沒辦法理解，這些都是違反一般常識境界的話，害得那些文字阿師，嘔盡心血，挖空心思，想加以解釋，其實只是在揣摩這些禪話「大概」是這個意思？或那個意思？這些話根本沒有代表什麼特殊意思，只不過是修行的人，到了某個階段，通體脫落了，或禪師為了點破弟子的最後懸疑而說的話，這些話違背常識境界，平常人以為它是反常。

禪師為了教導弟子，或弟子用功快要成熟的時候，禪師為了幫助弟子，往往出之於反常的行為，或講反常的話。

在今天這個講民主自由的時代，沒有人贊成打罵教育，可是在我主持禪七的時候，我不但打罵棒喝，而且打得很成功，也罵得很成功，但我不能到外邊來罵人，我若到你們大專佛學講座來罵人，你們就不會聽講。而且會說：「聖嚴法師，專門罵人，可能神經有問題。」但是對那些正在修持的人，為了要破他的執，我非罵他們不可，而且罵得毫無道理，罵得他心念沒辦法轉過來，這是逼他，他正在想道理，轉念頭的時候，你狠狠罵他，一板子打過去，他的心念轉不過來了，如果他還在頭腦裡轉念頭，這是妄念、妄想。所以「動念即乖，開口即錯」，念頭一轉就錯了，嘴巴一講就錯了，打你，罵你，就是要你念頭不要轉，要你落實用工夫，禪師用這種反常的手段來誘發弟子進入修持的領域，和提昇修持的境界，所以不能用平常人的眼光來判斷他是個瘋子。

正在參禪的人，他的身心狀態，乍看之下也是有瘋瘋癲癲的表徵：大哭、大鬧、大笑，或橫七豎八地倒下來、站起來，這些像瘋人院的現象，都是反常，所以禪師訓練弟子，也用反常的方法，不是一般人所能理解和接受，可是他能得到正面的效果。因此，有些美國人到日本去學禪，認為日本的禪師有虐待狂，喜歡打人、罵人、整人，整得人愈苦他愈高興。禪師的確是專門整人，但他不是有虐待狂，他是用反常的方法來對治你。在座有幾位同學剛參加過我主持的禪七，他們都承認我整得他們很好，因為整得好，雖然被整的時候很苦，整過後，身心都有改變、有進步，非常好。

禪不講理論，禪師在訓練你的時候，也是不和你講道理的，他說「生薑長在樹上，皂莢長在地下」，你們不相信也得相信，這就是要你不去轉念頭想道理，事實上生薑、皂莢也只是個假名，你何必認真？你如果不服氣，還要在心裡推敲，想一想對不對？你的心念一動，你自己的工夫就用不上力，所以禪師用反常的行為，講反常的話，叫你死了這條心，為了把你那個轉念頭的妄心踏殺掉，他必須採取反常的手段來對治你這種反常的心。

一般人自以為正常的心，所謂平常心，事實上都是反常的，都有問題，誰敢承認自己完全精神穩定、沒有問題？告訴你，自認為沒有問題的人，本身就有問題，因為他不敢面對問題，還要百般護短，就像喝醉酒的人老是說：「我沒有醉。」如果反省自己，知道有問題，情緒有時不穩定，神經有時過敏和緊張，這個人是正常的。

我們用不正常的手段來對治不正常的心，負負得正，以毒攻毒；用不合理來對治你滿腦子的妄想，不正常正是正常，不合理正是合理，因為你用常識境界來判斷它反常、不合理，而禪師從手段、方法和所得的正面效果來說，是非常合理的。

八、文字與不立文字

語言文字是傳達思想情感的工具，人類對事物的描述說明，人際之間的交誼溝通，及人類歷史文化的累積保存，都必須有語文來傳遞和記錄。文字的性質是一種抽象符號的組合，語言則是這種抽象符號的音聲化，兩者本是一體。

了解了語文的功用和性質，現在從禪的立場來看「文字與不立文字」的問題。我一開始就強調禪是不能講的，現在我已講了一個多鐘頭，可能還要延長時間，這是為什麼？禪的本身是智慧，智慧無法透過抽象性的符號來表達，文字所說明的只是字典上的意義和概念上的名相，不是智慧本身，從這個觀點上我們說「不立文字」，就是希望你不要去執著文字所構成的理念或名相，直接去修行體證。

佛陀說法四十九年，講經三百餘會（這是一般的說法，現在不做學術性的考證），結集成三藏十二部經典，這些是不是已經達到傳佛心法的目的？沒有！語言或經典上的文字記載，只是指點你通向修行的路徑、方法、過程和目的，這只是指示月亮在什麼地方的指頭，根據指頭所示的方向，你去尋找月亮，指頭不等於月亮本身。因此，佛心必須心心相傳，所謂「直指人心」，不能依語言文字來傳，叫作「不立文字，教外別傳」。

世界上文字起源最早的四大文明古國，至今也不過五、六千年的歷史，人類運用語言文字做工具來傳達思想、感情；說明事物、見聞；記錄經驗、歷史，文字的性質包含了抽象性的一切理念、概念、名相，不一定狹義地限於寫或印在紙面上的符號。這些符號不能直接傳達佛心，佛心必須從修行中去如實體證。可是在世諦流布的層面，為了傳播佛法，把修行的方法和目的告訴人，必須假藉語言文字來傳達，因此，禪宗表面上看起來非常矛盾，它既講「不立文字，教外別傳」，而歷來禪宗的語錄、公案比任何一個宗派的教理記載還要豐富，如《景德傳燈錄》、《五燈會元》、《指月錄》、《續指月錄》等，近代有人繼續編《續燈錄》，你從《卍續藏》裡可以看到禪宗語錄之卷帙浩繁，比起華嚴或其他講教理的宗派還要多，這並不奇怪，只要你了解「不立文字」的涵義，並不是要你像個啞巴或文盲，不說不寫，而是要你先認識文字的限制，不去執著文字相，語文只是一種權巧的工具，我們能夠藉語文來說明修行的方法和目的，但透過語文所陳述的方法和道理都落第二義，第一義必須直觀現證。

九、禪的副產品——藝術

昨天早晨，在我們第二次禪七結束的心得報告會上章克範教授講：「如果我們參加禪七的人當中，有人文學素養很好，他只要把禪七期間的心境體驗，和對自然環境的完美感受描寫出來，必定是篇動人心弦的文學傑作，這篇作品能夠傳達禪的一部分精神……。」他講的是事實，所謂詩情畫意，往往與禪有連帶關係，中國的詩詞、繪畫中，有許多禪詩、禪畫，而意境最高的詩畫往往具有空靈脫俗之美，這就有禪的成分，創造這些作品的藝術家是不是已經進入禪的門了？大有問題，但即使是沾一下禪的意義，他已經受用不盡了，作品意境已經美不勝收了。

普通人眼中的一朵花不過是朵平常的花，經過藝術家的心靈感受再呈現到畫布上，就另有一番美的意境。當你進入禪的修行階段，心境有了變化，你再仔細觀察四周環境：一花一葉，一草一木，一沙一石……，都顯得生機無窮。那麼完美、舒暢、可愛，看了令人滿心歡喜。你會不勝驚奇：「啊！世界有這麼美，這麼豐富，為什麼我以前沒有發現？如今看起來特別親切。」這就是在修禪的過程中，可能達到的藝術境界。

舉個例子，如果你是個男孩，你心目中有個夢寐難求的對象，你一直沒有把握得到她的青睞，當你鼓足勇氣跪在她面前哀求：「嫁給我吧！……」意料之外，她答應了，你一高興，狂奔到馬路上，你會看見每個人都在對你笑；鳥兒也在枝頭上叫：「恭喜！恭喜！」；微風吹動花草，花草樹木都向你點頭祝賀，一切事物隨著你心境的歡樂變得喜氣洋洋。假如你做錯事，碰了一鼻子灰，又挨了一頓臭罵，這時候你拖著沉重的腳步走出來，看見每個人好像都在生氣，都在嘲弄你、侮辱你，連路旁的小貓、小狗都想欺侮你，咬你幾口，吠你幾聲，你覺得樣樣事都倒楣，一切事物隨著你心境的煩悶而變得死氣沉沉。這種由於心境的激動所產生的變化，是臨時性的。正在修禪的人，心境也很容易產生變化，一開始你要他把心收斂起來，再要他把心放開，一收一放，收了再放，然後你要他把心定下來，這時候請他詳細觀照外面的自然世界，許多過去所忽略的事物都展現在眼前，心靈也體驗到過去所沒有的一種完美和諧的感受，雖然他還沒有進入禪的門，已經覺得生命無比完美，靈感源源不絕，有些人到了這個地步就不再前進，他便成為藝術家或風雅之士，如果他傾向文學創作，會有很美的文章，如果他傾向美術造形，會有出神入化的畫風，這是一種冥想（meditation）的效果，當你透過修禪達到冥想的階段，可以在藝術創作上開出奇葩，這雖然不是禪的目的，卻能夠影響社會風氣的和諧，和增加文藝領域的創作，這是禪的副產品。

今天我依序介紹了九個小題目，有沒有把禪的本質介紹出來？沒有！告訴諸位，禪不能解釋，還能講什麼本質？有本質就不是禪了。

（一九七八年十一月十九日講於大專佛學講座，芥子居士錄音整理）

中國佛教的特色——禪與禪宗

一、什麼是中國佛教

眾所周知，佛教並不是被限定於某一個特定的民族或國家的宗教，現在傳播於世界各地的佛教，都是發源於二千五百年前的印度，並且經過了長時間向各地的流傳❶。在這期間，由於要和各個民族、國家所原有的文化背景相接觸，進而為了適應各種不同民族與文化的需要，以致於使得佛教沾上了各種的特質色彩。然而佛教的基本原則來說，例如因緣論及因果律的觀念❷，均普遍受到各地佛教徒的堅持。從因緣所生法的觀點，便能使人捨去一切以自我為中心的價值觀念；從因果報應的觀點，更能使人肯定道德生活的重要性。倘若放棄了這些原則，它就不是佛教。

所謂中國佛教，它是依據印度佛教的原則或釋迦牟尼佛的根本精神，再加上了中國本土儒、道兩家文化的若干成分，變成了普遍受到中國人所樂意接受的佛教。

不過，從佛教初傳中國，再等到中國本土佛教的形成，已經經過了三百五十年左右的孕育時代。所以初期的中國佛教，與來自西域或印度本土的佛教，沒有什麼不同之處，例如像佛圖澄（西元二三二—三四八年）及鳩摩羅什（西元三四四—四一三年）等高僧到達中國，不僅接引而且造就了許多傑出的中國佛教傳法人才與高僧，例如道安（西元三一四—三八五年）、慧遠（西元三三四—四一六年）、道生（西元三五五—四三四年）、僧肇（西元三八四—四一四年）等人的出現，始為佛教開拓了中國化的局面。也就是說，在此時期之前，中國人僅忙於接受從西域或印度翻譯過來的佛教文化，經過三百多年的學習與研究，尤其在與中國儒家及道家的固有文化不斷地競爭與比較之後❸，這些傑出的佛教高僧們，便大膽地面對佛教的教義，做了重新的評估，並給予嶄新的解釋。魏、晉時代的格義之學，便是一種實例❹。所謂中國化的佛教，也就從此誕生。

當然，中國為吸收印度佛教所做的翻譯工作，是從西元第二世紀開始直到十一世紀時，歷經約千年之間❺，一方面將佛教變成中國化。這種工作一直做到西元第八世紀時，便有了很大的成就，甚至達到圓熟階段❻。同時也在陸續地將發生於印度當時的各種佛教典籍，翻譯成中國語文❼。

有關中國化的佛教，可以列舉者有淨土、天台、華嚴、禪宗，尤其從宋朝以後的淨土與華嚴，事實上已和禪宗合流❽，天台宗也沒有特定的教團❾。大致上不論任何一派的僧侶，都得遵照佛陀所制訂的戒律如法奉行，直到百丈懷海（西元七二〇—八一四年）時代，禪僧也多住在律寺❿。不過，他們可以自由選擇適宜他們自己所修行的方法和經論。

對於禪僧自成一個教團的情況，那是從百丈懷海樹立了禪宗生活規範的叢林清規之後⓫。

百丈懷海大師的叢林制度建立之後，佛教的中國化，才算圓滿成熟。可是，從對教義的自由發揮，到僧侶生活方式的大膽改革，已經經過了四百年的時間，在這期間經過許多高僧大德善知識的努力，而最後的集大成者，卻是禪宗的人物。然而在禪宗大成就的四百年前，道生法師就已經主張頓悟成佛及眾生皆有佛性，結果被當時的眾僧認為是邪說，而遭受驅逐的命運⓬，那時距離禪宗初祖菩提達摩到中國⓭，尚早了一百年。四百年之後，懷海創立從事農耕生產的生活方式時，也被時人罵為破戒比丘⓮。對於這兩個突破傳統舊觀念的例子，正代表了佛教中國化的特色，禪宗的人物可謂為是集結佛教中國化的大成，所以禪宗也就代表了超越性的中國佛教。

註解

❶ 釋聖嚴著《世界佛教通史》上冊〈自序〉一—二頁，東初出版社。

❷ 釋聖嚴著《佛教與佛學》八十一—八十九頁。

❸ 從梁僧祐的《弘明集》與唐道宣的《廣弘明集》、《集古今佛道論衡》等所收資料之中，可以讀到足夠了解當時儒、道與佛教之間的爭論之多。（《大正藏》五十二冊）

❹ 魏、晉時代佛教諸學者，深受了清談流風的影響，大多以老莊之學來附會說明般若空理：

（一）《高僧傳》卷四「法雅」條有云：「以經中事數，擬配外書，為生解之例。謂之格義。」

（《大正藏》五十．三四七頁上）

（二）《出三藏記集》卷八〈毘摩羅詰堤經義疏序〉對格義的批評是：「自慧風東扇，法言流詠已來，雖曰講肆格義，迂而乖本，六家偏而不即性空之宗。」（《大正藏》五十五．五十九頁上）

❺ 據中國佛教史上一向的傳說，最早譯出的一部佛經是迦葉摩騰的《四十二章經》。近代的學者認

為那不是事實，依照印順法師的看法，應該是在東漢明帝（西元五十八—七十五年）以後，到東漢桓帝延熹年間（西元一五八—一六六年）發生的事（《妙雲集》下篇第九冊）。最受今日學者承認的最早的漢文佛經譯者，是東漢桓帝建和二年（西元一四八年）頃來洛陽的安世高。此後直到宋太祖乾德四年（西元九六六年）還有政府派遣了沙門行勤等百五十七人，去西域求法（《佛祖統紀》卷四十三）的記載。宋太宗太平興國七年（西元九八二年），尚在太平興國寺創設譯經院，從事譯經者有天息災、法天、施護、法護等人。此項由宋代政府所支持的譯經事業，延續到宋仁宗天聖五年（西元一〇二七年）為止。（野上俊靜等著，釋聖嚴譯，臺灣商務印書館出版的《中國佛教史概說》第十二章）

❻ 佛教思想的中國型態化，再到完成中國模式的佛教生活，大約經歷了四百年，一直到百丈懷海所制訂的叢林制度徹底推行為止，佛教才算純粹地中國化了。

❼ 正當禪宗的氣勢逐漸形成為中國佛教的過程中，由唐到宋，仍然有許多大翻譯家，將梵文的佛典，譯成了中文，與禪宗五祖弘忍（西元六〇二—六七五年）及神秀（西元六〇五—七〇六年）同時代的義淨（西元六三五—七一三年）與實叉難陀（西元六五二—七一〇年）譯出《華嚴經》及《根本說一切有部毘奈耶》等五十六部。此時尚有菩提流志譯出《大寶積經》百二十卷（自西元七〇六年起譯）。另有傳譯了許多密教經典儀軌的所謂開元三大士善無畏、金剛智、不空，活

躍於唐玄宗開元四年至代宗大曆九年（西元七一六—七七四年）之間，正好是禪宗六祖門下的南嶽懷讓（西元六七七—七四四年），弟子馬祖道一（西元七〇九—七八八年）再傳百丈懷海（西元七二〇—八一四年）出世弘化的時代，也正是禪宗大成就的時代。

❽（一）自永明延壽（西元九〇四—九七五年）倡導禪淨合一的主張是眾所周知的事。一直到明末，蓮池袾宏主張參究念佛。廬山慧遠，近人皆知其為淨土宗初祖（參看釋聖嚴著《明末中國佛教の研究》日文本，一四〇—一四二頁），此為事實，但他也喜愛老莊，旨在般若與禪極為有緣。當時的禪師覺賢，被羅什門下擯逐之後，帶了弟子四十餘人，投奔遠公，在廬山住了一年多，並譯出六十卷《華嚴經》及《達摩多羅禪經》。同時在《樂邦文類》卷三記述遠公坐禪念佛得見彌陀，《大乘義章》卷下，遠公也自述其對禪定的見解。

（二）華嚴宗的五祖宗密（西元七八〇—八四一年）倡導禪教一致說，從此，華嚴宗徒匯入禪宗了。

（三）念佛法門，其實就是禪觀法門的一支，如貫相念佛法門。

❾天台宗是倡導教觀並重的法門，雖然並沒有特定的教團如百丈大師所創立的叢林清規，但是仍然代有人才弘揚斯教，主要是研究經論者，都可應用其傳下來的教判方法，對全部佛教可以做系統性的理解，所以是代表義學的流衍而稱為教下。是僧中的講經法師，不是另有教團。

❿（一）《景德傳燈錄》卷六「百丈懷海」條之末有道原所撰的〈禪門規式〉劈頭即說：「百丈大智禪師，以禪宗肇自少室，至曹谿以來，多居律寺，雖別院，然於說法住持，未合規度。」（《大正藏》五十一・二五〇頁下─二五一頁上）

（二）《宋高僧傳》卷十「懷海傳」之後，有贊寧的系曰：「自漢傳法，居處不分禪律，是以通禪達法者，皆居一寺中，院有別耳。至乎百丈立制出意，用方便，亦頭陀之流也。」（《大正藏》五十・七七一頁上）

（三）宗賾的《禪苑清規》（西元一一〇二─一一〇六年之間）第十卷之末，亦照道原撰的〈禪門規式〉作成〈百丈規繩頌〉，照錄「以禪宗肇自少室至曹溪已來，多居律寺」之文。（《卍續藏》一一一・九三〇頁下）

⓫根據日本現代學者鏡島元隆、佐藤達玄、小坂機融三人合作完成的《譯註禪苑清規》的序中說：原本的《百丈清規》，早已散佚，中國宋、元以來成立的清規計有七種：1.北宋的《禪苑清規》。2.南宋的《入眾日用清規》、《入眾須知》、《叢林校定清規總要》。3.元朝的《禪林備用清規》、《幻住庵清規》、《敕修百丈清規》。其中以《敕修百丈清規》最遲，成立於元順帝至元四年（西元一三三八年），是百丈山的住持東陽德輝及笑隱大訢，奉敕參照了《禪苑清規》、《叢林校定清規總要》、《禪林備用清規》的三種清規編成，因其去懷海時代已有五百多

年，由於時代與社會的變動，內容當然就大有不同了。（日本曹洞宗宗務廳一九七二年版）

⑫ 參看：

（一）湯用彤的《漢魏兩晉南北朝佛教史》下冊〈竺道生章〉。

（二）印順法師的〈點頭頑石話生公〉。（《妙雲集》下篇第九冊）

（三）胡適《中國中古思想小史》，九十五—九十七頁。（胡適紀念館一九六九年出版）

⑬ 有關菩提達摩東來中國的年代及其西歸印度或是否寂滅於中國，以其傳說複雜，以致近代學者，有疑其人之真實性者，本文不做考證，僅據通說，以明禪宗史的時代階段而已。參考關口真大博士的《達摩の研究》。（東京岩波書店一九六七年出版）

⑭《景德傳燈錄》卷六「百丈懷海」條之末的〈禪門規式〉一文中提及有人責問懷海云：你既不遵行小乘的阿含所說，那麼「《瑜伽論》、《瓔珞經》是大乘戒律，胡不依隨哉？」這是指責百丈既不持小乘比丘戒，何以也不隨從《瑜伽師地論．菩薩地品》的四重四十三輕及《菩薩瓔珞本業經》的十波羅夷及八萬四千細行呢？百丈的回答是：「吾所宗，非局大、小乘，非異大、小乘，當博約折中，設於制範，務其宜也。」（《大正藏》五十一．二五一頁上）

二、禪觀的佛教

禪，日語發音為zen，中文發音是chan，印度俗語為jhāna，雅語為dhyāna。從修行禪的行為來說，可譯其義為靜慮，從禪的實體來說，可譯其義為定，從修行禪的結果來說，可譯其義為功德叢林。

禪乃中國通用的名詞，是梵語禪那的簡稱，在印度多叫作瑜伽（yoga），禪那的語根是由思惟或靜慮而來，是用來統一身心的修行方法。在印度思想史上的使用法頗不一致，佛教的密宗，即將修行的方法，稱為瑜伽❶。佛教的唯識學派，也以瑜伽為名❷。它的意思是「相應」，即是用數息觀等方法，把散亂的心念收攝，集中一境，專念一物，使心與正理等相應。從佛教立場看它，它就是奢摩他（止）及毘鉢舍那（觀），佛教以外產生於印度的宗教中，即有一派被稱為瑜伽派❸，然其內容及觀法的對象，顯然不同於佛教。總之，瑜伽是人們透過靜坐修禪觀的方法，得到三昧，顯露與自性相應，或外道之神與我相應冥合的宗教經驗及其過程，即為禪定。

佛陀出現人間的目的，是在幫助人闡發本自具足的自性或佛性。佛陀在《雜阿含經》中對於禪觀方法的修行指導均有廣泛的說明，這便是構成原始佛教經典的主因。

自佛教初傳中國，以迄佛教成為純中國化的事物，佛教徒們所從事的工作，不外乎對於三藏十二部聖典的修行方法的傳譯、學習和發揮。這些修行方法，可以歸納為「禪數」、「禪觀」、「止觀」、「念佛」等方法，這只是針對眾生不同種類的根機，其作用都是相同的。

佛教的修行方法，是戒、定、慧三無漏學，其重心是著重在禪定的修持法門，從受持五戒（不殺、不偷盜、不邪淫、不妄語、不飲酒）為修習禪定的基礎，修行禪定的結果，便能闡發本自的智慧。唯有智慧才能了斷煩惱，所以禪定是休止煩惱的途徑，而戒律能預防煩惱的發生。

關於這三者之間的關係是：戒是修行的基礎，慧是修行的結果，而禪定才是修行的重心，所以天台宗的集大成者智顗大師，將修習止觀，稱為「正修行」。在正修之前的預備工作有二十五項，稱為二十五方便❹。可見，從佛教的化世功用來看，除了禪觀，就沒有佛教。

註解

❶（一）密教的歷史過程，分有三個時期的四個部別：初期稱為事部，中期的稱為行部及瑜伽部，晚期的稱為無上瑜伽部。

（二）藏密之中修行方法之最上乘者，稱為「大手印」，即分成四階段：一曰專一瑜伽，二曰離戲瑜伽，三曰一味瑜伽，四曰無修瑜伽。

❷《大正藏》對於論書的歸類編目，便將唯識學派的著作，名為瑜伽部。此跟修行禪觀的瑜伽師有極密切而不可分的關係。（釋聖嚴著《世界佛教通史》上冊一八一頁）

❸瑜伽的名稱，散見於印度《古奧義書》（約定於西元前七百至五百年間），它與佛教思想有很相近的數論派出現於同一時代。瑜伽學派的哲學思想也與數論派相同，與佛教所不同的，在於瑜伽是一神教，而佛教則為無神教。與佛教類似者，在其實際修行上是以禪定為著眼點，他們以憤怒、欲望等煩惱為禪定之敵，若能徹底征服此敵，即能成為最勝解脫的人了。

❹天台智者大師將修禪定的方便行的分法，有三個時期：1.《禪門修證》第六章分列內方便及外方便，外方便有五類二十五支，稱為二十五方便，內方便是指驗善惡根性、治病、覺魔事等；外方便是指五欲、五蓋、調身等。2.《摩訶止觀》第六章，亦講為修正行而設前方便。3.《小止觀》共十章，除了第六章是說明正修行止觀方法之外，其餘多是方便。（參看關口真大博士譯註《天

台小止觀——坐禪の作法》書末的「解說」——東京岩波書店一九七四年出版）

三、禪觀在中國的變遷

禪在印度、在中國，都是佛教徒們所共同修行的法門，雖然在梁代慧皎（西元四九七—五五四年）的《梁高僧傳》中，記載有共計二百五十七篇傳記，但是在其中也僅舉出二十一位僧侶是修習禪觀之人，不過，這並不表示修習禪觀的人太少，而是僅僅為了說明修習禪觀而不兼弘教義和翻譯經典者的人數並不多。到了唐代道宣律師（西元五九六—六六七年）的《續高僧傳》中，修習禪觀的人數卻急速增加，而有一百三十三人。這兩種高僧傳對於禪僧的類別與標準，也顯然不同，前者認為中國初期的禪僧，是和印度佛教的頭陀行或苦行者相同，他們依法修行，隱於巖谷、林間，常與泉石草木為伍，他們能夠擯除鬼魅，役使猛虎❶。可是自西元第六世紀中葉（梁代）以後，對於禪僧的類別與標準，便大異其趣。例如天台宗的慧思（西元五一五—五七七年）、智顗（西元五三八—五九七年）、灌頂（西元五六一—六三二年），自祖至孫三代，均被道宣律師收入禪僧之列。在這時期對禪者的定義，是除了對於教義的研究與發揚之外，尤其對於禪定的修行與弘揚，具有很大的貢獻者。但是在當時，尚未聽說有禪宗的名稱。至於將修行禪定的人們，立為一個宗派，而稱為禪宗，乃是西元第十世紀（宋初或稍前）時才開始的事❷。

若從禪的修行結果來考察，從印度傳到中國的初期禪法，是主張漸修和漸悟的，認為由於修行者的功力是有強弱，時間有長短，所悟的自性空理，必然也有深淺的不同。故有小乘的聲聞、緣覺，和大乘的菩薩等三種等級的分別。這與印度佛教所持的態度是一樣的。

到了西元第五世紀，道生法師出世，依據他自己的修證經驗，便大膽地提出了「頓悟」成佛的主張，他以為修行的入門處，固然可有三種等級之分，可是當他們親證法性理體的本然自性時，其所體驗到的自性，與佛所體驗的，乃是完全相同的。這種思想論點的產生，在中國本身，正因為佛教傳入中國之前，中國早已有儒家及道家的文化背景。依據謝靈運（西元三八五—四三三年）對道生頓悟思想的評介時說，他以為印度佛教是講求實證，可是卻僅止於漸悟，中國儒家的孔子雖說了一極頓入的道理，卻不能做到親切地實證。道生則取其兩者之長而捨兩者之短。漸次地精進而到豁然大悟時，那就會「紛累盡矣」。此與後世的禪宗所說的「參學事畢」的見解，是頗為類似。只是在道生之前，已有支遁（西元三一四—三六六年）主張七住位上頓悟之說，道安也有漸修頓悟之說，但是均未達到大頓悟的說法。不過這對道生來說，應當具有啟示作用。支遁原本是一位研究老莊的專家，並且曾經用老莊的思想來註解佛教的般若空義。道安也曾在其著作中，引用老子的語句，這是受到當時格義風尚的影響。可見，雖在《楞伽經》中已有「頓現」之說，不過像道生那樣的大頓悟❸，應該是受了中國儒家及道家的影響，也可以說，透過中國傳統的固有思想，才將佛教的思想向前推進了一大步。

再從禪的修行方法考察。我們知道，佛教的宗旨，是教導人們透過修行而獲得解脫的方法，修行要從日常的道德生活，如基本五戒著手。受持五戒，固然是為了避免造作更多的惡因，以減少將來接受惡果報應的可能性，但是也正是為了修習禪定的先決條件，持戒是禪定的基礎工夫。戒、定、慧的三學之間，經常保有連鎖型態，是無法加以分割，也可以說是缺一不可的。

誠如前面所說，禪是修行方法的重心，禪的異名也有好幾個。在佛教初傳中國的時期，甚至到禪宗最初的幾代的祖師之間，都將它稱之為禪觀，尤其更側重於觀法，這都是由於受到初期禪觀思想的影響。譬如西元第四世紀時的大師們，均應用般若空慧，來講禪觀的內證經驗，因此便用觀行一詞來做為修行方法的命名。譬如菩提達摩的《破相論》，又名《觀心論》；他的「二入四行」，又被稱為「四行觀」或「大乘壁觀」。第四祖道信（西元五八〇—六五一年）有「坐禪觀心」之說。四祖的弟子法融（西元五九四—六五七年）則有「無心絕觀」之說。因為修止可得定，修觀能生慧，所以大乘禪者便以智慧的悟境為目的，故以觀門的方法為著眼點，不過這並不意味著不用止的工夫。

最足以注意的，就是天台宗的智顗大師，對禪的弘揚，曾分為三級：

（一）漸次止觀：在他三十餘歲時，便以修「禪觀」來統攝一切佛法，他將印度佛教中的諸種修禪觀的方法，做了極細密的整理，和極忠實的介紹，並且加以有層次的排列而總集成篇，寫成一部共計十卷的《禪門修證》，又名《釋禪波羅蜜次第法門》❹。

（二）不定止觀：這是他中年時代，所寫的一部一卷《六妙法門》；又有《小止觀》一卷，又名《童蒙止觀》❺，即今之《修習止觀坐禪法要》。此二部小書簡明扼要地介紹了淺深不定、能大能小的修習止觀的坐禪方法。告訴你在修禪定之前，應該如何做好準備工作，要具備哪些條件；在修行之時，應該如何收攝心念，應該如何調理身體；在行住坐臥，日常生活的四威儀中均可修行，而且應該如何對機修習；在修行的過程中可能會有怎樣的身心反應狀況，譬如有的會發起善根，有的卻顯露魔境，有的卻顯發禪病，應該如何一一地加以對治、調養、覺魔、治病，以及要修證到何種程度時，才可被稱為證悟等。讓初機人於坐中修習止觀，如坐中得益後，再歷緣對境修習。

（三）圓頓止觀：這是他晚年時代的思想，他應用「止觀」法門來統攝一切佛法，這是他自己所獨創的圓頓禪觀妙法，他為了不再依據印度佛教的觀點，所以在荊州玉泉山完成了這一部共計二十卷的《摩訶止觀》❻，其特點是著重於教義與禪觀並重，也就是將理論和實踐合而為一，稱之為教觀一致論的修行方法。他具有印度大論師的嚴密組織力，而且也有印度大瑜伽師的風格，因此他將修行的方法，做有系統、有層次及有條理的說明和規定。然而對於修行的方法經過理論化及條理化之後，修行起來反而愈不容易得力，以致《摩訶止觀》這部圓頓止觀，事實上並沒有受到普遍的運用。

雖然，智顗的禪觀思想，與後來禪宗的面目並不相一致❼，不過他所闡述的禪觀三階段，卻說明了中國禪觀方法的演變過程：也就是由印度的禪觀，由此過渡而又脫胎成立了中國人自己所闡發的頓悟法門。何況後來的禪宗，雖說向上一著，不假攀緣，唯有直指人心，見性成佛，然而在初學入門時，像《小止觀》與《六妙法門》❽之類的方法書，還是有助於走向頓悟之門的工具。所以，道宣律師在編寫《續高僧傳》，把他算作禪師，不無道理。

註解

❶從《梁高僧傳》第十一卷的僧顯、僧光、曇猷、慧嵬、法緒等人的傳記中知道，他們多有居於深山、虎兕不傷、感化山神、異人皈敬的記載。

❷參看關口真大博士編印的《止觀の研究》二十頁。（東京岩波書店一九七五年出版）

❸（一）湯用彤的《漢魏兩晉南北朝佛教史》下冊一五一頁說：「六朝章疏，分頓有大小。慧達《肇論疏》謂頓悟有兩解：竺道生執大頓悟，支遁（道林）、道安、慧遠、埵法師及僧肇，均屬小頓悟。」

（二）隋磧法師《三論遊意義》云：「用小頓悟師，有六家……。此師等云七地以上悟無生忍也。竺道生師，用大頓悟義也。」（見湯氏前作一五一頁）

❹《大正藏》四十六冊。

❺（一）《大正藏》四十六冊。

（二）參閱：1.寶靜法師《修習止觀坐禪法要講述》。（香港佛經流通處一九六一年影印本）2.關口真大的《天台小止觀の研究》。（東京山喜房佛書林一九六一年五版）3.關口真大譯註《天台小止觀——坐禪の作法》。（東京岩波書店一九七四年出版）4.高登海著《佛家靜坐方法論》。（臺灣商務印書館）

❻《大正藏》四十六冊。

❼由於天台宗以教理為基礎，故其學問人才也不少，自宋以下，經常與禪宗互爭佛法的正統，此在《景德傳燈錄》、《傳法正宗記》、《佛祖統紀》、《釋門正統》等書中，明白地告訴了我們。

❽做為禪宗諸般坐禪儀之淵源則為宗密的〈坐禪儀〉。此〈坐禪儀〉亦受天台《小止觀》等影響。參考關口真大的《天台止觀の研究》二七二頁。（東京岩波書店一九六九年出版）

四、禪宗的特色

所謂禪宗的特色，即是中國佛教的特色，也是深受中國文化背景影響下的特色。中國文化的背景，總合言之，乃是以儒家及道家的思想為兩條主流。儒家注重人與人之間的倫常關係和社會關係，道家重視個人與自然界之間的調和與統一。儒家的勃起與活動，大多在氣候嚴肅的黃河以北地區，道家的搖籃是在中國南方，氣候溫和，具有山川的美景及豐饒的物產。這是由於兩種不同的生活環境的培養之下，才產生出兩種性格不同的文化背景。

禪宗，就是要設法適應中國這兩種不同的人文環境，才產生了嶄新的佛教面目。我們知道，在印度古代的宗教領域中，就已經具有極端的苦行主義，及極端的享樂主義。釋迦牟尼綜合了這兩種極端而倡導不苦不樂的中道主義。佛教到了中國，為了順應儒家所注重的倫常關係與道家的放任自然，便以戒律精神來配合儒家的道德生活，復以禪定與智慧的內容，誘導道家的自然主義。戒律，使得佛教徒的生活，正直清淨；禪定與智慧，能使修行者的內心，獲得寧靜自在。因此，習禪者就不會因為放任自然，而變成逃避現實或玩世不恭的消極分子，也不會由於拘泥於戒律的細則，而變成僵化的宗教工具。讓他們在活潑自在的生活之中，仍然能夠表現出精勤肅穆的修道精神。禪宗的大師們，否定一切形式上、教條上及思想上的偶像觀念，強調以保持「平常心」❶為修道者的原則，並以恆常的平實心，去過平常人的正常生活。禪師們縱有超乎尋常的宗教經驗和能力，但是卻絕不輕易表露。所以在禪宗大師們的生活型態和觀念，與中國初期的禪觀相比，迥然不同。

又由於中國社會的經濟基礎，自古以來，除了仕宦及營商的少數人之外，絕大多數的中國人，都是過著農業社會的經濟制度，以農耕為生，雖然有部分為逸世的高人隱士，也是以躬耕於山野之間為其謀生的方法，若非災荒，或懈怠懶散之徒，絕不會淪為乞丐。

當佛教傳入中國後，佛教的僧侶們，便改變印度那種依靠沿門乞食為生的修行方式，也不能長期依賴政府的供給與施主們的供養，尤其是每當遇到政府的宗教政策有了變更，或社會經濟情況發生了不景氣的狀況時，中國佛教的僧侶，便會面臨無從謀生之苦。倘若僅僅依賴政府政策的支持或信徒的布施來維持的話，那麼每當受到生活方式的考驗時，便會趨於日漸沒落的地步，因此企求自食其力的山林佛教，便應運而興，那便是百丈懷海所倡導的叢林制度的農耕生活，他們以墾植山林農田為主要的生活資源，信徒的布施則屬於其次。不過懷海禪師被當時的守舊之徒，罵為破戒比丘，因為他們認為，應該過著印度僧侶以乞食的方式為高尚，所以不主張以任何的其他方式去謀取衣食之需[2]。可是，自唐末五代（西元第九世紀）

以後，佛教尚能在中國綿延發展，這些就應該說是受到懷海禪師所創的叢林制度的農禪生活所賜。

註解

❶《景德傳燈錄》卷十「長沙景岑」條：「僧問：如何是平常心？師云：要眠即眠，要坐即坐。僧云：學人不會。師云：熱即取涼，寒即向火。」（《大正藏》五十一．二七五頁上）

❷（一）比丘及比丘尼戒中，均有不得自手掘地或教人掘（耕作）、不得壞草木（收割等）的規定，否則犯波逸提。

（二）在《瑜伽菩薩戒本》的輕戒中，有不護雪譏謗及不學小乘法戒。

（三）比丘的梵文原意即為乞士。受具足戒，護持三衣一缽，乞食自活，住阿蘭若處等，這是比丘義。《雜阿含經》卷四云：「爾時世尊，晨朝著衣持缽，入舍衛城乞食。」有一年長的婆羅門也行乞食，心想：「沙門瞿曇，攝杖持缽，家家乞食，我亦攝杖持缽，家家乞食，我與瞿曇，俱是比丘。」世尊立刻糾正他，比丘除了乞食之外，尚有事情要做：「所謂比丘者，非但以乞食，受持在家法，是何名比丘，於功德過惡，俱離修正行，其心無所畏，

是則名比丘。」（《大正藏》二．二十六頁下—二十七頁上）

（四）《雜阿含經》卷四，也有提到一位農夫責詢，何以世尊不耕田下種，世尊答稱他也耕田下種，用耕田為喻而言：「信心為種子，苦行為時雨，智慧為時軛，慚愧心為轅。……如是耕田者，不還受諸有。」（《大正藏》二．二十七頁上—中）

五、平等簡樸的叢林生活

由歷史文獻的記載，讓我們得知，禪宗的四祖道信（西元五八〇—六五一年）、五祖弘忍（西元六〇二—六七五年）的時代，禪僧的生活，曾經有一次大的變動，已由散居獨處，而變成群聚在大師們座下的徒眾，因此經常跟隨著他們兩位共住的大約有五百餘人到千餘人左右，甚至在同一道場修行的有長達六十餘年之久。而且我們從文獻中加以研判得知，當時他們的生活來源，已經能夠過著自給自足的生活方式。踏碓舂米，田園種植，農地耕耘，以及採薪劈柴等工作，均由寺廟大眾共同執役，同時也訂立一套僧眾共同生活的規約。由此類推，便可得知，由百丈所訂立的叢林清規，其實早在禪宗四祖及五祖時代，已經具有了一個雛形❶。

對於叢林寺院中習禪者的生活，也一掃虛浮繁華的建築型態，更革除了咬文嚼字的經教研究，不拘印度傳來的風俗儀節❷。他們不設佛殿，不供佛像，唯構法堂，四眾弟子並沒有私人的寢室，大家同住於禪堂，而臥身之處，即是坐禪之所，執事們的寮房，乃至住持大和尚的方丈室，是辦公及個別施教的說法場所。叢林中也准在家人共住，只要是有心參禪並準備出家向道者均可。四眾的衣食住行四威儀無別，只有僧俗的形相有別而已，根本沒有優劣厚薄的上下階級之分。他們唯在上殿說法時，披起象徵僧侶身分的袈裟，執勞工作時，禪堂修行時，一律都穿隨俗的唐服（中國服裝），除了剃光頭，便與俗人一樣。

在他們的日課之中，規定最嚴格的是「普請」，上自大和尚下至每一個住在寺院的信眾，除了病假及事假之外，均應普遍地被請到各自應做的工作崗位去進行勞動生產。懷海本身也嚴格地實踐「一日不作，一日不食」的信條。由於寺眾都能自耕自食，不必像印度僧侶那樣地，不簡葷素，乞得什麼便吃什麼了。而且叢林中嚴格規定，葷腥與酒，不得進門；日中之後，不再進食。寺中經濟絕對公開，財產不屬於私人，倘若在用之於大眾的簡樸生活所需之外，尚有餘力時，便可以用之於社會的慈善救濟事業。而且無論是誰，只要是觸犯了生活的規範，情節重者，集合大眾，先用杖打，繼之則燒掉他的衣缽道具，再從偏門將之逐出寺外❸。

像這樣的禪者生活，既能適應中國人的社會環境，又能不違背釋迦牟尼佛所傳的佛教精神。事實上，這反而更能有效地把佛陀教化世人的根本精神，從現實的生活之中，表現出來。也就是說：讓四眾弟子都能過著清淨、和樂、任運、自在、精進、平等、慈悲、少欲、知足的生活，不重形式，不走極端，隨方隨時，隨緣施教。

佛教是重視理性的信仰，所以它有許多的教典，而且不斷地反覆闡明佛陀的本懷。不過，究竟的法性、佛性，或自性，絕非以言語文字所能表達，也絕不能經由語文結構而成的教典中所能見到，所謂向上一著，就必須從禪定的修習，來親自體驗或印證。因此，禪宗的大師們，便把經典中的理論，稱為「葛藤絡索」，反而是禪宗修行者的一道障礙。不過禪宗並非一定要排除經典不可，例如菩提達摩，開示二祖慧可，應依據四卷本的《楞伽經》來印心❹；而且到了五祖弘忍大師時只是更改以《金剛經》來印心❺；一直到唐末宋初（西元第九世紀）以後，中國禪宗兼重《圓覺經》❻及《楞嚴經》❼，尤其是做為一個禪宗的大師，在其開悟後，仍須多看經教，修學一切法，以廣度有情眾生，例如禪宗有兩部好書——《臨濟錄》❽、

《碧巖錄》❾，其活用經教之處，可謂極多。

註解

❶ 參閱宇井伯壽著《禪宗史研究》一．八十一—八十八頁。

❷ 道生時代（西元三五五—四三四年），他住於祇洹寺時，即遇到一次爭論，寺主慧義主張沿用印度習俗採用踞坐，施主范泰建議用中國式的方坐，道生也同意一律用方坐。（1.印順法師的〈點頭頑石話生公〉，2.《弘明集》卷十二，《大正藏》五十二冊）

❸ 參考：

（一）宗賾的《禪苑清規》。

（二）道原的《景德傳燈錄》卷六「懷海」條末之〈禪門規式〉。

（三）贊寧的《宋高僧傳》卷十「懷海傳」及其系。

（四）近人南懷瑾的〈禪宗叢林制度與中國文化教育的精神〉。（《禪與道概論》一〇七—一二八頁）

❹ 《續高僧傳》卷十六「慧可傳」云：「初達摩禪師以四卷《楞伽》授可曰：我觀漢地，唯有此

經，仁者依行，自得度世。」（《大正藏》五十・五五二頁中）

❺ 元人宗寶編《六祖大師法寶壇經》第一篇：「惠能一聞經語，心即開悟，遂問客誦何經？客曰：《金剛經》，……我從蘄州黃梅縣東禪寺來，其寺是五祖忍大師在彼主化。」（《大正藏》四十八・三四八頁上）

❻ 《圓覺經》自圭峰宗密（西元七八〇—八四一年）始受重視，而為之作大疏三卷，此後歷宋、元、明、清四代均有註疏增加。現收入《卍續藏》者有二十六種《圓覺經》的註疏之多。

❼ 《大佛頂如來密因修證了義諸菩薩萬行首楞嚴經》，自宋開始，方有註疏出現，明、清兩代，解者尤多。可見其受中國佛教徒之重視，遲在唐、宋之後了。

❽ 《鎮州臨濟慧照禪師語錄》一卷。（《大正藏》四十七冊）

❾ 《佛果圜悟禪師碧巖錄》十卷。（《大正藏》四十八冊）

六、由禪宗所提供的啟示

由以上的分析，可知，中國的禪宗，是既能擺脫宗教形式的束縛，又能過著精進樸實、自力謀生的修道生活。既可不受宗教理論的限制，又可不廢棄經典教理的活潑運用。

而且深受禪坐訓練的人，其所獲得的利益是多方面的，僅僅就打坐盤腿的姿勢便可以有益於身體的健康，而止觀方法的應用，至少也能令你的情緒獲得安寧。所以，習禪的初步效果，就是要令身心的健康獲得平衡與穩定❶。至於最令一般人所感到神祕與好奇的就是所謂開悟的宗教經驗，只要你能無條件地去深信一位高明禪師的話，並依據他對你的指導方法，毫不猶疑地修行下去，只要機緣成熟，便會有親自體證得到的一天。不過根據高僧大德們的經驗，對於開悟的基本條件，就是先要拋棄自私自利的小我，破除了責任感或使命感的執著，自然可以進入無人、無我、毫無罣礙的自在狀態時，才算悟境現前，到了那時候，你的身、心、世界，都會現出清淨、美、善、真實和充實、圓滿無缺的新氣象❷。因此，禪師們首先要幫助你的，就是要去除你身心的障礙與病態，比如自私、驕傲、自卑、怯弱等不健全的心理，因為這些都是進入悟境的最大障礙。最後，我們可以確信，唯有深受了禪的宗教經驗的人，才能獲得身心的真正健康，也才是一位真正能披露自己的人。所謂有了真人才能真知，因此他才會衷心確認生活的意義及努力的方向與究極的目標。

(一九八〇年十月十日《華岡佛學學報》第四期)

註解

❶ 參閱釋聖嚴著〈坐禪的功能〉。(慧炬文庫之三十八及《禪》(*CH'AN*)中英文對照本,東初出版社出版)

❷ 參閱釋聖嚴著〈從小我到大我〉。(《禪》中英文對照本,東初出版社出版)

中國佛教以《法華經》為基礎的修行方法

一、提要

《法華經》自稱是「諸經中王」，不論從理論方面或實踐方面來看，的確是一部極重要的大乘經典，故為中國佛教諸宗祖師，共同依止。

從《法華經》揭示的修行方法而言，概要的統計，約有六十餘項，在其全經二十八品之中，出現頻率最高的是為他人解說經義，其次是受持、讀誦、供養經卷等。此經也在鼓勵修持六度行及三十七道品之外，最特殊的尚有兩項：1.遇人即拜並稱「汝等皆當作佛」的常不輕菩薩，2.燒身供佛的藥王菩薩苦行。此種尊重他人是未來佛的信心，以及為法捨身的求道之心，為中國文化增加了謙和中求進步的活力。

中國佛教受《法華經》的直接影響而產生的修行方法，相當地多，在編成整部的書及整套的儀軌方面，則有陳代慧思的《法華經安樂行義》及隋代智顗的《法華三昧懺儀》，尤其是後者的影響所及，天台系的遵式，便編了許多種懺儀，致使大眾化的中國佛教，一方面有利於集會修行，同時也即以做經懺為信仰佛的形式了。

《法華經》鼓勵「不惜身命」的求法精神，同時又再三強調「柔和」與「忍辱」的精神，這為中國文化注入了堅定和柔韌的美德。此經主張稱名念佛，以及稱念觀世音菩薩的名號，做為修行方法，對於佛教普及化的功效極大，甚至未曾皈信佛教的人，一旦遇到急難病變，也會不期然地念阿彌陀佛，求觀世音菩薩，此為千百年來中國的社會人心，提供了無法估計的安定力與安全感。

二、諸宗共尊的經典

《法華經》具稱《妙法蓮華經》，在中國先後六譯，而三闕三存，即是第三譯的《正法華經》，第五姚秦三藏鳩摩羅什譯《妙法蓮華經》，第六譯《添品妙法蓮華經》，盛行而久行不衰的則為羅什三藏的譯本❶。

《法華經》對於中國佛教的重要，是非常突出的，一般人僅知天台宗根據的主要經典是《法華經》❷。其實中國佛教大乘諸宗的代表人物幾乎都跟《法華經》有淵源，例如三論宗的吉藏大師撰有《法華玄論》、《法華義疏》、《法華遊意》❸。法相宗的玄奘在十一歲時，即誦《維摩經》及《法華經》二經❹。玄奘的弟子窺基撰有《妙法蓮華經玄贊》❺。律宗的道宣十六歲誦《法華經》二十天即能通徹，嗣後並為之撰〈妙法蓮華經弘傳序〉❻。華嚴宗的澄觀也曾習《法華經》及《維摩經》等經疏，並曾修行智顗編撰的《方等三昧》❼。因為《法華經》自稱是「諸經中寶」❽，又自說此經是「諸經中王」❾。而且在佛法的理論及修習的方法上，此經涵蓋深廣，從初機的二乘佛法，至最高的空如實相，所謂開三乘會一乘，又所謂開權顯實及攝迹歸本。所以不論站在任何角度看，此經是相當重要的。

註解

❶現存三種《法華經》譯本，均收於《大正藏》九冊。

❷天台宗三祖慧思依《法華經》撰《安樂行義》，四祖智顗依《法華經》撰《法華玄義》及《法華文句》。

❸ 收於《大正藏》三十四冊。
❹《續高僧傳》卷四，《大正藏》五十・四四六頁下。
❺ 收於《大正藏》三十四冊。
❻（一）《法華經持驗記》卷上，《卍續藏》一三四・九二一頁上—下。
（二）收於《大正藏》九・一頁中—下。
❼《宋高僧傳》卷五，《大正藏》五十・七三七頁上。
❽《法華經・提婆達多品》，《大正藏》九・三十五頁中。
❾《法華經・藥王菩薩本事品》，《大正藏》九・五十四頁中。

三、《法華經》所見的修行方法

佛法的指歸是以實證無相的空慧為目標，但其既屬無相又是空的，所以不是一般人所能理解通達，故在《法華經・方便品》說這是「第一希有難解之法」❶。因了眾生需要，此經便開示了種種理論及實踐的法門，並且要求從「信受佛語」開始❷。其實，不論世法及佛法，均當以信受為入門的第一步。

佛法重視理論也重視實踐，從理論及實踐而親證「無名無相，實無所有」的「諸法如實相」❸，便可達於超越理論也超越實踐，「一切語言道斷」❹。

佛法的實踐方法，根據楊郁文居士編著《阿含要略》，佛法目的在於實踐，佛法基礎即在要求實踐增上善學、增上信學、增上戒學、增上意（定）學、增上慧學❺。由此五個大項目而衍出三藏教典。《法華經》的修行方法，雖然看來龐雜，實則亦未離開這個基本的範圍。

現在且將全部《法華經》共二十八品之中所見的修行方法，用表格條列出來，並且做成統計數字，便可看出《法華經》的主要及次要的修行方法是哪些項目。（見文末附表）

根據統計所知，《法華經》的修行方法，在全經二十八品之中，共有六十個項目，每一個項目於每品出現一次或多次，均以一項計算。在此六十個項目中，於二十八品經文之內，出現最多者，有二十二個品目，最少者僅出現在一個品目的經文之中。現將其統計數字，介紹如下：

（一）為他人說此《法華經》，計二十二品。

（二）受持此經，計十九品。

（三）讀誦此經，計十八品。
（四）供養此經及供養寶塔，計十五品。
（五）得深智慧及修習禪定各計十三品。
（六）頭面禮足及讚歎功德，各計十二品。
（七）自書教人書，計十一品。
（八）持大乘戒及精進勇猛，各計十品。
（九）廣聞如來法及低頭合掌，各計九品。
（一〇）著忍辱鎧、恭敬諸佛及信受信解，各計七品。起塔供養，計八品。
（一一）如說修行，計六品。
（一二）獨處山林靜處、大慈悲心、柔和心、護持法藏，各計五品。
（一三）布施、稱名念佛、深心堅固、瞻仰尊顏，各計四品。
（一四）集眾聽法及隨喜各三品。
（一五）法華三昧、音樂供養、尊重、問訊、求無上道、善答問難、現一切色身三昧、陀羅尼咒，各二品。
（一六）僅在一品中出現者則有畫佛像、繞佛、供給走使、以身為床座、不惜身命、不說人過、不說經典過、不輕餘法師、不說人長短、不稱名說小乘過、不稱名讚歎小乘、不以小乘法答、不希供養、不輕罵學佛道者、不戲論諸法、平等說法、立僧坊、供養眾僧、供養讚歎聲聞眾僧、自燃其身供養佛、燃手指供佛塔、燃足一指供佛塔、三十七道品、求索此經。

出現項目最多的〈安樂行品〉，幾乎像是《梵網經菩薩戒本》及《瑜伽菩薩戒本》，對於修行者在身、口、意、誓願，四個範圍的行為規定，極其嚴格。出現項目最少的是〈觀世音菩薩普門品〉，僅僅兩個項目，一是受持觀世音菩薩名號，二是一心稱念觀世音菩薩名號。此二品的前者是一經中修行方法的最高究竟的法門，後者是最普遍及最受一般初機學佛者所信受奉行的法門。

在《法華經》中最奇特的修行方法，是〈藥王菩薩本事品〉中介紹的燒身、燒指供佛的捨身法門，可謂難行能行的大苦行。其次奇特的修行方法則為〈常不輕菩薩品〉的見到四眾皆予禮拜，並稱「我不敢輕於汝等，汝等皆當作佛」。至於綜合性的修行方法，則出於最後一品的〈普賢菩薩勸發品〉，標明了以三七二十一日為一期的法華三昧修行法❻。

依據前面的統計數字可以看出，《法華經》非常重視「受持」、「讀誦」、

「為他人說」。也可以說，《法華經》對於大眾所教授的修行方法，著重在於受持此經、讀誦此經、為他人轉說此經。修此三項均有無量功德，卻在〈隨喜功德品〉中特別強調為他人說的功德最大，乃至「勸於一人，令往聽法」，「是人功德，轉身得與陀羅尼菩薩共生一處，利根智慧。百千萬世，終不瘖瘂，口氣不臭，舌常無病，……無有一切不可喜相。……人相具足，世世所生，見佛聞法，信受教誨。」❼這也就是鼓勵後人，應該隨分隨力弘揚佛法，廣度眾生。

於《法華經》中經常出現的句型有：「受持、讀誦、解說、書寫」；「受持、讀誦、思惟、為他人說」；「書寫此經，受持、讀誦、解說其義、如法修行」；「受持、讀誦、正憶念、修習、書寫是《法華經》」等。在這中間，或是受持、讀誦、書寫，或是受持、讀誦、為他人說，都是為了相同的目的，即是在得經之後，當受持，受持之後，當常讀誦，讀誦之時當解其經義，明義之後當廣為人說，同時為了使得經典流布於廣大的人間，在印刷技術尚未發明之時，用手抄寫是唯一最佳的傳播方式，所以鼓勵若自書寫，若使人書寫，均有無量功德。在此經〈法師品〉更有一段標準的句子：「如來滅後，其能書、持、讀、誦、供養、為他人說者，如來則為以衣覆之」，並說「若說、若讀、若誦、若書、若經卷所住處，皆應起七寶塔」❽便是法師。

經典的獲得，除了自己書寫，請人書寫，便是向人「求索」。例如本經〈普賢菩薩勸發品〉即有「求索者，受持者，讀誦者，書寫者」的經文❾。可知求法者，有兩途：一是親近善知識聽聞佛法，一是向有佛經者求索經卷。在未得經卷之前，當求索，當書寫；已得經卷之後，當受持記憶熟背；尚未熟背之時，當對著經卷口宣句讀；熟背之後，不對經文即可朗朗背誦；凡有經卷之處，如有力量當為起塔供養，如供佛的全身；並為他人解說經文；同時書寫經卷，廣為流通。這是求法、學法、修法、弘法、護法的一貫方法，佛法的流傳，大致上便是依靠這樣的方式進行。古來的佛教徒們，不論程度深淺，不論學問高下，幾乎無一不是由受持讀誦著手，學殖豐富者，則為人解說書寫。

註解

❶《大正藏》九．五頁下。

❷《法華經．如來壽量品》云：「我等當信受佛語，如是三白已，復言唯願說之，我等當信受佛

語。」《大正藏》九．四十二頁中。

❸《法華經．安樂行品》，《大正藏》九．三十七頁上—中。

❹《法華經．安樂行品》，《大正藏》九．三十七頁中。

❺東初出版社，一九九三年六月初版。

❻〈普賢菩薩勸發品〉有云：「欲修習是《法華經》，於三七日中，應一心精進。滿三七日已，我當乘六牙白象與無量菩薩而自圍繞，以一切眾生所喜見身，現其人前。」（《大正藏》九．六十一頁中）

❼《大正藏》九．四十七頁上。

❽《大正藏》九．三十一頁中。

❾《大正藏》九．六十一頁中。

四、《法華經安樂行義》及《法華三昧懺儀》

《法華經》到了中國，不僅在思想方面豐富了中國文化，尤其為中國佛教在實踐的方法方面，貢獻極多。

佛法的實踐方法，從《阿含經》開始，即不離戒、定、慧的三無漏學，諸經之中或說八正道，或說六度及四攝，或說三十七道品，也都是屬於三無漏學的範圍；三學之中的戒學淨身、定學淨心，以佛的空慧指導來持戒習定，便發無漏慧，而成無漏學，親證〈安樂行品〉所說「無名無相，實無所有，無量無邊，無礙無障」的諸法實相❶。如果僅修「受持、讀誦、解說、書寫、供養」之法，雖有無量功德，也與三無漏學相應，但總不是那般直接地進入實相無相的層面。故在《法華經》中亦鼓勵修持戒、定、慧的三無漏學。

到了陳之慧思禪師，便依〈安樂行品〉撰《法華經安樂行義》（又稱《安樂行義》）一卷❷，隋之智顗禪師，依《普賢觀經》撰《法華三昧懺儀》❸，目的是為了從有相行而進入無相行。慧思禪師的《安樂行義》將修行分作無相及有相行。無相行者即是安樂行，「一切諸法中，心相寂滅，畢竟不生」❹；有相行者「此是〈普賢勸發品〉中，誦《法華經》，散心精進，知是等人，不修禪定，不入三昧，若坐若立若行，一心專念法華文字，精進不臥如救頭然，是名文字有相行」❺。修此有相行，可得三種陀羅尼門：

（一）總持陀羅尼，肉眼天眼菩薩道慧。

（二）百千萬億旋陀羅尼，具足菩薩道種慧，法眼清淨。

（三）法音方便陀羅尼，具足菩薩一切種慧，佛眼清淨。

若不顧身命精進修行，或一生具足，或二生具足，或三生具足。若顧身命，貪四事供養，不能勤修，經劫不得❻。可知一般人的散心讀誦，若不能不惜身命精進不懈，連第一種陀羅尼都不會得到的。

正由於安樂行即是無相行，很難使得一般凡夫修得成就，所以智顗禪師即根據〈普賢菩薩勸發品〉所示「三七日中，應一心精進」的原則，編撰了一卷《法華三昧懺儀》，以方便散心精進，讀誦《法華經》者，達到一心精進的程度。同時也由於智顗本人，即因自修法華三昧，誦《法華經．藥王菩薩本事品》，心緣菩薩的燒身供佛的苦行，而讀至「是真精進，是名真法供養如來」句，便悟見與思禪師處於靈山法華盛會，他將此經驗請示思禪師，而被告以：「非汝莫證，非我莫識，所入定者法華三昧前方便，所發持者，初旋陀羅尼也。」❼此所謂初旋陀羅尼，即是慧思《安樂行義》中所說的三種陀羅尼門的第一種總持陀羅尼，得肉眼天眼的菩薩道慧。但此對於智顗禪師已極為重要。

從〈普賢菩薩勸發品〉所見《法華經》的「如說修行」，是三七日中一心精進地「受持、讀誦、正憶念、解其義趣」，則是人命終之時，即可感得「千佛授手」，「往兜率天上，彌勒菩薩所」❽。並沒有說三種陀羅尼門。可是如慧思禪師所說，若不能不顧身命，要想能夠修成三種陀羅尼，極不容易。若據《安樂行義》所說，縱然不顧身命精進修此有相行，縱然已見普賢菩薩現其人前，及見千佛，復見十方三世諸佛，修行者仍得「至心懺悔，在諸佛前，五體投地」❾。雖在《法華經》中並未說要「至心懺悔」，但到智顗禪師所撰的《法華三昧懺儀》，就有「懺悔六根」的方法了❿。嗣後至宋朝的天台宗學者慈雲遵式，特重懺儀的製作，根據即出於《法華經安樂行義》，但卻不是《法華經》的本身。

至於「法華三昧」的名稱，確係出於《法華經》，共有三處：

（一）〈妙音菩薩品〉有云：「成就甚深智慧，得妙幢相三昧、法華三昧、淨德三昧……。」⓫

（二）同上品：「華德菩薩得法華三昧。」⓬

（三）〈妙莊嚴王本事品〉有云：「受持是《法華經》，淨眼菩薩，於法華三昧久已通達。」⓭

由此可知法華三昧的獲得，可依兩個條件：一是已經成就了「甚深智慧」，二是「受持《法華經》」。因此在尚未得甚深智慧之際，如要得到法華三昧，主要的修行方法，便是受持讀誦《法華經》了。僅靠讀誦，還是不夠，故於《法華三昧懺儀》，尚有前方便的修行方法：「當於正懺之前，一七日中，先自調伏其心，息諸緣事，供養三寶，嚴飾道場，淨諸衣服。一心繫念：自憶此身已來及過去世，所有惡業，生重慚愧，禮佛懺悔。行道誦經，坐禪觀行，發願專精，為令正行三昧，身心清淨，無障閡故。」⓮

除了誦經，先須懺悔，莊嚴道場，供養三寶，同時也要坐禪修觀及發誓願。「三昧」是與慧相應的定，譯為正受，為了通過定境而達到智慧的解脫，而修種種三昧。法華三昧乃是其中之一。法華三昧的修法，須先修懺悔，這是從《安樂行義》而來，此可由《法華三昧懺儀》的說明得知：「修行有二種：一者初行，二者久行，教初行者當用此法，教久修者依〈安樂行品〉。」⓯法華三昧是安樂行的預備階段，故《安樂行義》主張的懺悔是無相行，也被智顗所沿用。可是這項懺悔法的經典根源是出於被稱為《法華經》的結經之《觀普賢菩薩行法經》，此經將《法華經》的末品〈普賢菩薩勸發品〉三七日行法，更進一步，做了詳細的說明，特別一層又一層地增加了懺悔法門，最特殊的是為了求得六根清淨，而逐條懺悔六根罪業。此在智顗的《法華三昧懺儀》中也照樣援用。因為《觀普賢菩薩行法經》中對於懺悔的功能有如下的說明：「若聲聞毀破三歸及五戒、八戒、比丘戒、比丘尼戒、沙彌戒、沙彌尼戒、式叉摩尼戒，及諸威儀。愚癡不善，惡邪心故，多犯諸戒及威儀法。若欲除滅，令無過患，還為比丘具沙門法，當勤修讀方等經典，思第一義甚深空法。令此空慧，與心相應，當知此人，於念念頃，一切罪垢，永盡無餘。……若欲懺悔滅諸罪者，當勤讀誦方等經典，思第一義。……不必禮拜。應當憶念甚深經法，第一義空，思是法者，是名剎利居士修第一懺悔。」[16]

這是說，若能讀誦方等大乘經典，心與空慧相應，即不須以禮拜的方式懺悔，而且是最高的第一懺悔。相反地，如果尚未能與空慧相應，還是要心惟口宣，五體投地，遍禮十方無量諸佛，求哀懺悔。此在《法華三昧懺儀》中也說：「觀心無心，法不住法，諸法解脫，滅諦寂靜，作是懺悔，名大懺悔。」[17]

若以知禮的《金光明經文句記》卷三上所說的三種懺悔法而言，最高的懺悔是無生懺[18]，即是以無念念實相。那便相當於《觀普賢菩薩行法經》的第一懺悔，也是《法華三昧懺儀》的大懺悔。懺悔行法，本為業重障深不易一心專念地修習無漏的定慧者設，然到宋、明以後的中國佛教界，舉行各種禮懺道場，目的僅為消除業障，已不再有像《法華三昧懺儀》所行法中的讀誦、禮懺、禪定、思惟是不可分割了。

註解

❶《大正藏》九．三十七頁中。
❷《大正藏》四十六．六九七頁下—七〇二頁下。
❸《大正藏》四十六．九四九頁中—九五五頁下。
❹《大正藏》四十六．七〇〇頁上。
❺《大正藏》四十六．七〇〇頁上—中。
❻《大正藏》四十六．七〇〇頁中。
❼《法華經持驗記》卷上，《卍續藏》一三四．九一四頁下。
❽《大正藏》九．六十一頁中—下。
❾《大正藏》四十六．七〇〇頁中。
❿《大正藏》四十六．九五二頁上—九五三頁中。

⓫《大正藏》九．五十五頁上。
⓬《大正藏》九．五十六頁中—下。
⓭《大正藏》九．六十頁中。
⓮《大正藏》四十六．九四九頁下。
⓯同上。
⓰《大正藏》九．三九四頁上。
⓱《大正藏》四十六．九五四頁上。
⓲《大正藏》三十九．一一五頁下：「初作法，二取相，三無生。行者應知，三種懺法，無生是主，二為助緣。」

五、受持讀誦、生淨土、燒身、血書

根據智顗《摩訶止觀》卷二上所明的四種三昧，是綜合諸經所說的各種三昧的名稱及其內容，予以分類組成：

（一）常坐三昧的依據是《文殊說般若經》及《文殊問般若經》。

（二）常行三昧的依據是《般舟三昧經》。
（三）半行半坐三昧的依據是《大方等陀羅尼經》及《妙法蓮華經》。
（四）非行非坐三昧的依據是《大品般若經》❶。

法華三昧屬於四種三昧的第三種，而凡是諸高僧傳中所列「習禪篇」的古代高僧，所修禪定方法，應該不出《摩訶止觀》所示的四種三昧，其實又不盡然，例如禪宗晚出的看話頭參公案，未必就是用的四種三昧的任何一種了。

若以中國佛教史的資料所見，對於《法華經》的修行方法，用得最多的是受持、讀誦，其次是講解、為他人說。至於禪觀的三昧行法，則極少有人修持。例如唐朝惠詳撰《弘贊法華傳》十卷❷，自東晉迄李唐，共收二百零三人，各行門所占的人數則為：

（一）翻譯十四人。
（二）講解四十五人。
（三）修禪觀三人。
（四）捨身遺身十二人。
（五）持誦一〇八人。

（六）轉讀十二人。

（七）書寫十九人。

再看別一部書，是唐朝僧祥撰的《法華傳記》十卷❸，共收二百人，各行門所占的人數則為：

（一）講解感應十九人。

（二）諷誦勝利九十二人。

（三）轉讀滅罪十六人。

（四）書寫救苦三十四人。

（五）聽聞利益二十二人。

（六）依正供養附法供養共十七人。

其中竟無一人是修行禪觀及三昧行法的。

以上撰於唐朝的兩種史料書中，合計人數是四百零三人，僅三人是修習禪觀的，比率最高的仍是持誦及轉讀《法華經》，相加共得二百二十八人。此外便是講解、書寫及捨身燒身的法門，歷代都有人行持。

另有一部清初周克復所纂《法華經持驗記》二卷❹，共收二百二十八人，唯其有許多例子是一人兼有數種修行事蹟的，經過統計，所得數字如下：

（一）受持讀誦《法華經》者一六〇人。

（二）誦《法華經》而得感應神異現象者一〇〇人。

（三）講說《法華經》者四十四人。

（四）修行法華三昧者二十六人。

（五）書寫《法華經》者二十五人。

（六）精研《法華經》者二十三人。

（七）修習禪定者二十三人。

（八）撰著《法華經》註疏及感通錄者十四人。

（九）修《法華三昧懺儀》者十二人。

（一〇）焚身、爇手指、煉足指、投江等捨身供佛者六人。

（一一）其中尚有頂禮《法華經》全部，一字一拜者三人，以及宣唱舉「妙法蓮華經」五字經題者，亦有三人。

《法華經》並未蓄意闡揚西方極樂世界的彌陀淨土，修持法華法門的人，則有不少願生彌陀淨土，僅極少數人，願生兜率內院的彌勒淨土。此與天台智者大師

《法華三昧懺儀》中的「至心發願，願命終時，神不亂，正念直，往生安養，面奉彌陀值眾聖」[5]，有極大的影響。以致凡是天台學者，都會以阿彌陀淨土為歸趣。雖然《法華經．普賢菩薩勸發品》曾有明文：「若有人受持、讀、誦、解其義趣，是人命終，為千佛授手，令不恐怖，不墮惡趣，即往兜率天上彌勒菩薩所。」[6]但是依《法華經》如說修行的人，卻很少願往彌勒淨土。

至於燒身、捨身、遺身的修行方法，在《法華經．藥王菩薩本事品》已明示當時的一切眾生喜見菩薩，已得「現一切色身三昧」，已有神力變化，所以他在燒身供佛之時，「其身火燃千二百歲」[7]，嗣又化生轉世出家，又燃其「百福莊嚴臂，七萬二千歲，而以供養，令無數求聲聞眾，無量阿僧祇人，發阿耨多羅三藐三菩提心」[8]。這不是普通凡夫可以做得的，即是為了激發無量數人發起無上菩提心的一種難行苦行。經中也並未鼓勵凡夫修行此一法門。但在《法華經．勸持品》中，也曾二度說到「不惜身命」[9]。這是為向「難可教化」的眾生說《法華經》時，受到了輕慢、恐怖、罵詈毀辱，仍須以無比堅強的忍辱心，說法護法[10]。再加上慧思禪師的《安樂行義》中主張以「不顧身命」來精進修行，同時智顗禪師也是因了一切眾生喜見菩薩的燒身供養「是真精進」句而發悟一旋陀羅尼，於是為中國佛教史上，留下了許多以燒身、燃臂、煉指來供佛的苦行紀錄。甚至宋代天台宗的名匠四明知禮，也曾欲燒身供經，結果被人勸阻⓫。

又如書寫佛經，在經中也有說，折骨為筆、刺血為墨、揭皮為紙的記載，但在《法華經》中未見類似的暗示，故迄唐朝為止，未見有血書《法華經》的紀錄，然從宋開始就有刺血寫經的事例了。此在《法華經持驗記》中有五個案例，其中一例最具代表性：「宋釋祖南，居南嶽之雲峰，刺血書《阿彌陀經》五百卷、《金剛經》一百卷、《法華經》十部，終二十七年，皆用血書。末年血乾骨立，念佛聲不絕。一日在方丈坐化，眉間迸出舍利，隨取隨生。」⓬

刺血寫經的性質，也是一種苦行，並且將「不惜身命」與書寫經卷合而為一，目的是為供養佛經，跟流布經卷已有出入了。

註解

❶《大正藏》四十六．十一頁上—十五頁中。

❷《大正藏》五十一．十二頁中—四十八頁中。

❸《大正藏》五十一．四十八頁中—九十七頁上。

❹《卍續藏》一三四．八九七頁上—九五三頁下。

❺《大正藏》四十六．九五三頁中。

❻《大正藏》九．六十一頁下。

❼《大正藏》九．五十三頁上—中。

❽《大正藏》九．五十三頁下。

❾《法華經．勸持品》中曾二度說到「不惜身命」的經文：1.「持說書寫，種種供養，不惜身命。」（《大正藏》九．三十六頁上）2.「為說是經故，忍此諸難事，我不愛身命，但惜無上道。」（《大正藏》九．三十六頁下）

❿《大正藏》九．三十六頁下。

⓫《法華經持驗記》卷下，《卍續藏》一三四．九三七頁上。

⓬《卍續藏》一三四．九四一頁上。

六、陀羅尼咒．延僧誦經．唱經題．逐字拜經．稱念觀世音菩薩

由於《法華經》中有〈陀羅尼品〉，是藥王菩薩、勇施菩薩、毘沙門天王、持國天王、十羅剎女，分別給說法者做守護用的咒文，最後的〈普賢菩薩勸發品〉中的普賢菩薩，也說了一個陀羅尼咒，給三七日中修習此《法華經》的人做守護之用。因之而將密教的咒語用之於大乘顯教的經典中者，除了《楞嚴經》之外，《法華經》是最突出的地方。因此而有天台智顗，除了以《法華經》為根本教典之外，也為密部的《大方等陀羅尼經》編撰了一卷《方等三昧行法》❶。經中說了不少陀羅尼咒，智顗《方等三昧行法》中的「懺悔法」，便採用了該經的五個咒語❷。

此後到了宋朝的四明知禮，也依唐朝伽梵達摩譯出的《千手千眼觀世音菩薩廣大圓滿無礙大悲心陀羅尼經》一卷，編成了《大悲懺》行法，迄今仍被中國佛教界廣為使用❸，〈大悲咒〉也因此風行。這使得中國佛教，除了密宗持咒之外，顯教的僧俗四眾，也都在用密教的陀羅尼咒做為修行法門了。乃至晚近數百年來，《禪門日誦》及《毘尼日用》等佛門常用課本中，也都採入了不少的陀羅尼咒。中國佛教之帶有雜修雜行的色彩，不能說與此無關。不過此也正是中國文化的特色，泱泱

大度，兼容並包。

《法華經》的受持讀誦，是教修行的人自己來做，迄明末為止的各種佛教資料所顯示的讀誦經卷的功德，也都是自修自得，可是到了清初編成的《法華經持驗記》卷下，便錄了四則延僧代為誦經超度解厄的記載，現在且舉其中兩則：

（一）錄自《湘山野錄》者：宋人張秉神遊地獄，獄史命其誦《法華經》，張秉便召僧，日請一僧，日誦一部，許終其身❹。

（二）編者周克復自獲者：明人蘇州尤弘遠，病中至地獄，被告之曰：「今既得生還，宜急延年高有德僧六人，誦《法華經》六部，方可消滅罪愆也。」❺

地獄的信仰早在《阿含經》已有介紹，對於用誦經及供養來度亡，為時也很早，最早是自己誦經並供養經卷，同時也供養出家僧眾。到了《地藏菩薩本願經》的〈如來讚歎品〉則教人以「自書此經，或教人書」，「自讀此經，或請人讀」❻，來超度已墮惡道的眷屬。但卻並未指定要請僧人，甚至指定要請幾位年高有德的僧人，代為讀經超度，這在佛經中是沒有根據的。可是由於有了類此的民間信仰和傳說，便形成了元、明二朝「瑜伽僧」的行業，僧人的工作，不是修學佛法、弘揚佛法，而是以代人誦經為其職業❼。直到現代的中國大陸及臺灣地區，尚有許多人請僧誦經超度先亡。這也可說是《法華經》修行方法的變形及變質。

在《法華經持驗記》卷下，也有三處見到以唱經題「妙法蓮華經」五字為修行方法的，這倒頗似日本的日蓮聖人主張唱題「南無妙法蓮華經」的修行法，雖其在中國，並未形成風氣，曾被用過則為事實：

（一）宋徵士左伸，天台臨海人，從神照受菩薩戒，「紹聖二年秋，命沙門唱法華首題」[8]。

（二）明釋傳燈，少從賢暎庵禪師削髮。聞講《法華經》，恍有神會。年七十五，預知時至，手書「妙法蓮華經」五字，復高唱經題者，再泊然而寂[9]。

（三）明武林西溪釋傳記，世稱法華和尚，日誦《法華經》為業：「癸丑七月，辭諸弟子，念佛及三千聲，唱妙法華經題者數四，面西合掌而逝。」[10]

由於經題即含全經經義，故唱經題，便等於稱讚整部的《法華經》。

《法華經持驗記》卷下，有三處記述逐字禮拜《法華經》的修行方法，現錄其兩例如下：

（一）五代周齊州開元寺釋義楚，「七歲捨家，禮《法華經》，字字各拜，拜且徹部」[11]。

（二）宋朝釋從雅，錢塘人，誦《法華經》二萬餘部，禮佛及百萬拜，「禮《法華經》一字一拜者三過」⓬。

一字一拜禮《法華經》的修行方法，直到現代還有人使用。我本人於一九六〇年從軍中退役再度出家後，進入山中靜修，智光老和尚即傳授我逐字禮拜《法華經》的法門：每拜一字即口宣經題「南無妙法蓮華經」，同時另念一句「南無法華會上佛菩薩」。此種修行法，已將唱題及拜經合而為一，頗值得推廣。

《法華經》另一最大特色，是〈觀世音菩薩普門品〉的修持方法，受到千多年來中國佛教徒們歷久不衰地普遍奉行。因其方法簡便，靈驗卓越，而且都是解救人間現實生活中的苦難災害。只要會念一聲觀世音菩薩聖號，便能有求必應，沒有任何儀式供養的要求，任何人在任何時地，都可修行。

〈普門品〉云：「若有無量百千萬億眾生，受諸苦惱，聞是觀世音菩薩，一心稱名，觀世音菩薩即時觀其音聲，皆得解脫。」又云：「諸善男子勿得恐怖，汝等應當一心稱觀世音菩薩名號，是菩薩能以無畏施於眾生。」又云：「稱其名故，即得解脫。」⓭不論男女老幼貧富貴賤，智愚賢不肖，凡能稱其名號，即有感應示現。所以此一稱名的觀音法門，比起誦經，更為容易，故也更加普遍流傳。清初世祖順治己亥（西元一六五九年）周克復編集的《觀音經持驗記》上下二卷⓮，從晉之竺法義，迄清之楊璜，共收一百二十人的持驗紀錄，皆從群書資料錄出，其實歷代有關觀音靈感的例子，可謂俯拾即是，多是〈普門品〉及〈大悲咒〉的影響，也有一部分則是屬於〈白衣大士神咒〉的靈驗。關於觀世音菩薩的信仰及其法門，我曾寫過一篇〈觀世音菩薩〉，已在今日佛教界流傳數十年。

註解

❶（一）《大方等陀羅尼經》四卷，北涼沙門法眾譯，收於《大正藏》二十一冊。
（二）《方等三昧行法》一卷，智顗說、灌頂記，收於《大正藏》四十六冊。

❷《大正藏》四十六．九四三頁下—九四四頁上。

❸（一）收於《大正藏》二十冊。
（二）《大悲懺》，又作《千手眼大悲心咒行法》，一卷，收於《大正藏》四十六冊。

❹《卍續藏》一三四．九四二頁上—下。

❺《卍續藏》一三四．九五二頁下。

❻《大正藏》十三・七八三頁上—中。
❼參考拙著《明末中國佛教の研究》五十六—五十七頁，一九七五年東京山喜房佛書林發行。
❽《卍續藏》一三四・九四一頁上。
❾《卍續藏》一三四・九四七頁上—下。
❿《卍續藏》一三四・九四七頁下。
⓫《卍續藏》一三四・九三五頁下。
⓬《卍續藏》一三四・九四〇頁下。
⓭《大正藏》九・五十六頁下。
⓮《卍續藏》一三四・九五四頁上—九九〇頁上。

七、結論

《法華經》的修行方法，對中國佛教的影響是深廣而又持久的，在高層次的戒、定、慧三無漏學方面，依《法華經》而開創了獨特的中國化的大乘佛教天台教派，成就最大的是智顗及其弟子章安。依《法華經》的菩薩戒精神，智顗傳有

《菩薩戒義疏》❶；定學方面則有圓頓、次第、不定的三種止觀以及《法華三昧懺儀》；慧學方面撰有《法華玄義》及《法華文句》，此為中國佛教不論在義理的開發和方法的建立，都有決定性的貢獻。

在普遍的弘布方面，由於《法華經》極力強調說法的重要及書寫經卷的功德，佛教便隨著《法華經》抄寫流通而深入民間。在實踐方面，由於信仰讀誦的功德，使得許多人，乃至不識字的文盲，也能背誦佛經，此種風氣，直到晚近，尚在流行，雖然很少人真的能夠修成法華三昧，可是一生之中讀數百部乃至上萬部《法華經》，必定也能擔負起身教及言教的教化責任了。

學法，必定護法，《法華經》在學法的鼓勵、護法的強調方面，都是不落痕跡，而又非常徹底，焚身供佛，捨身護法，不惜身命修行佛法，表現出了無比的精進和堅韌，同時又一次一次地提醒修行《法華經》的菩薩，應當忍辱與柔和，因此使得中國文化中增加了一股全力以赴而又忍辱負責的精神。

在對於一般群眾的適應方法，《法華經》的貢獻，便是「一稱南無佛，皆已成佛道」，以及稱念觀世音菩薩的宏大感應，以致中國人之中不論是否已經皈依三寶，在面臨緊急災難情況時，多會想到求助於阿彌陀佛及觀世音菩薩，此也為中國社會的安定，貢獻了無比的力量。

（本文曾於一九九四年七月在臺北「佛教與中國文化國際學術會議」中宣讀發表，並刊於《中華佛學學報》第七期）

註解

❶《大正藏》四十冊；中華佛學研究所於一九九三年三月，有研究生賴姿蓉通過畢業論文——《菩薩戒義疏之研究》。

《法華經》修行方法於二十八品出現項目表

品名	修行方式			
序品	布施	樂誦經	修禪定	讚佛
方便品	布施	讀誦	禪定	
譬喻品			思惟	稱讚諸菩薩
信解品			思惟	
藥草喻品		讀誦	常行禪定	
授記品				讚歎
化城喻品		諷誦通利	結跏趺坐	讚歎
五百弟子受記品				歎其功德
授學無學人記品				
法師品		讀誦		讚歎
見寶塔品		讀經		讚歎
提婆達多品			深入禪定	
勸持品		讀誦		
安樂行品		讀經能誦	常好坐禪	讚歎
從地踊出品		讀誦通利	思惟正憶念	
如來壽量品				
分別功德品	布施	讀誦	禪定	讚歎菩薩功德
隨喜功德品		讀誦		
法師功德品		讀誦		
常不輕菩薩品		讀誦		讚歎
如來神力品		讀誦		
囑累品		讀誦		
藥王菩薩本事品		讀誦	思惟	以偈讚佛
妙音菩薩品				
普門品				
陀羅尼品		讀誦通利		
妙莊嚴王本事品	布施		禪定	
普賢菩薩勸發品		讀誦此經	若坐思惟	讚歎
總計	4	18	13	12

品名	修行方式		
序品	聞法	受持	講法說法
方便品	聞法	受持佛語	
譬喻品	聞法	受持	隨宜說法
信解品	聞法		說無上道
藥草喻品	聞如來法	持	
授記品			廣宣佛法
化城喻品		受持	廣說分別
五百弟子受記品			隨宜說法
授學無學人記品			教化成就
法師品	聞法隨喜	受持	解說
見寶塔品	聽受	持經	為眾演說
提婆達多品		受持	心念口演
勸持品		奉持	說此經典
安樂行品		受持	說經開化
從地踴出品			廣說經典
如來壽量品			
分別功德品	廣聞是經	自持教人持	為他人說
隨喜功德品	聞是經		隨力演說
法師功德品		受持	解說
常不輕菩薩品		受持	為人說
如來神力品		受持	廣說此經
囑累品		受持	流布此法
藥王菩薩本事品		受持	為他人說
妙音菩薩品			
普門品		受持名號	
陀羅尼品		受持	說法解義
妙莊嚴王本事品			
普賢菩薩勸發品		受持	廣令流布
總計	9	19	22

式		方	行	修
信歸	利舍供塔造	性空法觀	辱忍	儀威戒具
解信心一	利舍供塔造	慧智	辱忍	戒持
解信受信		智切一求		戒持
		法空習修		戒淨佛持
	廟塔起			
解信受信				
		便方慧智		行梵修常
	塔起	空法切一	心辱忍	
	塔起			
		法諸達了		
佛信敬			鎧辱忍著當	
		相實法觀	地辱忍住	薩菩丘比如戒持
		慧智樂常		行梵修常
語佛受信				
解信	塔起	慧智心一	瞋無辱忍	戒持
		相實違不		
	養供塔起			
	塔寶做			
		慧智深得		
		慧智	辱忍	戒持
				道外人惡近不樂世貪不
7	8	13	7	10

品名	修行方式				
序品	住山林	精進			
方便品		精進	一稱南無佛		
譬喻品	獨處山林	精進		深心堅固	修慈心
信解品		精勤修習			
藥草喻品	獨處山林	行精進			常行慈悲
授記品					
化城喻品					
五百弟子受記品		精進			
授學無學人記品					
法師品			念佛		大慈悲心
見寶塔品					
提婆達多品					
勸持品					
安樂行品	在於閒處		一心念佛	深心	慈心說法
從地踊出品	常樂靜處	被精進鎧		發堅固意	
如來壽量品					
分別功德品		精進勇猛		志念堅固	
隨喜功德品					
法師功德品					
常不輕菩薩品					
如來神力品					
囑累品					
藥王菩薩本事品					
妙音菩薩品					
普門品			一心稱名		
陀羅尼品					
妙莊嚴王本事品		精進			慈悲喜捨
普賢菩薩勸發品		精進			
總計	5	10	4	4	5

式	方		行	修
掌合	拜禮	養供樂音	像佛畫	心軟善
受頂掌合				軟柔直質
	禮敬頂頭			
掌合	足禮面頭			
	足禮面頭			
掌合心一	足禮面頭			
敬恭掌合				心和柔
	拜禮			
	拜禮	頌歌樂伎		
	拜禮			順善和柔
掌合	禮作			
				和柔
	拜禮			
掌合頭低				
十合爪指	足禮面頭			
	拜禮			
掌爪指十合				
9	12	2	1	5

品名	修行方式			
序品				
方便品				
譬喻品			恭敬諸佛	
信解品	一切供養			
藥草喻品		如說修行		
授記品	供養		恭敬	
化城喻品	供養		恭敬	繞佛
五百弟子受記品				
授學無學人記品	供養諸佛			
法師品	種種供養		敬視如佛	
見寶塔品	供養寶塔		恭敬	
提婆達多品	供養			
勸持品	種種供養	如法修行		
安樂行品	供養經卷		恭敬	
從地踊出品	供養經典			
如來壽量品				
分別功德品	供養經典			
隨喜功德品		如說修行		
法師功德品				
常不輕菩薩品				
如來神力品	供養此經	如說修行		
囑累品			恭敬曲躬	
藥王菩薩本事品	種種供養			
妙音菩薩品	供養			
普門品				
陀羅尼品		如說修行		
妙莊嚴王本事品				
普賢菩薩勸發品	供養	如說修行		
總計	15	6	7	1

式	方		行	修
				仰瞻
			持護	顏尊仰瞻
			藏法持護	尊世仰瞻
	法聽眾集	寫書	護衛做	
重尊		書人使書自		
		寫書		
重尊	受聽眾得	書人使書能	持護	
		寫書	法護	佛觀
	聞人教	書人教書自		
		寫書		
		寫書		
		寫書		
		書人使書自		
		書人教書自		
2	3	11	5	4

品名	修行方式			
序品				
方便品				
譬喻品				
信解品				
藥草喻品				
授記品				
化城喻品				
五百弟子受記品				
授學無學人記品				
法師品				
見寶塔品				
提婆達多品	供給走使	以身為床坐		
勸持品			不惜身命	惜無上道
安樂行品				
從地踊出品				求無上慧
如來壽量品				
分別功德品				
隨喜功德品				
法師功德品				
常不輕菩薩品				
如來神力品				
囑累品				
藥王菩薩本事品				
妙音菩薩品				
普門品				
陀羅尼品				
妙莊嚴王本事品				
普賢菩薩勸發品				
總計	1	1	1	2

式	方	行		修
短長人說不	師法餘輕不	過典經說不	過人說不	別分不行不
				難問答善
1	1	1	1	2

品名	修行方式		
序品			
方便品			
譬喻品			
信解品			
藥草喻品			
授記品			
化城喻品			
五百弟子受記品			
授學無學人記品			
法師品			
見寶塔品			
提婆達多品			
勸持品			
安樂行品	不稱名說小乘過	不稱名讚歎小乘	不以小乘法答
從地踊出品			
如來壽量品			
分別功德品			
隨喜功德品			
法師功德品			
常不輕菩薩品			
如來神力品			
囑累品			
藥王菩薩本事品			
妙音菩薩品			
普門品			
陀羅尼品			
妙莊嚴王本事品			
普賢菩薩勸發品			
總計	1	1	1

式		方		行	修
		法說等平	法諸論戲不	者道佛學罵輕不	養供希不
	訊問				
坊僧立					
	訊問				
1	2	1	1	1	1

品名	修行方式		
序品			
方便品			
譬喻品			
信解品			
藥草喻品			
授記品			
化城喻品			
五百弟子受記品			
授學無學人記品			
法師品			
見寶塔品			
提婆達多品			
勸持品			
安樂行品			
從地踊出品			
如來壽量品			
分別功德品	供養眾僧	供養讚歎聲聞眾僧	
隨喜功德品			隨喜
法師功德品			
常不輕菩薩品			
如來神力品			
囑累品			
藥王菩薩本事品			隨喜讚善
妙音菩薩品			
普門品			
陀羅尼品			
妙莊嚴王本事品			
普賢菩薩勸發品			甚大歡喜
總計	1	1	3

式	方	行	修
塔佛供指一足燃	塔佛供指手燃	佛養供身其燃自	味三身色切一現
			味三身色切一現
1	1	1	2

品名	修行方式		
序品			
方便品			
譬喻品			
信解品			
藥草喻品			
授記品			
化城喻品			
五百弟子受記品			
授學無學人記品			
法師品			
見寶塔品			
提婆達多品			
勸持品			
安樂行品			
從地踊出品			
如來壽量品			
分別功德品			
隨喜功德品			
法師功德品			
常不輕菩薩品			
如來神力品			
囑累品			
藥王菩薩本事品			
妙音菩薩品	法華三昧等		
普門品			
陀羅尼品		陀羅尼咒	
妙莊嚴王本事品	七種三昧法華三昧		三十七道品
普賢菩薩勸發品		得陀羅尼（咒）	
總計	2	2	1

式方行修
經此索求
1

下篇

論考

和尚與僧伽

這幾天，臺北善導寺正在召開「中華民國佛教海內外僧伽代表大會」，我正在掩關，未能參與盛會。唯因佛教缺少宣傳，一般人對於佛教所用的名詞術語，多不瞭然，比如和尚與僧伽，就是一例。故借《中央日報》副刊一角，略加闡釋。

僧伽代表大會，既然成了這幾天的新聞，所謂僧伽代表，又都是和尚，那麼，僧伽與和尚，究竟有什麼關係呢？

通常都把和尚稱為僧侶，其實，僧侶是梵漢合化的名詞，僧是僧伽，侶是道侶。在印度，僧伽的梵文是saṃgha，它在佛典中的音譯有好多種，比如僧佉、僧加、僧企耶、僧伽耶、桑喝耶等等，它的意譯是眾和會。

原來，佛教的信仰是以三寶為依歸，所謂三寶，就是佛、法、僧，換言之，佛是覺悟宇宙萬法的覺者，法是被佛覺悟的萬法軌則，僧是傳播佛法的核心幹部，合起來，就是以教主、教義、教團的三者，完成了佛教的型態。

可見，僧伽的意思，原是指佛教的教團而言。不過，佛教的教團，分有大小，因為佛教的創始者釋迦牟尼特別重視自由的精神，所以僧伽的大小，是以寺院或地區為準的，從四個比丘以上的結合，即稱為僧伽，往上有五人僧伽、十人僧伽、二十人僧伽。超過二十個比丘的結合，則均比照二十人僧伽的儀節要求。四人以下的即不成為僧伽，而是單獨的比丘。所以，在釋迦時代的佛教教團，僅有精神的中心點，卻沒有行政的組織體，凡是四人以上的決議，只要不違背佛法的原則，即可得到大眾的公認。這就是佛教所稱僧伽的原意。至於和尚，在中國民間的觀念，總以為佛教的僧侶就是和尚，其實不然，和尚一詞，既非中國語，亦非印度的梵語，它是由西域語的音訛而來。

在古代的印度，通稱博學之士為「烏邪」，到了于闐國（今日的新疆省于闐縣），稱為和社或和闍（khosha），到了中國便譯成了和尚（見《南海寄歸內法傳》及《祕藏記本》），這個和尚的意思，根本不是指的佛教的比丘，所以在印度其他學派的在家男女，也都有被稱為和尚及和尚尼的（見《雜阿含經》卷九等）。

不過，被稱為和尚的人，必須是博學之士，且須是教學之士。因此，便將佛教的剃度（為人落髮，度人出家）及授戒師，沿用了和尚這個頭銜。雖然佛教的剃度及授戒師的梵語是鄔波馱耶（upādhyāya），但在中國已經相沿成習，老早不用鄔波馱耶而用和尚了。

然而，無論如何，和尚的稱謂，在佛教教內並不尋常，必須出家受戒十年之後，並須通曉三藏教義，至少要懂得了戒律的全部精義之後，始夠做為和尚的資格。在中國，最早是由石勒賜佛圖澄「大和尚」號，和尚的意義就更加隆重起來。縱然到了晚清以來，也唯有大叢林像常州天寧、鎮江金山，以及浙江的天童、阿育王等寺院的住持，才被公認為和尚，一般的僧人是擔當不起和尚頭銜的。

一般人往往誤以為佛教的僧尼，多是在向所謂「命運」低頭以後，才走進佛門的——像本月三日《中央日報》副刊〈寒雨寺〉的作者章江先生，就是這樣。事實上世間沒有一個逃避現實的宗教能夠維繫它的流傳達數千年之久，也許佛教在某種型態方面，的確像是消極，但在釋迦的本旨，卻是入世的。

（刊於一九六五年十一月十三日《中央日報》副刊）

正法律中的僧尼衣制及其上下座次

這恐怕是出乎僧服統一研究小組意料的事了，〈商榷書〉一經發表，竟然引起了許多的責難及議論。從大體上說，這是好現象，至少是證明了尚有許多人在關心著切身的現實問題。

本來，我不擬對此問題再說什麼，然由於今日教界對於制度雖有關心，但對「正法律」（dhamma-vinaya）的認識，總覺得尚不夠充實；雖然都會引用「根據佛制」四個字，對於正法律而言，則似乎尚有些商榷的餘地。佛陀曾經說過：「如來正法欲滅之時，有相似像法（saddhamma-patirūpaka）生，相似像法出世間已，正法則滅。」（《雜阿含經》卷三十二第九〇六經）說也難怪，目前已是末法時代，相似像法（非法言法，法言非法；非律言律，律言非律）的出現，當是不足為奇的事了。因此使我要寫這篇文章，想把正法律中的知識，向諸上善人等請教。

現在且分兩個重點來說。

一、衣服制度的問題

（一）衣的條數：大乘《梵網菩薩戒本》輕戒第三十七條說：「布薩日……各各披九條、七條、五條袈裟。」《根本說一切有部毘奈耶》卷十七說：「僧伽胝……有九種別，云何為九？謂九條、十一條、十三條、十五條、十七條、十九條、二十一條、二十三條、二十五條。」「初三種衣，二長一短，次三種衣，三長一短，次三種衣，四長一短，應作應持，過此已上，便成破納。」《四分律》說：「應五條，不應六條，應七條，不應八條，應九條，不應十條，乃至十九條，不應二十條。若過是條數，不應畜（同蓄）。」《摩訶僧祇律》只准至十五條。《行事鈔》卷下一說：「今時有三十三條等，無正教制開。」這些資料告訴我們，衣的條數，各大、小乘律部所載，均有出入，大乘僅見九條，迦濕彌羅所傳的有部新律有二十五條，到了中國便增加至三十三條。若從小乘律部的成立史上考察，《摩訶僧祇律》乃是大眾部的根本部所傳用，《根本說一切有部毘奈耶》是與《十誦律》同為薩婆多部，成立時間乃在《十誦律》之後，薩婆多部乃是上座部下化地部的分支，它的時間可能與《四分律》的法藏部同時，《根本說一切有部毘奈耶》的出現，則在《十誦律》及《四分律》之後，當無疑問。因此，我們從史實的考察上看，衣的條數是愈往後傳而愈增多。我們在《聖迹記》中見到「如來著十三條大衣」的記載，相傳釋迦世尊交付迦葉尊者待傳彌勒佛的衣，也只有十三條。那麼，依次發展的順序是佛世最多十三條，佛後約二百年的《摩訶僧祇律》增為十五條，稍後的《四分律》復增為十九條，最後的《根本說一切有部毘奈耶》又增為二十五條，到了中國竟然多達三十三條了。

（二）衣的品級：《根本說一切有部毘奈耶》卷十七說：「僧伽胝有三（種差別），謂上中下，上者豎三肘橫五肘，下者豎二肘半橫四肘半，二內名中。若嗢呾羅僧伽（安陀會或五衣）及安呾婆娑（鬱多羅僧或七衣），亦有三種，謂上中下，量如僧伽胝（大衣）說。」又說：「得新衣……兩重為僧伽胝……一重為嗢呾羅僧伽，一重為安呾婆娑」，「得故衣……四重為僧伽胝……兩重為嗢呾羅僧伽及安呾婆娑」。由此可見，三衣的品級是以幅度大小及新舊布料的層數多少而區分的。

衣的條格的理由，主要是為表現福田僧相（《十誦律》卷二十七），為了福田相，所以做衣必須將布料割截之後再縫起來，並且由於比丘所得的糞掃（破爛骯髒的拋棄物）衣（布）及檀越施捨的布料，往往不足一件衣料，所以要七拼八湊起來。因此，佛陀規定：「著割截衣者，是名比丘。」（《善見律》卷七）「不割截衣，不得守持。」（編案：原文為：「不割截衣，得守持不？佛言：不得……。」）（《根本說一切有部尼陀那目得迦》卷二）

將僧伽梨（大衣）分為九品的根據是《薩婆多毘尼毘婆沙》卷四：「僧伽梨，下者九條，中者十一條，上者十三條；中僧伽梨，下者十五條，中者十七條，上者十九條；上僧伽梨，下者二十一條，中者二十三條，上者二十五條。」又說：「下僧伽梨二長一短，中僧伽梨三長一短，上僧伽梨四長一短。」將二十五條衣稱為上上，九條衣稱為下下，中國人對三品九等的臆測根據，也即在此，而非「大乘菩薩戒本」。不過我們應當明白：《薩婆多毘尼毘婆沙》是由律師撰著的律論而非佛制的律典，該論的作者，根本就沒有注意到《根本說一切有部毘奈耶》說「過此已上，便成破納」的記載，所以到了蕅益大師也極力主張「二十五條是下下品」。這從條格的長短數即可證明；從割截衣的出發點上也可得到反證；再從新布三衣及舊布三衣製作的層數多少上也可得到旁證。

至於三衣的用途，根本不是拿來分別階級的，而是各有它們的作用的，這在各部律中，幾乎有著一致的記載，弘一大師把它們綜合起來，曾做過如此的說明：安陀會，又名內衣、裡衣、中著衣、下衣、五條衣、院內道行雜作衣。鬱多羅僧，又名中價衣、上衣（在內衣上常服用故）、七條衣、中衣、入眾衣。僧伽梨，又名雜碎衣（條數多故）、複衣、大衣、高勝衣、集眾時衣、入聚進宮說法衣（《四分律含註戒本隨講別錄》）。

事實上，自佛世迄今的一切佛典之中，尚不可能發現有以三衣的條數來做階級區別的記載。也許因為中國的僧尼經常穿著「聽衣」，今天所以有人覺得「制衣」應有它的新用途了？可是，在佛的正法律中，三衣是實用的日常必需物，每天都要用到三衣的。以幅度的大小分別九等，乃為適應個人的身量，層數的多少乃為適應耐寒及耐破，絕不是表示階級性的。我們在各部律中，均可見到比丘之間相互換衣的記載，上下座之間互換，乃至比丘與比丘尼之間也互換，就是為了身量大小的緣故。

我們也見到有人供佛大衣，佛令施給比丘（《五分律》卷二十及《中阿含經》卷四十七第一八〇經等）；我們又見到阿難尊者（非上座）將貴價大衣轉供養上座大迦葉（《四分律》捨墮法第一條），從這些跡象中，根本不可能見到衣制的階級性。其實，佛陀也與比丘僧一樣，常常要說「我亦在比丘僧中」（《佛般泥洹經》

卷上），「我在僧數」（《五分律》卷二十等），佛的正法律中，從哪兒可見一絲階級色彩呢？

（三）衣的顏色：佛說：「我昔為菩薩（未成佛道）時，天帝釋作獵師形，被一雜色衣，我時為出家故，脫於細軟上服而與換之。」（《根本說一切有部毘奈耶藥事》卷七）這在《雜阿含經》也有同樣的記載，可見佛陀最初出家時，即被雜色衣，後稱三衣為袈裟，袈裟即是雜色的意思，今以純色三衣稱袈裟，那是不合原意的。佛陀也不許比丘們著純色衣：「色有五大色，黃、赤、青、黑、白」，「凡此五大色，若自染，突吉羅。」「除五大色，有純色黃、藍、鬱金、落沙、青黛，及一切青，名純色，亦不得著。」（《薩婆多毘尼毘婆沙》卷八）「若復苾芻得新衣，當作三種染壞色，若青、若泥、若赤，隨一而壞，若不作三種壞色而受用者，波逸底迦。」（《根本說一切有部毘奈耶》卷三十九）「有一比丘白佛：願聽我等著純青、黃、赤、白、黑色衣。佛言：純黑色衣產母所著，犯者波逸提，餘四色，突吉羅。」（《五分律》卷二十）《四分律》單墮第六十條及《摩訶僧祇律》單墮第五十條，也禁止比丘著純色的新衣，必須經過「壞色」的工夫之後，才可以著，否則，「青、黑、木蘭，若不作三種一一壞色受用者，波夜提」。

根據這些資料，可知佛世的佛及比丘、比丘尼們，都是著的壞色衣（壞色、壞式、雜色者稱為袈裟）。

不過也有例外，比如因為難陀尊者的身量及相好，從遠處看很像佛陀，往往使弟子們把難陀當作佛陀去恭迎，常常弄成誤會，所以佛陀規定難陀尊者一個人著黑色衣（不記得是在哪一部大律中了）（編案：參見《四分律》卷十九）。

另在《中阿含經》卷四十七第一八〇經中說：「瞿曇彌持新金縷黃色衣，往詣佛所」供養佛陀。又在《舍利弗問經》中預記說：「摩訶僧祇部……應著黃衣」，「曇無屈多迦部……著赤衣」，「薩婆多部……著皂衣」，「迦葉維部……著木蘭衣」，「彌沙塞部……著青衣」。這些是比丘可著純色衣的根據。

但是，今日南傳國家是上座部的佛教，並非摩訶僧祇部，他們為什麼要著純黃衣呢？中國佛教一向盛行曇無德部的《四分律》，為什麼要著黑色——皂衣而稱為「緇流」呢？這都是打不破的謎❶。

事實上，若從史蹟的考察，《舍利弗問經》的成立，決定是佛後數百年間的事了，預記當然是真的，但已經過了後人的手腳改變，也是顯然的。至於《阿含經》中的黃色金縷衣，究竟是布抑是衣，尚是值得推敲的問題，因為在佛典中的「衣」

字，有著衣料（布）及衣裳的兩重意思，那所稱的黃色金縷衣，可能就是黃色的織錦，是衣料而非即是三衣中的成品，這在律典中也有根據，凡是佛及弟子們得的貴價衣，也多是高貴的布料而非即是衣的成品，所以佛陀每在結夏安居終了，必須先要縫製了衣，再去人間遊化（如《雜阿含經》卷三十三第九三二經等）。

總之，若根據原始經律的考察，雜色衣是比丘的標誌，純色衣是很難找到有力根據的。

至於比丘尼的服裝，除了較比丘多了二衣共有五衣之外，顏色則與男眾相同，律中雖未言明究係何色——必然是雜色，但是比丘與比丘尼的三衣可以相互貿易交換（《四分律》卷六）；蓮華色比丘尼曾把他自己著的貴價僧伽梨，送給一位「著弊故補納僧伽梨」的比丘（《四分律》卷六）。可見比丘、比丘尼的衣色是相同的。

（四）衣袋：這在律中是有根據的：「苾芻作三衣竟，置在肩上隨路而行，遂被汗霑并塵土污。佛言：應以袋盛，置肩而去。……可當中開口，不安怐紐塵土猶入。佛言：應安怐紐。苾芻以常用衣置之於下，非常用者安在於上，取時翻攪，令衣雜亂。佛言：常用者在上，非常用者在下。」（《根本說一切有部毘奈耶雜事》

卷十五）；《根本薩婆多部律攝》卷五也有如此的記載：「三衣袋法，長三肘，廣一肘半，長牒兩重，縫之為袋，兩頭縫合，當中開口，長內其衣，搭在肩上，口安帢帶，勿令蟲入。」

二、僧尼要有階級嗎？

標明階級的問題，對於近來部分戒長的比丘們，似乎很感興趣，似乎有意要將比丘、比丘尼分成許多明顯的階級。如果這是合乎正法的話，我倒是非常贊成的，可惜的是，這一觀念，怎樣也得不到正法律的支持。

（一）從原則上說：反對階級的觀念，不但是佛教的思想，也是佛陀當世的時代新思潮的共通趨向，雖然舊派婆羅門教的社會，始終堅持著階級的觀念，根深柢固而牢不可破。佛教卻在反傳統的運動下，時時鼓吹四姓平等及男女平等，乃至眾生平等的主張。

佛對比丘們說：「譬如恆河，遙扶那薩羅摩醯，流入大海，皆失本名，合為一味，名為大海；汝等如是，各捨本姓，皆同一姓，沙門釋子。」（《摩訶僧祇律》

卷二十八）

佛告諸弟子們說：「有若干輩各自道說言，我種豪貴，如貴富樂貧賤，當如五江水入海；若干輩為佛作弟子，皆當棄本名字，乃為是佛弟子耳。」（《恆水經》）

佛說：「吾道弘大，合眾為一，帝王種、梵志種、君子種、下賤種，來作沙門者，皆棄本姓。」（《佛說海八德經》）

佛說：「諸比丘，若見眾生愛念歡喜者，當作是念：如是眾生，過去世時必為我等父母、兄弟、妻子、親屬、師友、知識。」（《雜阿含經》卷三十四第九四五經）

像類似的教說，經律中當然還有，在此不用多舉。這裡所說的四姓，並不是四個姓氏，而是印度教看得極其嚴格的四大階級。佛陀是把它們從根本上推翻了，佛陀看人，完全是以惡及善的行為做標準，不以出身的族姓階級為標準（《中阿含經》卷三十九第一五四經）。佛陀當時的大弟子，也都信奉著這一原則，不但不以種姓階級衡量人，也不以年齡大小衡量人，而是以「貪欲愛念濁」的離與不離，做為「共語問訊，恭敬禮拜，命之令坐」的原則（《雜阿含經》卷二十第五四七經）。

（二）下座、中座與上座：佛教是不是有階級的存在呢？這是受著許多人所誤解的問題，因為在佛陀座下的弟子們，明明分有出家與在家、男眾與女眾、大眾與小眾的區別，而且是以出家的比丘的位次最高，所以有人以為這也就是階級。其實，這不是階級型態而是倫理型態，這相類於家族的輩分，如說這就是階級，那麼父母兒女、兄弟姊妹的關係，也是階級了，事實不然！因為不是階級，所以父子兄弟之間，雖然各守分際，但卻不必就要在衣著的服飾上加以分別。

至於比丘、比丘尼的戒次問題，也是同樣的道理，是倫理而非階級。是為配合僧團生活教育的需要，而非為了表明特殊崇高的階級。

下、中、上座的詳細分配，是出於《毘尼母經》卷六：「從無臘乃至九臘，是名下座；從十臘至十九臘，是名中座；從二十臘至四十九臘，是名上座；過五十臘已上，國王長者出家人所重，是名耆舊長宿。」

對於下、中、上座，這也不是絕對的區分法，《阿毘達磨集異門足論》卷四，對上座就分三種：一是生年上座，二是世俗上座，三是法性上座（受具足戒的耆舊長宿）。在律中又見到說凡是上無更長者即是上座，所以在《釋氏要覽》卷上要說：「律中僧坊上座，即律三網上座；僧上座，即（授戒時）壇上上座或堂中首座；別房上座，即今禪居諸寮首座；住家上座，即計齊席上座。」可見上座之名，並不一定是戒臘二十至四十九的階段才可承當。

在律中，比丘分上、中、下座的主要原因是教育上的理由。

比丘出家的最初五夏「要誦戒令利，誦白一、白二、白四三羯磨，皆令使利，未滿五臘，比丘不離依止」。（《毘尼母經》卷八）這就是所謂「五夏學律」的根據，其實在最初五夏之中的比丘並非就不能學教修定，只是以學習律儀的生活為主。故在原則上說，比丘五夏不得離師獨行。但是在《大比丘三千威儀經》中說，比丘有二十五法不成就者，永不能離依止師（不一定老是依止一位依止師），其他律部，也要五法成就始離依止，因此，《毘尼母經》卷六中要說：「若過十臘，有勝法事，必能利益者，和尚阿闍梨雖不聽去，自往無過。」這是說，依止十夏之後，若有殊勝法事，必能自利利他的話，縱然師不准許，也可離師而去；又在《根本說一切有部尼陀那目得迦》卷三中說：「乃至十夏，所到之處，仍須依止者，如其四夏。」又說：「若滿五夏，五法成就，許往人間，隨情遊履；如其到處」，「得至五夜」，「無依止師」。這是明白地告訴我們，比丘五夏之後，縱然五法成就了，也只能離開五夜，再長就不行了。所以律中規定比丘在五夏之前不得做人（律儀）之師，十夏之前不得做人剃度和尚。這也就是九夏之內被稱為下座的根由。

到了十夏以上，知法知律，始可做人的和尚。這是稱為中座的根由。中座的生年，最少已在三十歲以上了。

到了二十夏以上，始有資格被僧中依次差遣去為比丘尼眾做教誡人。上座的生年，最少已在四十歲以上了。生年與戒臘的配合，也是主要的因素，年歲太輕，總不宜做尼眾的教誡人。

（三）尊禮與上下：但是，佛教的僧團，雖然注重尊長尊戒，比如《十誦律》卷三十四中說：「先受大戒，乃至大須臾時，是人應先坐、先受水、先受飲食。」有的則說，乃至相差一針影，也得序次尊禮。然而，佛教的僧團中，絕不壓抑下座，也不會無理由地尊禮上座。

下座能說法，上座不能說法，下座照樣可以在上座之前說法（例如《雜阿含經》卷二十一第五七〇經）；下座有神通，上座沒有神通，下座照樣可在上座之前現神通（例如《雜阿含經》卷二十一第五七一經）；「下座比丘欲教上座法者，應在高處坐教，為尊法故；若上座欲從下座受法者，應在下處坐受法，為尊法故；從今聽，下座比丘教上座法者，得共等床坐，為上座故。」（《十誦律》卷三十四）；「若苾芻近圓（具戒）經六十夏，不解別解脫（戒），若不成就五法者，應依止他住……若無老者……當依止少者，唯除禮拜，餘皆取教示。」（《根本說一切有部毘奈耶出家事》卷三，此言成就五法者，是一知有犯，二知無犯，三知輕罪，四知重罪，五者知波羅底木叉——別解脫戒，廣能宣說），這是「老弟子法」的老少依止，在《十誦律》中也這樣說，在《摩訶僧祇律》中更說：雖復百歲，應依止十歲持戒比丘下至知二部律者，晨起問訊，為出大小行（便）器，如弟子事師法。

不過，這有一個區別，下座比丘雖可為上座比丘說法說戒，絕不可做上座比丘的依止師，此所說的老少依止，須是十夏以上的中座比丘，否則九夏以前自己尚在依止他人，豈能受人依止！

（四）互問戒臘及其戒次的問題：目前有人主張，要將大衣分作上、中、下座的顯明區別，理由是為便於以識別，在大集會中，可以不用互問戒臘，就能依次入座了，否則「在眾目睽睽場合，問話答話，交頭接耳，有失莊嚴儀態」。（《覺世》旬刊二四八號第一版）其實，雖然律中規定：「先受戒者在前坐，後受戒者在後坐。」（《梵網經》輕戒三十八條）但又規定：「若大眾會時，聽上座八人，相問大小以次坐，餘人得座便坐。」（《五分律》卷二十九）所以也不用擔心因為衣著無從區別而違犯了律制。

至於先問戒臘然後尊禮的規定，也有它的限制，在大眾集會時，除了對佛或主持會場的上座而外，根本不許相互問訊禮拜；相互問訊禮拜，乃在人少相見的必要時。所以今日南傳的比丘們，在室外見了面，如果沒有必要，他們根本各不相禮。絕不像軍中的禮節，見了上階的，一定要敬禮。否則一個下座比丘出外乞食時，恐怕只有合掌頂禮的份兒而沒有化齋的機會了。因在乞食時光滿街都是比丘。

今人若要主張用大衣的條數來區別上、中、下座，那麼下座與下座之間、中座與中座之間、上座與上座之間，究竟又以什麼來區別各自的戒臘先後呢？律中規定乃至戒臘差別一針影的時間，都要依次尊禮，難道這就不管它嗎？如說「我們要創立新的制度」，這倒真是經中所說「法為非法，非法為法；律為非律，非律為律」的最好說明了！如果說：「這是根據隨方毘尼、隨時毘尼的原則，為了實際需要，而創出的時代制度。」這也未免已是落伍的倒車思想，時代的環境，日漸朝著平等與民主的方向在走，就以政府的文官制度而論，君主帝王時代的中國，階分九品，品品皆有不同的服式衣冠，到了民國時代，各級的政府官員，從委任到特任，雖也有著許多階級，但是他們可有官階標誌的服式衣冠嗎？除了軍隊為便於軍令的執行而服從階級的標誌之外，今日的世界各國，恐怕已很少有文官階級的標誌了。因為君主時代的官員是由帝王任命的，民主時代的官員，是由人民公選的，過去的官員自稱為人民的父母，今日的官員卻是人民的公僕，觀念上完全不同。因此時代趨勢的影響，今日天主教的羅馬教皇，已改稱為教宗，天主教漸漸地改革又改革，希望他們的制度不與時代的潮流脫節，比如天主教已准許教士返俗結婚而不認為是叛離天主的信仰（一九六四年九月六日梵諦岡合眾國際社電）；天主教也准許修女們穿著現代時裝了（一九六五年一月十三日梵諦岡美聯社電）。想不到今日中國的比丘之中，竟有人要做創造階級標誌的「祖師」呢！有人以為大乘菩薩分十地，小乘聖者分四果，是階級的根據，其實那是內證階位，不是外表的型態，故在佛世的僧中，有沙彌羅漢及比丘尼羅漢，仍得為凡夫比丘做供養人，仍得禮初夏比丘足。

也許這些想做「祖師」的法師們，或未真的考慮到正法律中的衣制問題，所以我願在此提出若干有根據的考證資料。

三、後記

關於統一僧尼服裝的問題，我已在《覺世》旬刊二八二號做了一篇短文，表示意見：顏色統一是有必要的，製造階級是不合佛教的。我對衣制的考覈，曾寫過一篇〈論僧衣〉約萬餘字，收在《律制生活》一書中。

到本文寫出時為止，關於這個問題的文章，我已見到了如下的幾篇：

（一）〈中國僧侶服飾統一顏色商榷書〉（刊於各佛刊，係由樂觀法師執筆，道安、白聖、東初、賢頓、悟明、悟一、妙然等法師具名）

（二）〈僧服論議〉（《海潮音》四十六卷一、二月合刊，默如）

（三）〈統一僧服顏色的再討論和建議〉（《中國佛教》九卷七期，惠光）

（四）〈我對僧服統一的愚見〉（《覺世》二八二號，星雲）

（五）〈我對統一僧尼服色的看法〉（《覺世》二八二號，聖嚴）

（六）〈對「僧服統一商榷書」之我見〉（《覺世》二八三號，釋敏慧）

（七）〈關於僧服改革之意見〉（《覺世》二八三號，明源）

（八）〈對統一服色研究小組之建議〉（《覺世》二八四號，嚴持）

（九）〈我對統一僧服的反應〉（《覺世》二八四號，祖印）

（一〇）〈「僧服統一」的商榷〉（《覺世》二八四號，真華）

其實，如果我的預料不錯，這一僧服統一的風波，對於整個的中國佛教，不會有多大的影響，改者自改，不改者必將仍舊，在十來年內，若能做到外出服及禮服的顏色統一，已是很好的成績。至於大衣的分等分階，那是不可能辦到的，除了不合佛教的宗旨之外，由於中國僧尼披用大衣的機會很少很少，縱然要分階級，也等於不分階級。所以我也並不為此問題憂心，我寫本文的目的，只是就制度論制度而已。若要論到中國佛教的復興，那也不是僅靠服色統一及階級製造所能濟事的，那必須要從根本的思想觀念上、生活方式上、教會組織上，徹底改造，才有復興的希望。

（世佛紀二五〇九年四月二日於朝元寺關房，《海潮音》四十六卷四月號）

註解

❶ 本文於《海潮音》四十六卷四月號（一九六五年四月）刊出後，同年的五月號即發表了印順老和

尚的〈僧衣染色的論究〉，他老對我的疑問做了解答，現在抄摘如下：

「南傳佛教國的金黃色衣，研究小組諸公，把他看作律制；聖嚴法師似乎對之有點困惑。我也沒有什麼研究，姑且解說一番。金黃色衣，漢譯《中含》（四十七．一八〇經）確有『瞿曇彌持新金縷黃色衣』供佛的記載，但與此相當的南傳《中部》（一四二《施分別經》），及宋施護譯的《分別布施經》，都沒有說金黃色，而只說是新氎衣。然而，金黃色衣是有根據的。南傳《長部》（十六）《大般涅槃經》，說到佛在涅槃那一天，有名叫福貴（Pukkusa）的，以金色的細絹衣一雙，奉上世尊。佛受了一件，要他把另一件供養阿難。阿難將金色絹衣，披在世尊身上。……這件黃金色衣，傳說很普遍，中國不是也有金縷袈裟的傳說嗎？這不但是黃金色，而且佛當時就穿在身上。四《阿含經》是聲聞各部共誦的，但上座部特重《長阿含》。南傳佛教，就是自稱上座正宗的一派。所以《長阿含經》所說的黃金色衣，在這一學派中，是會特別受到重視的。」「有部律雖以青、泥、木蘭為如法的染色，但事實上已統一為赤色（微帶黃黑）。」「有部僧侶來中國的最多，也就與我國初期佛教的關係最深。」「緇色是『紫而淺黑』，『淺赤深黑』；如黑色再多一些，近於黑色。所以說到在家與出家，就說『緇素』、『緇白』、『黑白』。在北方，羅什的時候，已經如此。」

附錄 我對統一僧尼服色的看法

二月二十七日下午，我在上海求學時的副院長及臺灣受戒時的開堂白聖法師，於百忙中抽空驅車來山中的關前探慰，臨走時囑我注意一下僧服統一的問題，因為今年農曆的正月初三日，臺北諸山的教界領袖，提出了這個建議，也通過了這個建議，並且正在積極地推展之中，盼在今年的佛誕日完成這一統一的運動。

詳細的內容，我是在《獅子吼》四卷一期的新聞之中看到了，其僧服的組織、品級、男女、大小，乃至於還加上了「配搭布袋」，大體上是走南北傳的中間，如果統一成功，實在是椿劃時代的創舉。所以在原則上我絕對地贊成，因為統一的總比雜亂的更莊嚴更可敬。

不過，在此計畫尚未開始實行之先，我想提出幾點意見，供給策畫僧服統一的「七人小組」參考。接受與否，沒有關係，故我也請「七人小組」的法師們，不要認為我在「搗亂」，其實，那七位法師都是我的師長知友，我也不可能搗亂。

第一，僧尼的服色，規定一律用黃、紫兩色以別男女，這是可取的，但是我們必須考慮中國的僧尼生活，不像南傳國家，只有坐著受供養，縱然工作，他們也很少做到粗重的工作，在中國城市中專做經懺的或專門弘化的人，固然可以終日乃至終年穿同一顏色的衣服，但在鄉村、山野、苦力的僧尼們，那就無法辦到。紫色可能耐垢些，黃色的耐垢程度則僅強於白色，而且黃色在南傳國家是要經常加染的，我們中國人恐怕很難同意如此作法，否則，垢膩、褪色，同樣的有礙觀瞻。因此我的意見，中國僧尼的服飾，應該準照律中規定的三衣制度，五衣是隨身作物衣，七衣是隨眾入眾衣，大衣是外出遊化說法衣。也就是說，僧尼的外出服及隨眾服，可以統一規定某種顏色，平時在生活的工作勞務的服裝則可仍舊。縱然如此，接受這一統一規定的人，數年之中，恐怕還是不多，我出一個不可能辦到的主意：若由佛教會免費供應每年三身服裝，那就一下子統一成功了。但這決不是教會力量所能做到的事。故我相信，若能做到外出禮服的統一，那就很了不起。

第二，該原案中說「依照大乘菩薩戒本，袈裟應分九品」，並以戒臘分別，這是有待商榷的問題。袈裟的條數，決不可做為僧臘或戒臘的標誌，我對僧衣的淵源、作用、名目等，曾經做過較為縝密的考覈，該文收在《律制生活》一書中。三衣就是袈裟，袈裟則不等於三衣，三衣的用途，剛才說了，並不是年臘的標誌，乃是隨身作物（五衣）、隨眾入眾（七衣）、入村邑遊化（大衣），九條至二十五條都是大衣，條數的多少並不表示身分的高下，考諸律典的原意，條數愈多則品級愈下，無力得到大塊的布料時，才來千拼百湊地做成二十五條衣，超過二十五條，有部律卷十七說「便成破納」。故在《聖迹記》中說「如來著十三條大衣」，《梵網菩薩戒本》，也只說「九條、七條、五條袈裟」。事實上只有根本說一切有部律中才許有二十五，《四分律》中只許十九條，「若過是條數，不應畜（同蓄）」。據我所知，今日泰、緬、錫蘭等國，似乎尚沒有用衣的條數來區別僧尼的年臘，因為依佛制而論，這是違反佛教精神的，僧尼是平等的和合相，沒有表明年臘的必要，否則徒使一些戒長而無德學的「摩訶羅」，倚老賣老，以衣的標誌而炫耀驕傲。戒臘的高下，律中規定是見面時先問後禮，故其沒有造成軍階式的顯明標誌的必要。

由於這層理由，「七人小組」所提，在袈裟衣鉤處的小方塊上做一個法輪或蓮花的標誌，也是沒有根據與必要的，因為那同樣地不合佛教精神的要求。

當然，有人以為天主教的司鐸（神父）、主教、樞機、教宗，他們的服飾，均著區別，我們佛教何妨學學他們？要知道，這是從宗教本質上就不能相提並論的問題，神教的制度是基於神權而出之君權的——集權乃至極權的型態，所以他們的階級識別乃是必然的。我們佛教，四姓平等，佛陀也自稱「我在僧中」，堅決反對「特殊」型態的出現，今日的我們，當也不必多此一舉。

除了這兩點意見，其餘的我完全贊同「七人小組」所提出的原案，並也盼望教界同袍，大家來響應這一統一服色的活動。

相信「七人小組」的法師們，當不致罵我多事多嘴的吧！同為一個新的制度，多經過幾人的討論，總是比較好的。我對於任何改革的問題，均有極高的興趣，所以這也是我很感興趣的事。不過我的原則是「以佛法的根本精神為基礎，以時代的實際要求為著眼」。我願做一個保守者，也願做一個先驅者——繼往開來，承先啟後。這是我的態度。

（刊於《覺世》二八二期）

近代的佛教學

一、傳統佛教的檢討

在傳統性的中國佛教而言，從「唯證乃知」的觀點上，認為真正地了解佛法者，唯有真正如實修證的人。僅在文字知識以及表面的考察上，乃是無法深入佛法精神，也無從理解佛法精義的。這種觀點的具體表現，便是我國禪宗的「不立文字」而主張「以心印心」的直透悟入佛的性海。這是至高的宗教境界，也是獨步古今的宗教信仰。所以近世以來，各種宗教的信仰，均因自然科學及人文科學的昌明，而形成了反比的退潮的激流，即使佛教的其他各宗，也有退潮的現象，唯獨禪宗以及類似禪宗的小乘禪定的風氣，到了西方，不但是反傳統的人喜歡禪，甚至天主教的教士們，也被禪的力量所激動。可惜，這種實修的風氣，在我們自己的國土上，卻呈現了停滯的狀態。假如我們願意心平氣和地，對於自己終年的活動，做一番細密的統計，真正全心全意用在實際修持定業（包括懇切認真地誦經、拜佛、念佛）的時間數，恐怕所占的百分比是相當少的。佛教精神之不能充分地由我們生活中表現出來，原因即在於我們的身心，特別是心境，不能與佛法相應，所以自內到外，均與普通人的影響力相似。我們無力以道感人，做為宗教型態的佛教，便不能勃興起來。這在今天的我們，是必須加以檢討的大問題。

我們再來做另一方面的統計，假如未把時間放在定業的實修上，是否放到慧業（包括認真地求解經義、分析教義、比較研究等）上面去了呢？這一點，我也相信，所占的百分比，恐怕比起定業還少，因為我們之中的許多人，尚未具備文字知見的能力，這雖不及修持定業之切乎實際，但卻不是人人都能的事。然而，要使佛教之久遠博大，文字研究的工作，絕不能少，中國佛教之能成為大乘佛教的最大主流，即在漢譯經典的俱全以及歷代高僧的著述。有真行，必有正解；有正解，必起正信；有正信，必能發為悲天憫人的弘法精神，作成不朽的傳世章篇。那麼，今天的我們之中，有多少人可以留下禁得起千百年的歷史考驗，而仍能夠光芒四射的文字作品呢？這又是我們必須加以檢討的大問題了。

事實上，今天的我們之中，有道心的人，也不過是把大部分的時間，放在人天福業（建寺、造塔、辦學、說法、法會等）的修持上。所謂菩薩道和人天業，表現方式相同，僅是存心的清濁之分，則是根據定、慧二業之深淺與有無而來。所以，我們若能虛心檢討，懇切反省，口頭所稱的「菩薩道」，只是背誦經句，距離真菩薩道尚遠。這也是宜加推敲的大問題。

但在今天，我們之中，能夠有人全心以赴地修人天福業，或在孜孜不倦地追求表面上的文字知識，仍是存續佛法慧命的大好現象。因此，當我們看到外國學者們，以近代的科學方法研究佛教，使之脫出宗教的形式而成為獨立和客觀的一門學術，名之為 Buddhology（佛教學）的東西之時，亦當有以正面的態度來迎接它和認識它的必要了。

現在，我們就來介紹近代世界的佛教學的趨勢吧！

二、近代佛教學的誕生

所謂近代的佛教學，乃是一種誕生於歐洲的學問。即是站在第三者的立場，用客觀的科學方法，來究明關於佛教的教理、歷史、藝術等的一種學術。當然，對於佛教的比較研究，在印度及中國的古代，即已開始了，例如論藏中所提出的問題，便是出之於比較研究的態度，唯其處理的方式，是出於信仰的和主觀的，故與近代的佛教學不同，並且在範圍方面，主要只是佛教自身的內部的，雖也有涉及與外部之印度教的比較，而其本質，仍係以佛教為主體而來達成信仰的目的，例如「諸行無常」（anitya）及「諸法無我」（anātman）的思想，它的出發點，也是為了應付印度教的思維而來。佛教傳入中國之後，教判思想的發達，也僅是佛教內部的，是從信仰的態度上，所做的分類，比之以近代佛教學，用純科學的客觀態度所做的分類，意味迴異。這種教判風氣，傳到日本，到了十八世紀，出了一位飲光慈雲尊者（西元一七一八—一八〇四年），即以比較新的態度，他熟讀了梵文的《普賢行願讚》、《般若心經》、《阿彌陀經》等，著了一千卷的《梵學津梁》，但此仍非現代佛教學的起點。因在現代佛教學未從歐洲來到東方之前的印度也好，中國也好，日本也好，所有比較研究的學問，均係先有一個自宗的主觀立場，其次對於他宗的思想，則稍具客觀的色彩；在內容上是屬於訓詁之學；就處理問題的範圍而言，也不夠廣大，只是對內的、思辨的、哲學的，最要緊是屬於信仰的。此與發生於歐洲而已成為文化學之一個分野的近代佛教學，是相當不同的。對我東方人來說，近代佛教學的園地，主要是在日本，那是由於南條文雄（西元一八四九—一九二七年）及高楠順次郎（西元一八六六—一九四五年）之留學歐洲，回到日本之後，便為近代佛教學，在東方開闢了新的園地。在我中國，受此影響而有成就可觀的，僅得梁啟超、湯用彤、陳垣、呂秋逸、胡適之等數人而已，因為這是學術，不是信仰，同時也須具備外國語文及佛教語文的知識，和科學的治學方法。所以在我國佛教界中，已見的成績，並不豐富。

三、漢學中的佛教學

近代佛教學，為何誕生於基督文化區域的歐洲？這是值得探索的問題。其中的淵源，有好幾個線索可找。最初是由於基督教舊教的神父們，接著又有新教的牧師們，到了中國，傳播他們的信仰。舊教方面，以耶穌會士（Jesuit）之後，屬於舊教系統的國家如義大利、西班牙、法國、比利時等的神父，來到我國，其中著名的傳教士，則有沙勿略（Francisco Xavier，西元一五〇六—一五五二年）、利瑪竇（Matteo Ricci，西元一五五二—一六一〇年）、顧賽芬（Séraphin Couvreur，西元一八三五—一九一九年）等人可舉。他們一到中國，為了能夠以適應環境來達成其傳教的目的，便努力於中國文化的研究和撰述，所以他們的態度是很輕蔑的。但當這些東西到了歐洲，便引起了學者們研究中國文化的興趣，進而做中國古典的研究，終於形成了廣義的所謂「漢學」（Sinology）——一種研究中國文學、藝術、語言、歷史等的學問。不久，即以法國為中心，掀起了研究漢學的文化運動。由此發足，在歐洲方面，也開始了研究大乘佛教的啟蒙運動。

由此可知，在歐洲的漢學，也有兩種立場：一是立足於一般文化學的立場者，一是立足於為要達成傳教目的的基督教之立場者。由於後者的動機不純，他們是在個人的職業的感情之下，來做佛教的研究，故當閱讀那些神父及牧師們的著作時，對於他們筆下所處理的佛教教理之介紹，是不能不加以審慎考察的。

由初期的耶穌會士研究漢學，而將研究中心移至巴黎之後，即出了許多純學術的大學者，在法國最先的偉大漢學家，即是短命的 Eugéne Burnouf（西元一八〇一—一八五二年），但他對於漢語學、佛教學貢獻極大。此後的知名學者，則有 E. Senart（西元一八四七—一九二八年）、Sylvain Lévi（西元一八六三—一九三五年）、J. Przyluski（西元一八八五—一九四四年）、Paul Demiéville（西元一八九四—一九七九年）。

在以法國為中心的漢學佛教學家之後，另在英國系的以及其他的傳教士之間，也有關於研究佛教問題的著作發表出來。例如：Joseph Edkins（西元一八二三—一九〇五年）、E. J. Eitel（西元一八三八—一九〇八年）、T. Richard（西元一八四五—一九一九年）、H. J. Hackmann（西元一八六四—一九三五年）、H. Haas（西元一八六八—一九三四年）等人。但是，在這些基督教的傳教師之中，有時對於佛教，懷有極惡劣破斥態度。

不論如何，發生於歐洲的漢學，最初之動機，是為了傳播基督教，是先有主觀的宗教立場之後，抱著指摘佛教弱點的願望，以顯示基督教之優秀性為目的。然在通過漢學研究而接觸到佛教研究的新旅程中，他們確實負起了媒介傳播的使命。沿著此一線索而進入比利時，則有幾位神父，展開了漢籍佛典的歐文翻譯，例如 Louis de la Vallée Poussin（西元一八六九—一九三八年）神父，譯出了《俱舍論》，É. Lamotte（西元一九〇三—一九八三年）神父，譯出了《大智度論》。

四、印度學中的佛教學

所謂「印度學」（Indology）的抬頭，是起於英國政府的統治印度，這批英國人對於印度文化的研究，是為了如何地鞏固他的殖民地統治權，故與同為英國的傳教士們研究漢學中的佛教，態度並不相同，他們沒有宗教的排他意識，只是用毫無成見的白紙，對於印度的文化，做諸方面的調查，以此立場所得的研究成果，便大大地增強了客觀性的價值。他們對於印度教、佛教、佛教藝術，及印度地理等的研究，沒有夾雜著作者的私情，故比傳教士們的態度，可取得多。綜合他們對於印度文化的諸種研究，總名之謂「印度學」。因此，我們所談的佛教學，不過是全體印度學之中的一個單元而已。

但在印度學中的佛教學，如果予以分類，又可分成梵語（Sanskrit）語系的大乘佛教（Mahāyāna Buddhism）和巴利（Pāli）語系的小乘佛教（Hīnayāna Buddhism）；若以部派之名，稱呼小乘佛教，則為上座部佛教（Theravāda Buddhism）。實際上，巴利語系的佛教徒們，殊不喜被稱為小乘，他們總是自稱上座部佛教。

在巴利語系的佛教研究之中，也與漢語系相同，分有兩種立場：一種是出之於基督教傳教士們，做為傳教的手段而做的佛教學研究；另一種是做為純學問之研究而發達於英國及德國的佛教學。先有傳教士們，以現在仍舊存在的巴利語系佛教國家：錫蘭、緬甸、泰國為對象，深入活動，展開了研究和傳教的工作，結果也使巴利語系的佛教研究到了歐洲。傳教士們卻把佛教置於和印度教、耆那教、伊斯蘭教的同等地位，以表現出基督教在宗教地位上的優越性，這是在宗教的偏見之下，所做的研究。

現在我們再將巴利語系及梵語系的佛教學研究概況，分別說明如下：

（一）巴利語及巴利語佛教之研究：巴利語及巴利語佛教之研究，已如前述，最初是出於基督教傳教士的傳教手段，那是在錫蘭開始的，他們先學會了錫蘭的土語，一種名為幸哈利斯（Sinhalese）的方言，進而再研究他們的佛教經典，這便需要通過了巴利語的知能，始能讀通那部龐大的佛教文獻。對此具有濃厚興味的歐洲人，便有丹麥的 Michael Viggo Fausböll（西元一八二一—一九〇八年），英國的 Thomas William Rhys Davids（西元一八四三—一九二二年）以及他的妻子也是他的弟子 Caroline Augusta Foley Rhys Davids（西元一八五七—一九四二年），德國的Hermann Oldenberg（西元一八五四—一九二〇年）、Richard Pischel（西元一八四九—一九〇八年）等的著名學者。不久之後，便產生了所謂「巴利語佛教」這個學術上的名目。

（二）梵語佛教的研究：在近代的歐洲，促成梵語研究的開山人物，是Sir William Jones（西元一七四六—一七九四年），他本來是法律學者，由於他在語言學上的驚人成就，竟使他成了比較語言學界新猷。他於一七七八年的講演中，指出了梵語和希臘語及拉丁語之間，類似之處相當地多。例如從動詞的語根及文法的形式等推測，上述數種語文，一定是由同一種母語，分張分化出來的東西。他的這一態度堅定的宣布，便誘發了歐洲對於比較語言學的興趣，因而在英、德、法國以及歐洲的其他地方，造成了研究梵語的新機運。

此後由於Brian Houghton Hodgson（西元一八〇〇—一八九四年）在尼泊爾發現了許多梵語文獻，轉送給法國的梵語學者Eugéne Burnouf，因而即以法國為中心，推動了梵語佛教的研究，對於大乘佛教經典的翻譯和研究，有了新的發展。因此在其稍後，又產生了一位歸化英國的佛教梵語學家Max Müller（西元一八二三—一九〇〇年），以及荷蘭的佛教梵語學者Hendrik Kern（西元一八三三—一九一七年）。

其間更有日本的南條文雄，留學於英國的牛津大學，稍後去英國的高楠順次郎參與研究，而對梵、漢兩種語文的佛典翻譯，開始了比較研究的工作，那就是南條文雄參與了 Max Müller 翻譯梵本《無量壽經》的工作，也參與了 H. Kern 翻譯梵本《法華經》的工作；不久，高楠順次郎，也將漢譯的《觀無量壽經》，完成了英譯的工作，其中不無得力於 Max Müller 英譯《無量壽經》的出版之處。此後，南條氏又於一八八三年出版了《大明三藏聖教目錄》，此對於研究梵語佛教的學者們，起了很大的刺激作用，由此之前已有 Samuel Beal（西元一八二五—一八八九年），於一八七六年出了 *The Buddhist Tripitaka as it is Known in China and Japan*，所以南條氏的《大明三藏聖教目錄》無異是對學者之間的評判。尤其南條氏將一部明版《大藏經》由日本贈送給大英博物館，收藏為資料之後，完成此一藏經目錄，乃係對查了梵語原典之有無並予以加添之後作成的，故而當這被稱為《南條目錄》的經錄問世以來，Beal 氏的目錄，已不再受人重視了。

五、比較語言學產生的梵語學者

梵語研究的本身，和佛教學之間，並沒有直接的關係，但是，興起並澎湃於德國的比較語言學，當其踏上梵語的舞台之後，在其側面的關係上，卻由於研究梵語而大大地幫助了大乘佛教的研究。

德國的比較語言學，在其研究當初，以屈折語（inflectional language）型的印歐語（Indo-European languages），為世界各種語言中最最優美的語言，甚至有的以為那是一種浪漫主義的語言。由於此一目的不夠有力，結果，除了皮相的探究之外，沒有別的意義可說。可是，像這樣的比較語言學，促進了梵語以及印歐系各種語言之研究，其結果，在梵語方面，終於造成了對於大乘佛教之研究的重大貢獻。因此即以德國為發祥地，以及在丹麥、荷蘭等地，出現了許多著名的梵語學者，並由之延伸到巴利語的研究，例如：丹麥的 Rasmus Kristian Rask（西元一七八七—一八三二年）、Michael Viggo Fausböll，德國的 Max Müller、Albrecht Friedrich Weber（西元一八二五—一九〇一年）、Richard Pischel、Hermann Oldenberg、Ernst Leumann（西元一八五九—一九三一年）等等，可謂不勝枚舉。

六、蒙滿及西藏的佛教學

大概在比較語言學勃起於德國的同一時期，帝制的俄國，也成了另一個研究佛教的中心。唯其與英國占領印度之時所做印度學研究的動機相同，畢竟是為了統治乃至獲取殖民地的目的，而來研究滿洲及蒙古的佛教，當時所出的著名學者，便有 Isaac Jacob Schmidt（西元一七七九—一八四七年）、Ivan Pavlovich Minayeff（西元一八四〇—一八九〇年）、Th. Stcherbatsky（西元一八六六—一九四二年）等人。

位在印度和中國本土之間的西藏，不論在地理上或政治上，都是與外界隔離的，僅從入藏旅行者的一些紀錄之中，把西藏向西歐的學術者做著若干介紹。到了歐洲學者發動中央亞細亞探險的前後之際，也對西藏開始了關心的研究。對西南亞方面的學者，雖然早在西元十世紀頃，已對西藏有了認識，對於西歐學者的理解西藏者，則以天主教的神父 António de Andrade（西元一五八〇—一六三四年）、Ippolito Desideri（西元一六八四—一七三三年）、Francesco della Penna（西元一六八〇—一七四五年）為始，接著又有英國的 George Bogle（西元一七四六—一七八一年），於一七七四年出使西藏，以及 Turner 上尉（西元一七六〇—一八〇二年）於一七八三年出使西藏。又有匈牙利人 Alexander Csoma de Kőrös（西元一七八四—一八四二年）到了西藏的拉達克（Ladakh），編出了《藏語文法》及《西藏語辭典》。此後有一位德國的基督僧侶 Heinrich August Jäschke（西元一八一七—一八八三年）編成了《藏德辭典》；稍後於一八八一年，又出版了《藏英辭典》。一八八二年印度的 Sarat Chandra Dās（西元一八四六—一九一七年）入藏，到了一九〇二年，他即完成了其研究的成果《藏英辭典》（*A Tibetan-English Dictionary*），由於這部西藏語學上的傑作，更進一步地開放了研究西藏的大門。因此，在日本方面，也有河口慧海（西元一八六六—一九四五年，著有《西藏旅行記》）及寺本婉雅（西元一八七二—一九四〇年）等人到了西藏，更有受西本願寺管長大谷光瑞所派遣的青木文教（西元一八八六—一九五六年，著有《西藏》）及多田等觀（西元一八九〇—一九六七年，著有《西藏》）等之入藏，另有楠基道、池田澄達、金倉圓照、月輪賢隆等研究西藏佛教的出現；尚有芳村修基之孔版《西藏語字典》出版。之後不久，對於西藏的研究，在日本佛教學界，也掀起了熱潮。尤其在一九五五至一九六一年間，由大谷大學監修出版了《北京版西藏大藏經》，為西藏佛教學的研究，完成了準備的工作。在我中國方面，也有大勇及法尊等人，入藏學法，法尊於民國二十三年（西元一九三四年）學成返國後，譯出了《菩提道次第廣論》及《密宗道次第廣論》（西元一九三七年）出版、《現觀莊嚴論》（西元一九三七年譯成）；湯薌銘譯出《菩提正道菩薩戒論》，此在教理及文獻上的貢獻至大。

在此可以順便一提，由於西藏文字及文法均學自梵語，所以西藏語聖典的大部分是由梵語聖典以直譯方式移植過去，如將現存的西藏聖典，再譯為梵語，仍可與原典相符，此在漢語譯成的聖典，就辦不到了。因此，今日許多在藏語中保存著的聖典，已不見梵本，而仍不妨即以藏語本做為參考的根據來研究，因而藏語聖典，對於今後佛教學的發展上，有著重大的價值。

七、美國的功績

嚴格地說，美國之所謂佛教學，尚不足以言成就。自 William Dwight Whitney（西元一八二七—一八九四年）開始研究之後，繼其流者有 E. W. Hopkins、Maurice Bloomfield，到 Franklin Edgerton（西元一八八五—一九六三年），才於佛教的梵語文典及辭典上面，有了啟蒙開花的成就，而產生了幾位學者，但在今日看來，那也不過是乘著基督教士傳教的便利以及殖民政策所給便利之下，做了一些膚淺的研究而已。真正的貢獻，毋寧是在 H. P. Blavatsky（西元一八三一——一八九一年）的「神通會」（Theosophical Society）的活動開始之後，成了他兒子的「達磨波羅」（Dharmapāla，西元一八六四——一九三三年）在錫蘭成立了「大菩提會」（Mahā Boddhi Society），活躍在達磨波羅背後的有一位夏威夷人 Foster 夫人，我們也不能忽略了她，由她點火而發動的大菩提會，便負起了將佛教推向歐洲的傳播使命，但此一系統，信仰方面的貢獻遠過於學術方面的貢獻。

另有一些日本佛教徒，隨著向美國移民，特別在夏威夷及三藩市等地，由於日本移民的需求，日本的佛教即流向美國，所以也出了幾位美國關係的日本佛教學者，例如今村惠猛（西元一八六七——一九三二年）、鈴木大拙（西元一八七〇——一九六六年）、角田柳作（西元一八七七——一九六四年）等人。

八、荷蘭及法國的東方學

荷蘭在亞洲殖民的歷史，比英國還早，嘗統治過印度尼西亞及錫蘭，故對於其占領地之歷史、地理、語言及考古學的研究，堪與英、德等國相比，由Leiden大學發行了有名的《通報》（*T'oung Pao*），在Leiden大學也開設了歐洲唯一的佛教學講座，這是值得注目的。《通報》這份雜誌，是由荷蘭的Gustave Schlegel（西元一八四〇—一九〇三年）和法國的東方現代語學院的教授Henri Cordier（西元一八四九—一九〇三年）共同編輯，於一八九〇年創刊，直到一九〇三年Schlegel去世，又由Edouard Chavannes（西元一八六五—一九一八年）繼承編務。這在當時是一份均由漢學權威學者們執筆的雜誌，採用原稿以法文為主，然亦採納英、德兩種文筆。對於漢學的貢獻，乃是眾所周知的事，其對佛教學的開發，也有相當功勞。

九、中亞探險與佛教史學的刺激

中亞探險，始於一八九〇年，由印度政府，派出了一位 Captain Bower，在新疆的庫車附近，發現了貝葉形的古文書樺皮斷片，帶回印度，經過由英國到達加爾各答的 Rudolf Hoernle（西元一八四一——一九一八年）的研究，知道乃是貴重的梵文佛教經典之一部分，因此而刺激了俄國、英國、德國、法國、瑞典、日本等的學者，紛紛前往，陸續探險，結果，為此位於亞洲大陸文明交叉點上的古代歷史，發掘出了新的光明，對於佛教史上，也帶來了新的認識和方向。參與其事的著名人士，則有俄國駐克什克爾領事 Petrovski，英國在克什彌爾及拉達克、克什克爾擔任領事的 G. Macartney，到了拉達克的英國領事 S. H. Godfrey，研究俄國資料的俄國梵文學者 Oldenburg。英國方面則以 Hoernle 最為傑出，俄國的考古學者 Klementz 於一八九八年到吐魯番旅行；在一九〇〇年有生於匈牙利的英國人 Aurel Stein；此後，有德國的 Grünwedel。更有佛教史學家 Huth。一九〇四至一九〇五年間的德國探險隊之 Le Coq；一九〇六至一九〇九年間的法國探險隊之 P. Pelliot。因了斯坦因的敦煌探險與古代寫本經書之發現，刺激了中國政府對於敦煌遺物的收集，也引起了日本大谷光瑞之派遣大隊探險人員前往達三次之多。

現在已追及阿富汗及巴基斯坦、尼泊爾等地，做佛教遺跡遺物的考古踏訪。

一〇、辭書

西元十九世紀末葉以來，由於東方學及比較語言學的發達，特別對雅利安系語言，和滿洲、蒙古、西藏語文之研究結果，已有各種文法書及辭書的編集出版。例如德國的Otto von Böhtlingk（西元一八一五—一九〇四年），英國的Sir Monier Williams（西元一八一九—一八九九年）的《梵語辭典》，R. C. Childers（西元一八三八—一八七六年），T. W. Rhys Davids（西元一八四三—一九二二年）等的《巴利語辭典》；H. A. Jäschke（西元一八一七—一八八三年）的《藏英辭典》，更有Alexander Csoma de Kőrös（或Kőrösi Csoma Sandor，西元一七八四—一八四二年）的《藏語文法》等，尤足注目者，日本最近由鈴木學術財團出版的荻原雲來所編之《梵和大辭典》，最有利於我國學者之研究佛教學了。

（刊於《獅子吼》十卷九期）

今日的臺灣佛教及其面臨的問題

在海外的佛教教友們，一定很希望知道臺灣的佛教現況；在臺灣的佛教同道們，也未必真的看清了佛教的現況，此所謂「不識廬山真面目，只緣身在此山中」。

我願以愛教愛國的熱忱，我願以禮敬三寶的虔誠，用客觀的角度，寫出今日的臺灣佛教。因此，受我讚頌的人們，不必感激我，被我批評的事物，也不要敵視我，我所關心的是整個佛教，不在於某一些人或事。

現在，我把它分作七個段落來寫。

一、光復以來的雜誌事業

我們初到臺灣之時，要找一本佛教的出版物，那是很困難的，嗣後由於大陸來臺的法師們，慘澹經營，漸漸地才有了幾本刊物，例如《海潮音》、《覺群》、《人生》、《佛教青年》、《今日佛教》、《菩提樹》、《覺世》、《中國佛教》、《獅子吼》等陸續出現，以及本省法師主持的《臺灣佛教》、《法音》、《慈明》。使得佛教文化，有了一點生機，利用刊物宣傳教義，也利用刊物宣傳主辦者的事業，並利用刊物以達成聯絡信眾而助成主辦者的其他事業。這實在是值得讚歎的。做好事不求人知，是對的，但要使得眾多的人共同來做我們應做的好事，那就必須藉宣傳的鼓吹及號召了。臺灣佛教界能在毫無組織的狀態下，二十年來之所以尚有若干建樹，刊物之功不可沒。

但是，刊物不是沒有問題。

第一，經費問題：佛教刊物的經費，不是僅靠訂戶，否則唯有停辦一途，乃有仰給於信者的捐助。訂戶極為有限，贈閱戶則數量可觀。不過，若要善於經營，懂得聯絡方法，經費或不致困難，特別是海外的捐款，被視為最大的命脈，所以竟有人辦刊物發了小財的，有人辦刊物助成了大事的，但更有人不善張羅而虧本屢屢的。

第二，稿源問題：這是佛教刊物的大問題，臺灣的佛刊，先後已有十五、六種，寫稿的人，卻是太少太少。這有兩種原因：1.是刊物的銷路少，沒有稿酬，開始之時銷路少了，教外的人也讀不到；沒有稿酬，又引不起投稿者的興趣。這樣因果循環而振作不起。2.是教內的居士們，能寫稿的，大多為生活所逼，與其花了好大的工夫寫佛學文章給佛刊投稿，不如用只需一半的精力把文章換成生活的必需品；至於所謂法師的僧尼們，光復以來雖仰幾位大德之賜而造就了五、六千名，但是能看懂佛經的，實在太少，文盲或半文盲，乃絕對多數，各佛學院畢業的，一般而言，能把一封書信寫得通順，就算不錯，何況佛教不重視獎勵，不善待可造的人才，所以，後繼的寫稿者太少。老一輩的法師，能夠精進不懈的寫稿者，僅得印順法師一人而已！因此，臺灣的刊物雖不少，值得一讀再讀的文章那是不多的。所以一本刊物的創辦或停刊，不會激起什麼漣漪，反正每本刊物都差不多。

第三，人手問題：臺灣佛教的刊物，多數是屬於副業性質。這一點，臺灣的法師們是值得感佩的，如果他是一位能幹而有雄心的法師，他們相當於一個大企業機構的總裁，他能夜以繼日、窮年竟月地辦出許多事業，例如講經、廣播、傳戒、廣收徒眾、創佛學院、開山起道場、主持佛教會、著書、出版、辦刊物、趕經懺、出國訪問，真是大人之才、通才、全才。今日的臺灣佛教，也就靠著這麼幾位法師在撐持大局，他們的貢獻是可觀可敬的。但是問題也正在此，一個大企業機構的總裁之下，擁有許多為之分門別類、層層負責的各式專家及辦事人員，所以他們推動事業，不為難事，而且可以做得很多。我們佛教，從來沒有訓練過專業人才，一個人要想把樣樣事業做好，結果是樣樣事業做不好。有的法師，在分身乏術而又非想做好不可的情形下，他可以用一千字多少錢的方法，買人家的文章，刊自己的名字，否則他們就覺得不夠一個法師的體面了，這在他們的立場是正確的，可惜和佛法及其法師的身分就不正確了！不過，在沒有人才可用的情形下，這種方法雖然不足為訓，或可致以少許同情。像這種副業（其實他們沒有一項是主業）性的佛教刊物，我只能說聊勝於無，有總要比沒有的好。可是，好幾種刊物，在人力不濟的情況下，無力兼顧的情況下，停辦了。在目前，唯一以辦刊物為事業的，並且已辦了十幾個年頭的，是朱斐居士的《菩提樹》。以時代思潮的角度看《菩提樹》，以文章的水準看《菩提樹》，自尚有其不足，但是朱斐真心專職地辦它，已足吾人佩慰了。對普及佛化而言，它也功績至偉。另有一位是樂觀老法師，他以六十七歲的高齡，專誠為《海潮音》的編輯而努力，使得吾人看來，尤其敬佩不已！

想當年的《海潮音》辦了十年，便可彙集其精彩之作，刊行了四編三十四種

(冊)的一大部《海潮音文庫》,二十年來的臺灣佛教界,總集各刊的精彩之作而可傳世的,卻是比較地貧乏!

二、光復以來的出版事業

出版事業,除了定期刊物,尚有古籍的翻印及時人著述的發行。光復之初,由張少齊居士從大陸帶出了一批佛經,在臺北開辦建康書局,嗣為朱鏡宙居士的發心,成立臺灣印經處,先後翻印了三十餘萬冊,這對佛經在臺灣的流通,功德至鉅。

接著是家師東初老人創辦中華佛教文化館,影印了日本版的《大正新脩大藏經》,正編八百部,續編五百部,計一萬三千餘卷,歷四年的時間,全部費用四百多萬元新臺幣。《大藏經》的影印流通,鼓勵了許多僧俗佛子的閱藏興趣。對於佛法的深入,這是大功大德。

又由於《大正藏》是日本學者所編修,未能盡合中國人的需求,故有屈映光居士發起編印《修訂中華大藏經》。主要的修訂者,乃是蔡念生居士,此老思想綿密，古籍新學，尤於佛典的研索，臺灣的居士界，似尚未有一人能出其右者。這部《中華大藏經》何時全部出就，現在尚不可知。不過另有香港的覺光及元果等法師發起影印也是日本編訂的《卍續藏》，議定仍在臺灣發行，現正在積極工作之中。《大藏經》之外，中華佛教文化館翻印了日本人編訂的《禪學大成》，華嚴蓮社的南亭法師翻印了丁福保的《佛學大辭典》及《華嚴大疏鈔》。其他寺院或私人翻印的小本佛典，尚有很多。

所謂溫古而知新，翻印古籍的消極目的，固在保存文物及流通文物，但其積極的目的是在提供資料，刺激時人的研究興趣。

誠然，閱藏的人，在臺灣已有不少，研究的人，卻還是很少，一般人閱藏，是在求功德，不在理解藏經的內容；其實，沒有相當的國學基礎及佛學基礎，閱藏等於是「遮眼」，理解已不易，何況談研究！藏經的內容，如此地浩瀚博大，也極複雜，不曾受過基礎訓練的人是不得要領的。同時，若已理解藏經，卻仍不能將他所理解的接通當前的時代思潮，論自修固然可，論弘揚猶不可。

因此，從研究古典而發為研究報告的著述，在臺灣仍是鳳毛麟角，研究深入而有個人創發的，我只見到印順法師一人而已。其人思想冷靜，深究問題，入於毫芒，近世以來，在這方面的成就來說，雖太虛大師猶望之莫及。所以，個人著述的新出版物，此間是以印老占第一位，內容深厚，數量也多。近年來家師東初老人，也在埋頭寫作，據說有一系列的幾本著作要出版問世，唯其大半生為事務而忙，故對教義的整理工作做得較少。

到目前為止，臺灣的法師之中，已有單行本著述問世的，已有不少，例如：大醒、慈航、印順、南亭、白聖、道安、東初、樂觀、默如、道源、月基、續明、悟明、真華、星雲、妙然、成一、煮雲、聖印、普行，還有本人。居士之中則有蔡念生、李炳南、張少齊、胡國偉、李世傑、南懷瑾、楊白衣、方倫、唐一玄、陳慧劍、朱鏡宙、程觀心、趙亮杰、朱斐、于凌波、謝冰瑩、張廷榮等（以上姓名信手寫出，不以先後分高低），另有曾在臺灣而現已出國的法師及居士之中，有演培、惟慈、青松、睿理、易陶天等幾位，也均出有一本以上的著作。

但要從這些人的著作之中，再加考察，能夠稱得上是傳世之作的，實在有限。其中原因何在？無他，一言以蔽之，未善用其腦思而已。因為大家都在忙寺院、忙信徒、忙事業，無法靜下心來好好地讀書及好好地思考，多數人的智慧都用在現實生活的奮鬥上去了，所以寫出的作品，其知識性及啟發性，自然就會降低了。

當然，我不是說，今日臺灣佛教界的那些新書，沒有一讀的價值，而是說，真正禁得起歷史考驗的新書，沒有太多。

做學問，不是人人做得好的，著作，也不是人人所必要的，大學問者也未必就有大量的著作。因此，在我看來，臺灣佛教的著述家中，有些人是不必著述的，有些人則可以著述而沒有足夠的時間。著述，不但要讀得多，還要想得多，如果只想而不讀，他的作品便不免空洞；如果只讀而不想，他的作品又不免陳腐。要精彩，要創發，要發現問題而解答問題，要有理論的根據，要貼緊了現實而下筆。因此，對於一般忙碌在雜務中的人，著述是比較吃力的。

人才是需要多方面的，可惜中國的佛教從來未曾有計畫地培養人才，因為缺乏人才，有了幾位憑自修而成的人才，便不得不來將他們要求成為通才和全才，事事均需人做，人卻只有這麼幾個。於是就來了一個「五馬分屍」，樣樣得做，樣樣做不好。

然而，尚有些人，主張出家人的本務是在參禪念佛，寫文章的法師，便是不修行的法師。出家人掩關念佛，大家覺得可敬，掩關的法師還在著書之說，就覺得離了譜！他們以為閱藏是功德，看經而又寫文章，難道佛說的經還不夠多不夠好，還要你來寫個什麼？於是，有一位掩關的法師，能寫而不寫，寫了也不敢用真名發表，就怕有人說他不修行！這實在是個可怕的觀念。如果此說是真理，那就等於說除了不著作的出家人，自古以來，例如：馬鳴、龍樹、無著、世親、吉藏、法藏、智者、玄奘、窺基、道宣等歷代高僧，都是不修行的和尚了！

我是一個自知不堪大任的人，既非大人之才的通才全才，所以藏在山中自修，我是否是個修行的和尚，當然自己知道，但因我出版了幾本書，所以有人以為我是一個不修行的和尚，乃至有一個主辦盂蘭盆會供僧的居士，故意把我忘掉。再說，在今日的臺灣佛教界，若非自己另有一手籌錢的方法，寫了書要出版，也是一樁難事，我的書，在臺灣佛教界，尚可列入頗受歡迎的之一，但當每出一書，出版家總是嘆苦，說他們出書，是純粹的服務，因為佛教界的讀書風氣太低，不唯無利可圖，而且賠本。據星雲法師說，他是用經像法物的利潤來補助出版事業，因為許多寺院可以不買任何新出版的佛教書刊，他們為了應酬佛事，摺本的經和懺，卻非買五本乃至十本、二十本不可。試問！在這樣的景況下，豈能鼓勵更多的人來研究和著作？

但是星雲法師對於佛教出版事業的魄力和貢獻，是很可佩的，不論他蝕本或賺錢，他能放下手來出版了幾十種新書，他的佛教文化服務處，也愈來規模愈大，足以證明萬事不怕開頭難，那就好了。

三、教育事業

所謂百年樹人，所謂人能弘道非道弘人。要得佛法興隆，必須培植大批優秀的人才，所以要辦教育。

臺灣自光復之後，最先提倡辦僧教育的，是慈航法師，他在大陸撤退之際，時局動亂之中，就喊出了要在臺灣辦一百所佛學院的口號，因此，他每到一寺，就安上一個佛學院的名，雖其理想未能如期達成，但確開了辦學的風氣，他在中壢圓光寺，在汐止彌勒內院與靜修院，均以最大的熱忱，培植了一批比丘及比丘尼。繼慈航法師之後的，有大醒法師，在新竹靈隱寺辦了一個短期講習會。當印順法師到了臺灣的新竹之後，他創的福嚴精舍，無形中成了臺灣佛教的最高學府，由印師門下的演培、續明、仁俊、妙峰、常覺、印海諸師，又於福嚴精舍附近的一同寺辦了女眾學院，靈隱寺辦了兩屆初級佛學院。

由以上幾個學院的師生，又出現了臺中寶覺寺佛學院及慈明寺佛學院、臺南開元寺佛學院、基隆靈泉寺佛學院、臺中南普陀佛學院。另由白聖法師於臺北十普寺辦了兩屆男女兼收的初級佛學院，以及臨濟寺的男眾初高級佛學院。此外有南亭法師於臺中佛教會館辦了兩屆女眾佛學院，道源及真華兩位法師先後掛名在屏東東山寺辦了女眾佛學院，嘉義天龍寺也辦了一屆佛學院，星雲法師於高雄壽山寺辦了高級女眾佛學院，悟明法師於臺北辦了海明佛學院，臺南的赤山也辦了初級女眾佛學院，淨心法師於高雄辦了初級的沙彌佛學院。還有臺中靈山寺也辦過佛學院。目前則又有臺北的慧日講堂，創辦了高級的男女兼收的太虛佛學院。

以上那麼多的學院，除了寶覺寺、靈隱寺、一同寺、南普陀、十普寺、佛教會館、天龍寺、靈山寺等，業已先後停辦之外，其餘的尚在維持之中。不過，一般的師資水準都很低，有的學院老師及學生連國語都不會，有的學院錄取學生的標準，僅能寫出自己的姓名就可。

所以，大多於三年學畢之時，無何優異的成績可觀。已經停辦的學院之中，一同寺辦得較好，正在辦著的學院之中，以臨濟寺及壽山寺的學生程度比較整齊，但其中只有少數讀過高中，多數只讀過小學，以現在的學力平均起來，也不過初高中程度；當然，以壽山學院學生發表的習作來看，已有高中以上乃至大學的程度了，這些少數人的習作，有的也曾經過老師修改，唯其能有《覺世》旬刊給她們發表的機會，寫作的興趣濃厚，進步頗為快速。《覺世》旬刊也正由於這班學生的灌溉，而顯出了一股朝氣。

現在，大家都在指望著由演培法師掛名院長，印海、了中二位法師通力合作而創辦的太虛佛學院，當本文屬筆之時，他們尚在招生階段，至於究竟如何，有待事實證明，不過根據已經發表的教育計畫及教師陣容來判斷，它將是佛學院群中的後來居上，且讓我們拭目以待。

在臺灣的佛學院，為什麼辦不長久？為什麼造就不出較多的人才？原因實在很多。

（一）辦學的宗旨問題：為造就人才而辦學，這在所有的學院都是相同。為誰造就人才？就有點問題了，一般寺院辦學的日的，是為增加人眾，以辦學之名，可以吸收外來的青年，畢業時至少有部分便會成為此一寺院的一分子。同時也可避免寺內青年的外流，現在的臺灣，吸收青年人出家，頗不容易，出家之後為求出路，無不希望讀一點書，除了少數特殊的之外，出家的青年差不多是來自中下級的農村，多半未受過較好的學校教育，所以求知心切，乃普遍的現象。寺院自己辦了學院，他們就可安下心來讀書了，否則，去了別處求學，很可能就成了人家的徒弟。於是，凡有一點力量的寺院，便設法辦學，有一點雄心的出家人，就想法辦學。甚至有一家學院於招生時，特別標榜，不許學生在求學期間另拜師父，可是到了開學二年之後，三分之一以上的學生都變成了這家院長的徒弟。這是矛盾的，也是可以同情的，辦學的寺院，希望把栽培成功的人才，留為己用，協助學院辦出更大更多的事業，這是使得學生學以致用，也使學院愈辦愈有前途，等於大學院畢業的優秀研究生，要留他們在母校服務一樣，所以值得同情。然而，各寺院把子弟送到學院來求學的願望，是為各寺院自己的前途求發展，絕不情願辛苦地度了一個徒弟，又白白地送給了別人，所以相互矛盾。因此，大家降低水準來自己辦，辦了三年便休息。否則，學生的來源成了問題，要收人家的徒弟成為自己的徒弟，誰敢冒險將徒弟送給別家去受教育。不過也有例外，據說新竹一同寺辦學時，住持不但未能因此增加徒弟，反而為了入學要經過一定水準的考試，考不進學院的徒眾們，負氣之下離開了一同寺。辦學的確是一樁苦事，一般信徒願意出功德建寺塑像、誦經拜懺，卻不願出錢讓你辦學院，因為供僧的觀念，未在中國形成，所以認為無功德。若辦學院的諸山，必得自行另出財源來維持學院費用。同時，佛門有一句話：「寧帶一團兵，不帶一堂僧。」僧不易調，讀書的僧更不易管，所以有一位學院的負責人曾經向我嘆苦說：「一斗米養一個恩人，十擔米養一個仇人。」學生令他頭痛不已。所以，若非具有深切的悲心大願，要一個人終身為僧教育而奉獻，實在不易。

這一點，臺灣有幾位值得讚揚的法師，第一是印順法師，他老始終是以教學為本務，現在雖不再教，仍在關心並鼓勵教育。其次有兩位青年法師，一是本省籍的聖印法師，他從寶覺寺辦學院，創了慈明寺仍在辦學院，前後已有十年以上的歷史，不論他辦的成績如何，他這一分能耐，已足令人佩服。另一位是星雲法師，這是一位雄才大略的人物，他沒有三頭六臂，卻能在短時間內創建了一座五層大樓的壽山寺，建寺落成，沒有人住，接著就招生辦學，並且喊出了大學制的高級學府的口號，計畫每學年增一班級，現在由於學生來源困難，每一學年增班的構想，至少暫時已經流產，但他仍是臺灣擁有學生數字最多的一家。又由於目前的學生程度，並非真的高級大學程度，所以他又買了一大片山地，喊出了要辦東方佛教大學的口號；是否真能辦得一如理想，有待解決的問題仍是很多很多，房舍可能不成問題，師資則大有問題了，尤其佛教大學所需的學者，不同於一般大學，最好是行解並重的法師。星師本人是宗教事業家而非宗教學者，如何羅致學者及善用學者，且讓我們對他抱一最高的希望。根據他所喊出的口號，的確值得吾人的鼓舞。

（二）教材的問題：「一處畢業，處處畢業。」這是對二十年前大陸時代所辦佛教教育的譏評，但是這頂帽子，仍可合乎今日臺灣佛教教育的頭寸。許多的學院與學院之間，所謂你是低級我是高級，乃是在學生的平均水準，卻不在於學院授課的本身。因為從臺灣北部到臺灣南部，能夠授佛學課的法師和居士，就是這麼幾位，他們所能教授的科目，也就這麼幾門，不是老師差勁，而是在中國近代學院間最流行的佛教經論，就是這麼多嘛！

臺灣的佛教，正像大陸時代一樣地一盤散沙，誰也不管誰，誰也不受誰來管，有能力的就獨自發展個人的事業，所以，雖有這麼多此起彼滅像粥鍋裡滾泡一樣熱鬧的佛學院，但在二十年來，未見有過一次院際的集會，好像大家已經做得很好，不必集思廣益來研究改進。以致有的便形成井底之蛙式的孤陋寡聞，辦出來的學院，仍未脫離蒙館私塾的臭味。沒有統一的教育計畫，沒有完善的教育系統，沒有可用的教材課本。蒙館開蒙，尚從《三字經》、《千字文》、《百家姓》等念起，我們的佛學院，一進門就可能讓你聽一心二門三細六粗的《大乘起信論》。一直到

「研究院」，你還得研究《大乘起信論》。

白聖法師有鑑於此，曾經命我編寫一套從初中一直到研究院的佛學課本，我對此一艱鉅而偉大的任務，雖有願心，卻力不從心，要我一人包辦，談何容易！所以我建議聘請十位佛教學者，組成一個編纂委員會，以時日計費或以字數計費，酌酬津貼，分工合作，或可望於一年之內編成一套佛學課本。可是，白老事情太多，一轉眼又過了兩年，未見再有下文。事實上要找十位能編而又願編佛學課本的人，今日的臺灣一地，尚有困難哩！

因此，臺灣各佛學院的課程，儘管在教育計畫上，按部就班，學期完了，或畢業之際，學生聽到的，卻不是原計畫中的課程。因為沒有標準的課本，那便根據被請老師的專長及其所好而來決定教什麼東西。老師中途離去，他這一門課，便立即廢除，再請一位新的老師，又開一門新的課程。能請到什麼老師，就開什麼課程，是將就學院所請老師的方便，不能顧慮學生希望的胃口。正由於如此，學院不能連續地辦下去，學生雖然讀了十來年書，畢業了三個佛學院，還是沒有學到多少東西。像在這樣的教育環境之中，豈能造就出優秀的人才，相反地，倒是壓縮了優秀青年的自由發展。

四、出國留學的門路

除了星雲法師，尚有白聖法師及悟一法師，也在積極地籌創佛教大學，但願他們兩家比賽，是誰真的辦成，是誰首先辦好，如果兩家都能辦得理想，實是中國佛教之福。然在目前，臺灣的佛教教育，既不能造就高級的人才，一般有志向學的僧尼，便把希望指向了留學的途徑。

留學，到目前為止，有兩個國家：一是泰國、一是日本。但有一個怪現象，泰國方面由於第一位去的留學僧淨海法師，及另一位陳明德居士的奔走爭取，給了臺灣每年兩名獎學金，也就是說臺灣每年考送兩名學僧到泰國，可以用泰國政府的錢而不必自己張羅費用。然而除了淨海法師之外，臺灣很少有人想去，前年考送兩個，去了不到一年，又自動溜回了臺灣，這對淨海法師的一番苦心，以及泰國政府的善意，都是重大的辜負。為何對泰國的環境不感興趣？百思不得其解。如說那裡不能讀書，似又未必，例如淨海法師去了六、七年來，成就非常可觀，他的為教熱忱，他的信仰堅貞，已非同輩的法師可比，何況他已能利用泰文、英文資料，將南傳的東西，陸續地寫成中文，向國人介紹。所以，站在佛教信仰的立場，我覺得淨海法師乃是目下所有留學僧尼之中，最成功的一位。那麼，也許為了泰國學程的期限太長，在進大學的正科之前，是從初中程度讀起，泰文、巴利文不及格的，便不能升級。於是，縱然在那兒讀了九年書，仍無把握能否取得畢業文憑。據說我國人是吃虧在沒有巴利文的基礎，所以淨海法師發願，要在學成回國後，開講初級巴利文，為僧青年通向南傳佛教之門而鋪路。

再說去日本留學，這是一個時髦的熱門，從一九五二年以來，由臺灣去的僧尼居士，據我所知，已有圓明、蕭輝楷、李瑞爽、果宗、慧嶽、通妙、青松、易陶天、學慈、了中、能果、睿理、廣聞、慈觀、修觀、慧光、明宗等大概二十位左右。其中的慧嶽、了中、學慈三位比丘及廣聞、慈觀、修觀、慧光等四位比丘尼，已經學成回國，明宗及另一位比丘尼尚在留學之中。可怪地，其他尚在日本的幾位法師，除睿理而外，都已結了婚，還了俗，據說是日本的風俗使然。更怪地，那些在日本還俗的比丘，並非和日本姑娘結婚，而都是從臺灣去的中國小姐。

日本佛教，自明治維新之初，受了極大的摧殘之後，積極奮起，建樹良多，除了僧人生活的俗化之外，一切設施，都比中國佛教進步多多，目前由佛教主辦的短期大學有二十九所、大學十六所、大學附設的研究所八所，戰後所授專門研究佛學的文學博士有九十八位。他們所提出的研究報告，數量極其驚人，佛教的出版社及書店有四十三家。尚有國立的大學，也開有佛教學的課程，其他有名的大出版社及各大學附屬的出版部，各學術團體的組織，也均出有大量的佛教書籍。日本學者能夠利用中國的以及西藏文的、巴利文的、梵文的各種佛典，參互研究，他們用現代治學的科學方法，綜理研析整個的佛學，所以成績斐然。可見，要研究佛學，在目前來說，似乎已捨日本莫屬。

因此，我這個思想前進而生活保守的人，正在閉關期間，由於家師東初老人的命令，幾乎也去了日本，旋經幾番深長的考慮，始作罷論。但我因此而在關中摸索，自修了一點日文，到目前為止，已看的日文書籍，可能要比少數掛名去日本留學了三年的人，還要多些，雖然我看日文有點像在霧中看花。所以，我對日本的佛教，既有不以為然之處，也抱有很多的敬意。

原則上，留學日本，我極贊成，但是附有條件。即是應由全國佛教徒組成一個留學生獎助考選委員會，考選優秀的僧俗青年，資助他們全部的費用，送去日本，乃至歐美留學深造。唯有選送已有了學問基礎的青年去深造，才可望他們對佛教有宏大的貢獻。否則，在國內時對佛學一門不通，甚至連看書的習慣都沒有養成的人，到了外國，可能有失國家的體面，外國的大學，究竟尚未發明用學術濃縮成的靈丹，進去一吃，自然就把你變成了學富五車的大學者。環境固然要緊，基礎更加要緊，否則，一個小學生，也就不必經過中學、大學，而可直接進入研究所了。學術一途，沒有速成的捷徑可走，要不然，學術的可貴何在？

可是，在不健全的中國（臺灣）佛教中，唯有靠自己的關係及自己的力量，才能去日本留學，敢以不怕花錢、不畏艱難困苦地半工半讀，而自己設法跑去日本，這種人的勇氣，已足吾人的欽佩，他們去日本之後，不論學成學不成真正的學問，他們在最初的動機，絕不會希望自己學不成功，那麼，縱然學不成功，實在勉強不來。至少，他們去學總比不學的更好。至於還俗與否，也不能以此論定他們的價值。清末有位楊仁山，民初有位歐陽竟無，他倆是居士，但對中國佛教的貢獻之多，要比一萬個粥飯僧尼更偉大。相反地，如說居士一定比出家人更有貢獻，那又未必，歷史告訴我們，自佛陀開始直到晚近，最偉大的佛教徒，卻都是現的出家相。

總算很好，留日回來的人，多半已為佛教貢獻出他們的所學，慧嶽法師在籌創藝術專科學院；了中法師除與印海法師合辦太虛學院之外，已接受了中國文化學院佛教史講師的聘書；廣聞法師早已擔任智光商職的教職，並且深獲同學的愛敬；學慈法師也在努力於弘化事業。留在日本的，照目前看，青松的成就最大，他在未去之前已有相當的基礎，他吸收力強，寫作效率也快，繼續如此下去，對於溝通佛教國際的文化工作，大有可為。另有睿理法師，他能以中國人而考取公費的京都大學，他的學力之強，已為日本人所重視。

現在，臺灣教界，有許多人都覺得唯有著書出書，才算有了地位。當然，我極祈望具有寫作能力的日本留學生，多多介紹佛教的新知，以之營養我們貧乏的現代中國佛教。可是，如你不善於寫作而長於教書，或組織、或事務，那麼，我要奉告你，歷代的偉人、佛教的祖師，沒有留下著作的，實在很多，不過，他們確為長於寫作的人，提供了寫作的資料。

五、獎學金與弘法

有鑑於天主教設有很多獎學金，吸收了很多優秀的知識青年，所以在一九五九年，中國佛教會設立了國際文教獎學基金會，一九六一年，又有加拿大的華僑詹勵吾居士為紀念他的已故叔父，而成立了詹煜齋居士佛教文化獎學基金會。一九六三年，又為紀念焦山智光老和尚而成立獎學基金會。

這三個基金會，前二者已合併為一，由周宣德居士主持其事，他是由虔誠的基督徒而改宗佛教的，所以頗有基督徒的辦事熱忱，奔走接洽，宣傳演講，利用公餘，將全部的精力乃至物力，奉獻給這項佛教的獎學事業，由他的努力，在臺灣的各大專院校之中，已有十六所成立了佛學研究社，共有社員二千五、六百人，所以，周宣德的功績，頗令一般的比丘、比丘尼們慚愧，雖然出家人給予這項獎學事業，也有若干的汗馬之功，但在周宣德居士的眼下，出家人似乎是一班無用之徒，縱然他之進入三寶，也是由於臺灣高僧智光和尚的接引，他在對大專學生的活動之中，卻從不鼓勵乃至阻止知識青年接近出家人，更不用說皈依三寶，他僅以「對佛法做學術的研究」來勉勵青年，所以，給青年的影響，是學術的，不是宗教的，對未來的佛教文化，自可能有若干影響，對佛教信仰的發展，作用輕微。

因此，周宣德的熱忱工作，贏得佛教界　致的讚歎，周宣德所持的觀念，卻被教界的有識之士不以為然！

智光和尚獎學金，是以他老的一筆遺產做為主要的基金，幸得他老生前的一位在家弟子張伯英居士的主持保管，以優厚的利息，提出做為清寒獎學金。南亭法師曾說：「以少數的獎學金，等於利用人家的學校，而收自辦一所佛教大學的成效。」這固然是在我們尚無一所佛教大學之時，足以用來自我安慰的話，但是，能有這三個獎學基金會，不論如何，它已把佛教兩個字，由三門之內，送向了三門之外；至少，得過佛教獎學金的知識青年們，將不會忘懷，佛教曾經給了他們一些實際上的恩惠。

再談弘法工作，除了文字宣傳，講經及演說的人很多，例如：南亭、道源、白聖、印順、道安、隆泉、默如、月基、悟明、成一、煮雲、星雲、真華、印海、慧峰、慧嶽、聖印、會性、淨心、淨空、明本、普行等法師，以及李炳南、方倫、趙茂林、南懷瑾、周宣德、張廷榮、李恆鉞、楊白衣、李世傑、曾普信、朱斐、翁茄苳、鍾石盤、高登海、唐湘清等居士。

法師們的各項事業較多，所以很少維持長期性的講座，倒是居士中的少數，則足致敬。其中以李炳南居士的功績最大，他在臺中一地組織蓮社，糾集知識青年，每週演講，他自己講，也要青年輪流著講；每年暑期，集中一批大專學佛青年，做數週的講習；他另辦有好多佛教的社會事業。他對僧寶極其虔誠恭敬，非以維摩詰自居而訶斥比丘，但他敬僧而不近僧，他的學眾均由他介紹皈依出家大德，但皆不會親近出家大德，故也有人以此詬病李老。然以我的看法，他也有其理由，他的思想和風範，均已自成一格，與其接近他人而難免摩擦之虞，不如獨守其方域以保持相敬。

在臺灣弘法的方法很多，為了迎接時代，電台的廣播，已在普遍地展開，另有以話劇弘法、用球隊弘法、用樂隊弘法、用幻燈弘法、映電影弘法。可惜這些弘法工作，都沒有組織系統，有是各做各的，有是做了一次就不再做的。例如電台廣播，現在已有臺北、臺中、臺南、高雄、雲林、花蓮、宜蘭等七、八家，如果統一來辦，組織一個廣播資料供應室，負責編寫、製作、調配各台所需的節目，那樣既可改良節目內容，又可有源源不絕的新節目提供給廣大的聽眾，更可節省一部分人力、物力。但在目前的臺灣佛教界，都在相互暗自比高低、爭優劣，而不能合作起來向前進。

儘管如此說，那些電台節目的主持人，已經各自盡了最大的努力，往往起早上電台，深夜趕節目，其中如淨心、聖印、趙茂林、龔顯榮、李玉等法師、居士，他們的多少辛苦，外人殊難知道。

總之，從事於弘法工作的人，無一不值得讚歎，我們做得尚不夠理想，則又無人敢說不該改進了。

六、佛教會與傳戒

遷移臺灣之後的中國佛教會，比起撤退之先的大陸時代，可謂毫無進步，它的狀態是會員不信任教會，教會無權處置會員，教會是一個對政府行文的空架子，會員利用教會而不服從教會，因為教會無權，也就變成了無能，因此，政府承認中國佛教會為人民團體，卻不重視這個人民團體的力量，例如：政府決定要將日治時代建築的東本願寺標售給商人，雖來徵求中佛會的意見，中佛會也費了九牛二虎之力，向政府提出抗議，並由信佛的立委在立法院提出質詢，結果，在今（一九六七）年六月間，政府還是以「係接收日人的敵產」為理由，賣了一億多元新臺幣。此所謂自侮而後人侮之，中佛會不能產生力量，政府就不把它放在心上，這是力量的問題，不是政府的宗教政策特別對佛教不客氣。

由於如此，中國佛教會，是一個既倒不得也扶不起的爛局面，中佛會的辦公人員，僅有三個五、六十歲以上的老居士，他們的辦公費用，還得由當選了理事長的人另外設法。原因是號稱有六百到八百萬佛教徒的臺灣省，佛教會的會員僅有四萬五千五百多人，而且許多的會員，幾年也不繳一次會費，若非寺廟與外界發生了問題，或個人希望達到某種目的，而想利用到教會的一紙文件之外，誰也未把教會放在眼裡。一些熱烈競選教會理監事的法師、居士，多半是為在他們的名片及履歷表上多加一行頭銜，不在其為教會的會務而將自己的智力和財力貢獻出來。少數真想做一點事的大德，又覺得教會的事務，千頭萬緒，無從下手。

然而，這幾年來，在大家不想負責中佛會的景況下，白聖法師是值得敬佩的，他一肩承擔了下來，而且承了一肩又一肩，裡裡外外，由他一手撐持。雖然有人批評他老把持教會，所有的理監事，幾乎全由他新出家的徒眾包辦；實則，若非如此，摻雜了意見不投之人，不唯不能助他辦事，反而跟他搗蛋，故這就不該批評他了。在這幾年以來，白老是夠辛苦了，國內大大小小的事，乃至一座廟的佛像開光，也要他老慈悲去主持典禮，國際的訪問聯繫，幾乎也每次非他出馬不可，他都能以極其熱心而毫不猶豫的態度來到處奔忙，他的最大資本是能夠隨時入睡，又能通夜工作，不勝其煩而又不愁其煩，這的確不是常人所可做到的。但也正因忙不勝忙，故對教會的長久性的建樹就很有限，迄今為止，中國佛教會，既無推動事業的能力，即使一所會址尚未見其蹤影，此非白老無能，實是力不從心。教會不能為教徒謀取積極性的福利，所以得不到教徒的熱心支持，教徒不支持教會，教會更加不能為教徒謀取福利。如此的惡性循環，尚不知何時了結！

縱然如此，中國佛教會，還是垮不得，比如今年年初，香港邵氏影業公司拍製的一部《文素臣》影片，把和尚描寫成殺人、姦淫、劫盜、無惡不作的暴徒，所以便由中國佛教會召集了一次緊急會議，謀籌抵制該片在臺灣上映的辦法。那次各縣市支會，均派有代表出席，會議之中，可稱群情激憤，發言踴躍，語意堅定，表現了一次大團結的精神。可見，當佛教面臨生死存亡的關頭時，教徒便會需要向教會團結了。中佛會如何才能真正地健全？大概要我們接受一次像明治維新式摧殘吧！但是，我們為什麼一定要等見了棺材才掉淚呢？

縱然如此，目前的佛教會還是有用，前年召開的華僧代表大會，雖是教會之外的一個會，卻是利用了教會的基礎而完成，最後也把所有大會的決議案，全部送交中佛會執行。即使大部分國內的代表，明知這是推屍過界的辦法，過界之後依舊落在他們的頭上，因為他們也正好就是中佛會的理監事，結果呢？通過華僧大會議案的人，到了中佛會的立場，又不予受理了，他們受理不成了，同時為了實際問題，也不願受理。所以，華僧大會的貢獻，不是在於議案，而是在於國際的觀瞻和聽聞，至少已將海外僑僧，集體請回國來觀光了一次，至少已使外界明白臺灣尚有佛教的國際活動，至少已對中國佛教當前所面臨的諸種問題做了一番檢討。議案嘛！留待以後逐步解決。所以，華僧大會是有用的，那次大會的最大功臣，除了白聖法師，尚有悟一法師，我對他們二位的不眠不休地忙了十多天，深表敬意。因我以為，大致上說，華僧大會是成功的，至於議決而不實行的提案，罪過是在中國佛教會。我已說過了，中佛會自有它的苦衷，例如傳戒的問題，華僧大會通過了分期傳授三壇大戒，結果，賢頓和尚住持的臨濟寺，首先就不理會而於去（一九六六）年春天照舊規則傳了戒，然而，賢頓和尚也正是華僧大會主席團的主席之一。其癥結究竟何在？說穿了很簡單，藉傳戒的大法會，可以籌措一筆可觀的經費，用來推展其他的如上金門勞軍等的事業。

說起傳戒，那些熱心於此的大德們，可謂有功有過而過甚於功。當臺灣光復之初，本省的佛教道場，很多住持都是在家人，或已結婚，或係帶髮修行。因此而有智光、白聖、道源等諸老提倡戒法，首先在大仙寺開壇傳戒，創了重律尊戒的範例。接著就有靈泉寺、元光寺、碧雲寺、凌雲寺、寶覺寺、東山寺、十普寺、海會寺、超峰寺、大覺寺、臨濟寺等相繼傳戒；其中的寶覺寺、十普寺、臨濟寺均已傳了兩次，聖印法師在寶覺寺傳了兩次，今秋又要在他的慈明寺傳第三次。為什麼有如此殊勝的傳戒寺院？最初，確是為了成就戒法，弘揚律制，用續僧統，到後來，卻是全部變質，有的大德自己尚不知戒律為何物，竟也熱衷於傳戒，為的是能藉傳戒大法會的因緣，來莊嚴道場，翻修殿堂或增建寶塔。這種目的自也未可厚非，把錢用在三寶門中，總是值得鼓勵的好事。我所說的傳戒有過，是指為了爭取更多的戒子，可以放棄律制的規定，戒師及傳戒的寺院，到處去拉、去請、去勸，只要你能賞光來受戒，麻子、瞎（一隻）眼、跛子、癩子、聾子、無賴、神經病、癡呆漢、七十、八十的老婆婆、老態龍鍾的老公公，一律授於上上品的三壇大戒。發心受戒實在是大好事，可惜當這些速成的僧寶一出戒堂大門，就為神聖的佛教大顯其寶了！偉大的僧寶，就是這個樣。使未信佛者不願信佛，已信佛者退減敬意，邪魔外道增加毀謗。這些熱衷於傳戒的大德們，罪過是在全小失大，本末倒置！自然，我非反對傳戒，而是不同意違律的濫傳。

七、外道的威脅

天主教在臺灣，一九五三年，它的信徒只有兩萬五千，現已激增到三十多萬，基督教在臺灣也早已超出了三十萬，他們的人數，特別是天主教，有一個算一個力量。他們唯一的希望，就是如何把佛教從臺灣趕下海去，造成第二個菲律賓。他們對付佛教的方法很多，高層的用文字，下層的用口說，在他們的地方宣傳，也到佛寺集會時來宣傳。天主教研究出好多辦法，包圍佛教的教義（著作），瓦解佛教的信徒（用代亡靈超度）。在新竹鄉下，天主教會到信佛的農戶訪問，也拜農戶所供的觀音像，漸漸接觸之後，就以聖母瑪利亞像替你換下觀音像，說這是天主教的觀音，叫作聖母，有求必應。如願隨從，便可獲得獎金新臺幣一千元。以後即常邀你去教堂聽道，先帶兒童去吃糖果看畫片，然後使兒童帶母親去，母親再帶父親去，最後全家都去而信了天主。

我們臺灣的佛教徒中，少數人已經覺察到這股外道的威脅之力，多數人尚不知其所以。

但是，時代和環境的鞭子，已一鞭緊於一鞭地抽向此間佛教徒的生活圈來，佛教徒們為了求存，為了信仰，必將猛省。我們確信，只要人類的理性尚有一天存在，我們的佛教，不唯不致滅亡，而且必將成為唯一的人類信仰之光。然而，若不及時猛省，及時捨私為公，及時為法忘己，暫時的、局部的滅亡，也是很可能的啊！

（一九六七年七月於臺灣關房）

中國佛教藝術的價值

一、前言

我們中國，原係一個無宗教的民族。所以，雖在佛教輸入以前，中國已有了極高的文化，卻沒有偉大的宗教藝術，中國的藝術創作，不始於佛教的輸入，中國之有偉大的藝術創作，則自佛教輸入之後為起點。

但是，中國之有藝術，仍由於宗教的要求，例如《易經》，到秦始皇焚書坑儒之際，被視為巫卜之書而幸免於火；《書經》中記述人君與上帝諸神的祭祀者則極多；最早的宮廷舞蹈，亦係為祭神的大禮；由於君王祀天祭祖而有宗廟及宮室的建築，宗廟之最富宗教意味者，為周代的「明堂」。這種宮殿建築，歷數千年而不替，故當佛教輸入之後，即以政府的國賓招待所來款待，西域最早來華的沙門迦葉摩騰及竺法蘭，即於東漢明帝時（西元五十八—七十五年）來中國的首都洛陽，住於鴻臚寺，第二年始於洛陽的西雍門外立白馬寺，專門接待西域來華的佛教僧侶。從此，僧寺的建築，即沿用宮室的形式。

二、中國的佛教建築

無疑地，中國的宮殿建築，在藝術價值上，要超過印度的伽藍，後來的中國佛寺之異於一般的宮室，乃在佛塔的建置、佛像的供設，以及壁畫的繪畫。這是由印度精舍，經西域的伽藍，而入我國的特色。現將本節分為兩點，介紹如下：

（一）佛寺的建築：佛教初傳中國，可能早於前漢，已有消息，一般史家則以東漢明帝永平十年（西元六十七年）為信史，當時有大月氏國的沙門迦葉摩騰與竺法蘭來華，政府即於洛陽建白馬寺，近代雖有人說，白馬寺的建築，是模仿印度的祇園精舍，有說不甚可信，因其全出臆測，毫無根據。若以其由鴻臚寺而造白馬寺，必與政府的官舍相當，所以寧信其為中國的宮殿形式。

中國佛教雖自東漢明帝時已經傳入，史中對於佛寺建築的記載，則自三國孫權建昌樂寺、夫人建慧寶寺、群臣建德潤寺為始，因此也有人以為東漢明帝時，是否真有佛寺的建築，也是疑問。

不過，佛寺與王臣宮室、官舍的建築形式，大致相同，則無疑問。因在魏、晉、南北朝時，佛教盛行，風靡全國，除以官府移作佛寺之外，王臣的私第，捨為佛寺者，也不可勝數。例如洛陽西陽門外的建中寺，原為北魏節閔帝普泰元年（西元五三一年）尚書令樂平王爾朱世隆所立；東陽門內的願會寺，則為中書舍人王翊捨宅所立；平等寺為廣平武穆王懷捨宅所立。因此，當時佛寺之多，僅北魏一國，數逾三萬，而其捨宅為寺之風尚，歷久不衰。

其中尤以北魏孝明帝熙平元年（西元五一六年），靈太后胡氏所立的永寧寺，原為舊時侍中曹爽的宅第，規模雄偉，極於一時，中立木造的九層浮圖，高九十丈，佛殿在其後，形同太極殿，僧房樓觀一千餘間，其規模一如宮殿制，只是新增木塔於殿前而已，塔之兩旁分列鐘樓與鼓樓，另加講堂、禪堂、三門，合稱為七堂伽藍。

又如河南嵩山的嵩岳寺，原為北魏宣武帝（西元五〇〇—五一五年在位）的離宮，於孝明帝正光四年（西元五二三年）改做佛寺，增建堂塔，塔做十二角，凡十五層，這是中國最早的磚塔，也是現存最古的磚塔，二層之上，層層相接，全體輪廓，宛如今日砲彈。

佛寺建築，初以佛塔為主體，由於僧人向佛塔集中禮敬，故於佛塔四周建立僧房，但至隋、唐時代，漸以佛殿為中心，由禮佛陀舍利而改為禮佛陀聖像，此一演變，頗足注意，故將佛塔置於殿後，或分為二，並列殿前。整個佛寺的建築，亦日見完備，據學者研究，此時佛寺約有如下的五項特色：

1.分院的施設：每寺之內，設有若干分院，例如菩提院、般若院、淨土院、塔院、三階院、經院、華嚴院、行香院等，有的多至十餘院者。

2.四門的設置：此在魏晉之世，已由宮室的形式而有了基礎規格，分設大三門、中三門、車門；中三門，又有南三門和西三門之不同，有南西門，亦必有東西門，此所謂三門，乃是三間門樓的門，今人則誤將三門稱為山門了。

3.寺院以大殿為中心：大殿周圍，分置小殿，小殿又分東、西軒，又有東、西廊，因於各殿之間均以迴廊，互相連接。寺之東側，有鐘樓。

4.分設堂口：寺中除了小殿及僧舍之外，另有講堂、禪堂、食堂等。

5.佛殿內有壁畫：壁畫淵源於印度，隋、唐出有不少偉大的畫家，從事於佛寺的壁畫藝術。

再說，佛教畢竟是由印度傳入，除了壁畫等的藝術傳自印度之外，佛教故事的繪畫，以及佛教表徵物的採用，例如淨瓶、卍字、輪寶、菩提葉、蓮瓣、蓮花、蓮花栱等，亦為中國的佛寺建築中吸收或模擬。

古代王臣乃至民間的信佛崇佛，均以建寺、築塔、造像來表達他們護法的虔敬，同時也即以此做為祝生薦亡以及福國利民的佛事。例如北魏獻文帝皇興元年（西元四六七年），因孝文帝（西元四六七—四九九年）誕生，獻文帝即於恆安北台，建造永寧寺，寺內浮圖凡七層，高三百餘尺，宏壯稱為天下第一。

又在魏太武帝（西元四二三—四五二年在位）破佛之後，文成帝即位（西元四五二年），便敕令復興佛教，至獻文帝時，便在五級太寺，用赤金二十五萬斤，鑄丈六釋迦佛像五軀，為道武帝（西元三八六—四〇九年在位）以來之五帝造冥福。

唐太宗（西元六二六—六四九年在位）於隋朝末葉，與天下群雄逐鹿，最後打敗了群雄，統一天下，但他對於征戰之中殺伐的事，頗感傷悔，因此便在各個破敵之處，興建伽藍，用薦陣亡士卒。如於幽州破薛舉之處建昭仁寺，洛州破王世充之處建昭覺寺，洛州破劉黑闥之處建昭福寺，汾州破劉武周之處建弘濟寺，晉州破宋金剛之處建慈雲寺，台州破宋老生之處建普濟寺，鄭州破竇建德之處建等慈寺，共有十寺，其他三寺不詳。唐太宗又為追薦其先妣建弘福寺，捨舊宅為興聖寺，為東宮立慈恩寺，又於文德皇后的昭陵，立瑤台寺。到了貞觀二十年（西元六四六年），北征班師，又為陣亡將士建閔忠閣寺。

隋、唐時代的佛寺配置，根據道宣律師的《戒壇圖經》所述，是這樣的：正中為佛院，中門之內為佛殿，佛殿左右各置三層的樓閣，佛殿之後為七層寶塔，塔東為鐘樓，塔西為經台，北後為說法之大殿。這種寺院的規模均極莊嚴雄偉。

到了五代初年，各佛寺又流行增設羅漢殿，供五百羅漢雕像。宋代的佛寺，例如正定城內的龍興寺，則有天王殿、摩尼殿、慈氏閣、轉輪藏殿、佛香閣。

宋以後的佛寺建築，在配置及其結構上，歷代均有若干改變。唯其固然仍有朝廷及王臣的捐建者，例如宋朝的王安石，即於信佛之後捨宅為寺，但其所謂「天下名山僧占多」的各大道場，多數仍係歷代的高僧所建，五代之後，禪門一枝獨秀，多以山林為其居處，只要某山出了一位高僧，此山必然成為名山大剎。那些祖師們經營山林，動輒做千萬年的計畫，往往發願一世不成，轉世再來，所以，能在一無所有的情形下，在峻險絕壁的山嶺上，建造起規模偉大的佛寺來。這也唯有佛教的信心和佛子的願力，才能達成如此的目的。

說到這裡，殊足慨嘆，我們這個值得驕傲的偉大民族，竟是不太愛惜文化遺產的。佛教史上曾經有北魏太武帝的坑殺沙門及摧毀佛寺、佛像；北周武帝於西元五七七年克服北齊，令毀齊境所有的佛寺；唐武宗會昌五年（西元八四五年），又令除長安及洛陽各留四寺，地方諸州各留一寺之外，全部毀壞；其後一百多年，又有後周世宗，於顯德二年（西元九五五年），下令破佛寺，被廢佛寺達三千餘座。迄清朝的洪楊之亂，為期十五年，侵擾十六省，所到之處，佛寺無一幸免。

因此，民國之後尚存的著名佛寺，不論其創建於何代，無一不是經清代以來所重修的，最為一般人所熟悉的，則有北平西城的法源寺、河北房山的雲居寺、山東長清的靈巖寺、浙江天台的國清寺、寧波的天童寺、杭州的靈隱寺、福州鼓山的湧泉寺、廣州的光孝寺、江蘇鎮江的江天寺、揚州的高旻寺、常州的天寧寺、西天目山的禪源寺。

最可痛心的，這些碩果僅存的名山大剎，如今經過文革時期的徹底破毀，佛寺建築的藝術，在今日的大陸，已成了一個歷史上的名詞。

（二）佛塔的建築：前面說過，佛寺的建築，初以佛塔為中心，繼以佛殿為中心；初以佛的舍利為崇拜對象，繼以佛的雕像為崇奉的對象。

因此，有人推想，東漢明帝時初建白馬寺，可能也就有了佛塔的建築，唯其於史無徵，也只是推想而已。中國之有佛塔的最早記載，是在東漢明帝崩後葬於洛陽北邙山的顯節陵，陵內建有浮圖。

根據《魏書．釋老志》說：「凡宮塔制度，猶依天竺舊狀而重構之，從一級至三五七九，世人相承謂之浮圖，或云佛圖。」塔是用來供養佛陀舍利的，所以古時中國即以佛的舍利塔稱為佛圖、浮圖，實即佛陀。文中雖說是依天竺（印度）的舊狀重構，實則由印度塔至犍陀羅塔，已有不同，到了中國，又是一變。在印度的佛塔，有點像嬰兒的絨線帽，塔基很矮，大部分是覆缽部分的塔身，再於塔身上面加立傘桿。犍陀羅的佛塔，便將塔基的露盤部分升高，構成數級，連接塔身的覆缽，看與塔身相似，覆缽縮小，缽頂加上傘桿。至於中國的塔，乾脆消去覆缽部分，即以塔基的露盤，化成樓閣的形式，逐級向上，塔頂加一傘桿。

中國自周、秦以來，雖已在樓閣的建築方面，相當發達，然其受了印度及西域佛塔的影響，將樓閣的形式，與佛塔的形式結合為一種新的建築藝術，則為中、印文化交流的產物。

不過，中國佛塔，並非全是樓閣形的。中國建塔，有史可考的大約起於北魏永寧寺的七層浮圖。及至近代，我國大小佛塔，高者達數百尺，小者不及一尺。以其建築的形式及材料來分，約有如下的五類：

1. 木塔：這就是以樓閣結構建造的佛塔，分有三層、五層、七層、九層等數種，每層的每面各設門窗，各層的屋檐翹出，檐角繫鈴，檐下均有平台，繞以圍欄，構成外廊。以心柱做為塔身中心，柱頂再置露盤、覆缽、相輪、寶珠，構成傘桿的塔尖。這是把印度的塔，置於樓閣的頂上了，但在佛教來華以前的中國，並沒有這樣形式的樓閣建築。

自北魏、經六朝至隋、唐，根據《廣弘明集》、《洛陽伽藍記》、《水經注》等所載佛塔，大致多屬木塔式。尤以北魏靈太后胡氏所建永寧寺塔凡九層，據《洛陽伽藍記》稱此塔：架木造之，高九十丈，更立十丈之剎，即相輪也，合計自地高一千尺，距京師百里即可見之，相輪之上，有容二十五石之寶瓶，其下有三十重承露金盤，其周匝垂金鐸，以四條鐵鍊，由相輪引於屋頂之四隅，其上亦附金鐸，塔之各重之角，亦懸金鐸，上下凡一百二十鐸，塔之四面，有三戶六窗，戶皆塗以朱漆，扉上有五行金釘，今計五千四百枚。

隋文帝仁壽年間（西元六〇一—六〇四年），分佛舍利於百十餘州，普於宇內建五層佛塔，也是屬於木塔。

唐初的木塔尚多，但已有似磚塔的仿造了，到安史之亂以後，國力漸衰，木塔日少，迄五代至宋，木塔已不多見，近代所存者，僅山西的應縣佛宮寺建於遼代（西元一〇五六年）的一座木塔而已。木塔初為方形，唐、宋之際，則變為八角及六角，後來則以八角通例。

2.墓塔：即是中國歷代佛教高僧及佛教住持的骨塔，西藏及蒙古的喇嘛塔，也屬這一類。其所用材料，初始乃以石造，後改用磚造，多為方形，亦有八角的，數量不如佛塔之多，唯其尚能近乎印度佛塔的特徵。

3.密檐塔：此在日本人，稱之為遼金塔或滿洲塔，大約是仿木塔而成，初用磚造，繼用石砌。它的下面第一層特別高，以上各層則密檐相接，高度很低，有七層、九層、多至十三層的。後期的密檐塔，成直線形，上下直徑幾乎相等。初期也有門窗，後期則僅有門窗的形式了。

4.喇嘛塔：喇嘛塔的分布，是以喇嘛教的教化地區為範圍，故以西藏、青海、蒙古為最多，熱河、瀋陽、北平、綏遠、山西、雲南等地，也有散布。喇嘛塔的結構，為亞字形，基礎為二層的須彌座，中為金剛圈及塔肚，塔頂也另成一個小亞字形，故其尚保存著濃厚的印度塔的氣氛。

塔在印度及西域，名為窣堵波或率都婆（stūpa），純為佛教的產物。佛教未入中國以前，尚無「塔」字，塔字乃為窣堵波或率都婆的誤略。先是用來供養佛陀舍利的，例如佛後二百多年的印度阿育王，據傳說曾於宇內各地造八萬四千座塔，供佛舍利；中國的隋文帝於仁壽元年、二年、四年，在雍、岐、涇、秦、恆、泉、循、營、博、絳等州，分別建塔一百多座，也是為了供佛舍利。

佛陀一人何來如此多的舍利？這已不是本題的範圍，關於此題，我已寫過一篇短文論列，現已收在拙著《學佛知津》的〈「舍利」考原〉一文中。

至於塔的建築藝術，對中國近代建築有何影響？

有一次，我告訴一位美國朋友，說塔是佛教所特有的，這位朋友立即就反問我：「左營的春秋閣，供的是關公，他們說是道教，為何也有塔呢？澄清湖的中興塔，那也根本不是佛教的，又是什麼原因呢？」

事實上，這就是佛教藝術給予中國文化的貢獻，使得佛教事物，變成了整個中國文化的一環。

不過，由佛塔而變成風景點綴的塔，在形式上或者無大區別，在精神上則完全不同的；佛塔是有宗教生命的，是有莊嚴之性靈的，瞻仰巍巍的佛塔，能使人產生超塵出俗的感覺，對於現代風景區中應景而設的「觀光塔」，身臨其境，則與處身於高樓大廈的感覺，相差不多了。

近代有某些先進的知識分子，例如蔡元培先生，主張以「美育代宗教」；其實，以美術教育代替宗教，尚是我國文化漸變中的產物。因為我國在佛教傳入中國之後，曾產生了許多輝煌偉大的佛教藝術，但到宋、明以後，佛教的銳氣漸失，佛教的藝術漸為一般社會所吸收。因此，初由為佛教的信仰和弘揚而發展藝術，後來則變成為藝術而藝術了。此在以下講到繪畫和文學的時候，當再介紹。

美育能否代替宗教？這是大有疑問的，因為藝術的價值與宗教的價值，畢竟不能等量齊觀，如果僅僅限於藝術價值，那是唯物的，是觀感的，所以，唯物論者反宗教，卻不反藝術。宗教價值主要是在形上的、性靈的、生命力之回顧與前瞻的。這一點，我們是必須承認的。

至於尚有一部分人士，主張以科學代替宗教，例如吳稚暉先生曾經寫過一篇〈科學與人生觀〉，胡適之則曾高唱「科學的人生觀」。當然，這些思想之產生，乃出於愛國的激情，認為中國之衰，是衰在不科學，歐美之強，是強在科學的進步。實則，中國之衰弱，原因非常地多，譬如其中宋明理學的末流，他們那種所謂「平時袖手談心性，臨難一死報君王」的迂曲思想。

宗教與科學，在西方的一神教，自始就是衝突的。科學固然不能代替宗教，東方的佛教，也是最富科學精神的。因為近代以來，藝術與科學，往往有連帶性，所以順便一談。

三、中國的佛教雕刻

在佛教傳入以前，中國的雕刻藝術，早已有之，此在周口店山頂洞中發掘到的刻紋鹿角，在新石器時代的仰韶舊址發現雕刻的骨版。又在殷代的廢墟中見到不少雕刻品的技術已很精巧，所用的材料，則有骨、角、牙、玉、木，以及石器等。

至大氣魄的中國雕刻，古代則表現在宮殿建築上，即所謂「雕樑畫棟」。最最偉大的雕刻藝術，則自佛教在中國盛行之後開始，那就是仿照印度的風尚，開出的石窟藝術。石窟本為僧人潛修的處所，以後則將石窟變為佛教藝術的寶庫了。我國最有名的有三大石窟，即是敦煌、雲岡、龍門，近人莫大元先生，把此三處說為：「不啻中國北方之三大佛教美術陳列館。」

這有一個原因，當魏晉南北朝時，政治分崩，群雄割據，先後持續了三百多年。於是漢民族的文化受到了時代的考驗，文化的中心點有了轉移，北方的帝王胡人居多，他們大多英明，一方面接受漢文化，同時對於西域新來的佛教，尤其感到敬仰。中國佛教的石窟藝術，大多是在北方，便可看出其中的原因了。

現在我們來逐條介紹：

（一）敦煌石窟：敦煌是在今之甘肅省，距安西西南約九十餘華里之處，原為我國古代與西域交通的要道，在五胡十六國時代，則為西涼的首都所在地。現在我們所說的敦煌石窟，實則尚在敦煌東南約七十華里處的鳴沙山。在鳴沙山麓一帶，被開鑿有六百多個洞窟，綿亙於長約千六百公尺的斷崖上。此處自元朝以後，曾被世人遺忘了好幾百年，直到清德宗光緒末年，由於千佛洞（一名莫高窟）的發現，才再度地受人重視，而且震動了世界的藝壇。

敦煌石窟的開鑿，始於前秦苻堅建元二年（西元三六六年），命僧人樂傳開其端，此後的北朝、唐朝、宋朝，陸續開鑿，最晚的則為元朝的作品。所以，這是歷代累積而成的佛教藝術寶庫，因經年久的風化剝蝕，光緒三十四年（西元一九〇八年），當法國的東方學者伯希和到敦煌勘踏調查，主要的石窟尚有一百七十一個，唯其有的一個大窟中又包有幾個小窟，故其總數，可能上千。現據伯希和氏對敦煌石窟所編的號頭，略介其大概的內容如下：

敦煌石窟的大多數，屬於唐代的作品，其次則為北朝及宋代。

受到印度藝術影響較多的，是北朝作品。例如第一百一十一石窟右方的壁面及下部，並穿有印度式的券洞三處，洞中有佛像；又有其柱及柱頭疊布，強結其中央，故成小鼓形狀之輪廓形。同時在左上部天花板之本部，其手法，是在方的天花板上，插入迴轉四十五度第二斜方形的格子，格內再做迴轉四十五度第三正方形的格子。此種手法，乃為印度普通常見的，係由西域傳來中國，殆無可疑。

何以知道某些石窟是北朝的遺產，這是從它的藝術手法的表現上了解的。例如第七十七窟前壁的上部，其天花板成美麗的天蓋圖樣，這些天蓋的造型，便是北朝的特色之一。

敦煌石窟之所以稱為千佛洞，乃因各洞的佛家雕塑、佛家繪畫之眾多，本來在各洞之中必有其他寫經及法物的儲存，但因年久而已散佚不見，所存的則為雕塑及壁畫了。

石窟之中以「大佛洞」為最大，內有世尊石雕像一尊，高達九十多呎，一個足趾的厚度，即足有通常的一人之高，緊靠洞口建有九層高的大佛樓，雕樑畫棟，壯麗雄偉，構成一大奇觀。最小的佛像是十二呎的鑄佛，一行行地附在佛殿的牆上，據一位美國學者的測量，一般的大石窟，約有二十七呎高，七十呎長，四十呎寬。有的小石洞，又僅能容下一、兩個人。這些石洞的天花板，大多幾乎是採用同樣的手法，有點像倒過來的斗底，這是由於西域天窗式天花板的改觀而成，少數的天花板，則像倒過的V字。在年代上說，V字形的天花板式樣是屬於較早的佛殿才用。

千佛洞的石壁，是屬於礫岩，那是粗糙而帶有碎石的洞壁，要在這種石壁上繪壁畫，實在是難以想像的。但是，敦煌的壁畫，近世以來，已為世界公認的中國繪畫的寶庫。現代國畫大師張大千先生有今日輝煌成就，也有部分是得力於敦煌壁畫的臨摹。

原來，為了要在洞中做壁畫，匠人先用石膏在壁面黏貼泥平，塗了一層很厚的石膏，表面便顯得非常精美耐久，也可以在上面繪畫了。那些圖畫的製作方法，今人尚難確定它的程序。有人說，那些非常複雜而又完全平衡和清楚的風景，可能是從方塊紙上的圖畫，照比例摹畫到比紙大的壁上去的。也可能是直接畫成的，因為那些牆上的畫和大小不同的框隙，那樣地精緻，不像是用比例法來摹上去的。

一位美國學者認為，這些畫是先用一根染了顏色或粉的繩子釘到牆上，然後照幾何的方法來畫的，使繩子經過要作畫的方塊或三角形平面的對角，並在白牆上構成一個大對角線，從這些線所經過的點，畫出一連的三角形、弦形、斧形，而來決定構成那幅圖的最大中心人物，以及他的侍者、宮殿、亭園、樂神、舞蹈的天人等位置。總之這是藝術家們，按照佛教藝術的原則，運用他們熟練的技巧和天才的想像，製作出氣勢壯麗的巨畫。

這些大多未題作者之名的大藝術家，他們畫的以及刻的佛菩薩像及天神像，大多是依據佛經的敘述加上藝術家的想像而完成其表現的形貌和姿態。但在北朝的佛教畫像及雕像，總還未脫西域的影響，受著犍陀羅藝術的暗示及模仿者極多。唯其製作世俗的景物時，總是用著製作者當代的世俗風格；通常是在整幅的旁邊或框邊下沿，加畫一些旁景，便是用的世俗風格。這些旁景中的人，通常是畫的僧尼或穿著時裝的居士及居士婦，也有畫著騎在馬上的人和馬夫、牧人等的。在神聖偉大的佛畫之旁或之下，加了這些世俗的、渺小的世俗人物，更加顯出畫面主題表現的佛菩薩及護法神王等的莊嚴偉大。這是一種特殊的表現手法。

這些壁畫雖出於歷代藝術家，卻是受了功德主的禮聘或價邀而來的，此在壁畫的牆上可以看到，大多數的畫留有功德主的名字，那些虔信三寶的男女信徒，他們的姓名以及他們的肖像，都繪在上面。有一或二人獨獻的，也有許多人共同合獻的。

這些功德主的捐獻原因，大多是為了還願、求願和祈福。

（二）雲岡石窟：北魏曾有太武帝受了道士的蠱惑，而有滅佛運動，但是，佛教之在北魏時代，卻又受到好多位君主的保護與闡揚。

北魏是鮮卑的拓跋氏，統一了五胡十六國，占有了中國北半部，最初即以大同為其首都，當時稱為平城，雲岡即在平城之西的三十里處。

北魏的明元帝（西元四〇九—四二三年在位）本信佛教，至太武帝始醉心道教而毀滅佛教，至文成帝即位又復興佛教，於是佛教大興，西域所畫的佛像，接踵而至。魏世本有鑿石為廟的遺風，夙擅雕刻技術。因此每一帝即位，便於都城近處的山岡，為帝或后，建造石窟，鐫刻佛像，歷久即蔚為大觀了。

北魏先都於大同，後遷都於洛陽，在大同留下了雲岡石窟，在洛陽又留下了伊闕石窟，伊闕濱臨伊水，位於洛陽之南三十里，故於魏時稱雲岡為北石窟，伊闕為南石窟，一般稱伊闕為龍門石窟，此到下面再講。

至於文成帝對雲岡石窟的開鑿，有兩大原因：一為文成帝復興佛教之時，為償父祖毀佛之暴行，二欲由佛教信仰以開發文化。雲岡開鑿的情形，據《魏書・釋老志》中說：「曇曜白帝，於京城西武州塞，鑿山石壁，開窟五所，鐫建佛像各一，高者七十尺，次六十尺，雕飾奇偉，冠於一世。」這是文成帝興安二年（西元四五三年）的事。

不過，雲岡石窟為時雖早，因其地處塞北，且其石質較粗，經過風化，石碣無存，不若伊闕（龍門）之屢見於金石家的記載，所以少為人知。

雲岡石窟寺，今之俗稱為石佛寺，可分為三區：東部為第一區，中部為第二區，西部為第三區。其主要洞窟為第一區的一至四窟，第二區的五至十三窟，第三區的十四至二十窟。全部綿延的長度，約為一千五百尺左右。這些依山開鑿的石窟，有的做層樓型態，每層各穿一窟，窟中的大佛，例如第五窟的大佛坐像，高約六丈，比日本奈良東大寺的大佛還要大；第十六窟的立像，高達四十多尺；第十七窟的彌勒佛像，竟達五十尺；十八窟的立像與十九窟的坐像，也都將近五十尺高，二十窟的前壁現已崩壞，內部的世尊坐佛，現僅露出上身，自膝以下已被埋沒，其全部高度，恐也要在四十尺以上。《魏書．釋老志》所稱的七十尺與六十尺，係為魏尺，折算起來，仍與現狀符合。

石窟之內部，最大者有直徑寬達七十二尺，深有五十八尺，小的三、四丈，有如佛殿形式。例如第六窟，深廣各四十六尺餘，中央四面鑿四尊佛像，周壁配列佛龕三重，雕刻品裝飾及其花紋的繁多，使人目為之眩。

在石窟寺之東，尚有大小石窟，數以百計，其佛像大者數丈，小者數寸，多至不可勝計。

根據酈道元的《水經注》，在「㶟水」條下，對雲岡石窟，有這樣的記載：「武州川水又東南流，水側有石祇洹舍，並諸窟室，比丘尼所居也；其水又東轉逕靈巖南，鑿石開山，因巖結構；真容巨壯，世法所希；山堂水殿，煙寺相望，林淵錦鏡，綴目新眺，川水又東南流出山，《魏土地記》曰：平城西三十里，武州塞口者也。」

酈道元的《水經注》，撰於北魏孝文帝太和年間（西元四七七—四九九年），距曇曜開石窟的年代，不過四、五十年，唯曇曜所開石窟只有五所，酈道元則已稱為「山堂水殿，煙寺相望」，可知在曇曜之後，尚有更多的開鑿了。

不過，雲岡石窟，乃成於北魏之一代，此與龍門石窟之始於北魏而迄於隋、唐的陸續建成者，有所不同。

考察雲岡的石窟藝術，追溯其創建的淵源，當時是和西域佛教的藝術有關聯的。在時代上說，雲岡是承敦煌千佛洞之後而起，並且受很大的影響。在表現方式上，則受印度笈多王朝的藝術感化亦不少，乃至也受有南印度以及師子國（錫蘭）藝術的影響。

例如第十窟的愛奧尼亞式柱頭，這個形式的柱頭，是起源於希臘，但已加上了大月氏國的犍陀羅色彩。第十窟尚有科林多式的柱頭，亦有犍陀羅的色彩。第十一窟有印度式的券，以及印度式的柱頭，此在敦煌石窟是常用的。

（三）龍門石窟：龍門石窟位於河南的洛陽之南約三十華里處，當地名為龍門，故稱龍門石窟，石窟開鑿於黃河支流伊水的兩岸，所以龍門的古名又稱伊闕，相傳此處為大禹治水時所開的水道，由於兩山對峙，崖石壁立，望之如闕，故名伊闕。

龍門石窟之始，早在北魏時代，北魏初都山西的大同，依沙門曇曜等的發願而經營雲岡石窟，至孝文帝太和十八年（西元四九四年），遷都洛陽，便在龍門再開石窟。後歷東魏、北齊、隋朝、唐朝，代代繼續經營，所鑿石窟不知凡幾，分為左右兩岸，現今猶存者，右岸雖無足道，左岸石窟，綿亙約二千尺，大小窟龕數千，各洞窟內，鐫刻佛像，周壁施以雕刻花紋。又分南北二區，據日本學者關野及常盤兩氏的標號而言，龍門石窟的精華，共有二十一窟，即是北區的第一窟至第六窟，南區的第七窟至二十一窟。

其中年代最古的是第二十一窟，完成於北魏孝文帝太和十九年，太和七年可能即已開工，據《魏書．釋老志》第二十所載，宣武帝先為其父孝文帝及母文昭皇太后營石窟二處，其後宣武帝又造一處，這便是龍門石窟之始。

從各窟的刻銘中，察知各窟的年代，有的是就舊窟重鑿或補鑿，有的則另開新窟。第二窟的年代，僅次於第二十一窟，十三、十四、十五、十七、十八等的五窟，均成於北魏時代。唐代對於舊窟的改造頗多，例如第十三、十五、十八、二十等四窟均係重鑿。

至於右岸的石窟，類多唐代所鑿的小龕。歷二百餘年，至則天武后時代（西元六八四—七〇四年在位），才告終止。

現將龍門最古的第二十一窟及第三窟的大略情形介紹如下：

第二十一窟稱為古陽洞，或名老君洞，門面二十一尺八寸，深度三十尺，後方成半圓形狀，高度約三十二尺，後壁之前設佛壇，壇造方座，十五尺高的世尊坐像供於座上，各高十三尺的脇侍菩薩像，侍立於世尊左右。左右兩壁又各分三段，每段各鑿大小石龕，安置許多的佛像。像中多有銘文，例如右壁的北魏宣武帝景明三年（西元五〇二年）五月造，邑子像銘云：「大伐太和七年，新城縣功曹孫秋生，新城縣功曹劉起祖二百人等，敬造石像一區，願國祚永隆，三寶彌顯。」

另有左壁之北魏孝文帝太和二十二年九月，侍中護軍將軍北海王元詳的造像銘，記載太和十八年十二月，太妃隨從征南軍，為祈元詳平安，而發願造立彌勒佛像。同在彌勒像的龕中，又記有太和十九年十一月，使持節司空公長樂王丘穆陵亮夫人尉遲，為了亡息牛橛而造像。又有二十二年九月的始平公像銘中說：「比丘慧成（始平公之子），自以影濯玄流，邀逢昌運，率渴誠心，為國造石窟□□，系答皇恩。」

此外，尚有景明元年楊大眼為孝文帝造的佛像；景明三年比丘惠感造的彌勒三尊像；景明四年比丘法生為孝文帝造的釋迦三尊像；北魏宣武帝正始二年（西元五〇五年）王史平的彌勒交腳像；北魏宣武帝永平二年（西元五〇九年）比丘尼法文、法隆的彌勒像；同三年比丘尼法行的定光佛像；同年比丘尼法慶的彌勒像；同四年曹連的釋迦像及朱義的觀音像；北魏孝明帝神龜二年（西元五一九年）杜匡安的無量壽佛像等，均在銘文中告訴了我們。

再說第三窟，門面有三十六尺六寸，深度為三十三尺五寸，後壁供本尊釋迦坐像，並有羅漢及菩薩脇侍各二尊。左右三層，亦各刻有三尊佛陀的立像。

本尊趺坐於方座之上，衣垂於前，右手開舉，左手屈成地、水、火三指，置於膝上。面輪稍長含笑，背光成圭形，以忍冬、蓮花、天人及火焰的雕刻為裝飾。類此的相好威儀及其衣褶和背光的花飾形狀，則與存於日本的法隆寺金堂所供的釋迦佛近似，由此亦可推知法隆寺佛像的淵源了。

此窟入口之左右兩壁，分三層，上層是薩埵王子本生等的故事浮雕，中層為貴人的行列，下層為迦樓羅、毘那夜迦、龍王等的雕刻。窟之後方及其左右之壁間，有數百尊菩薩、羅漢、天人等，做合掌供養之相，窟之中央為天井，周圍飾以蓮花，並配以飛天的雲紋，周緣垂以寶帳。這種形式，也和日本法隆寺金堂天蓋之垂帳相似。地下處處刻有大蓮花紋，其間並有波紋，用表七寶蓮池。又在入口的外壁左右，雕有浮凸的仁王像，氣象最為雄偉。

若將龍門與雲岡比較，在精巧上，龍門優於雲岡，石窟與佛像之偉大方面，龍門則不及雲岡多。其裝飾手法，縱橫無礙奔放自在，亦不及雲岡。這是由於開鑿雲岡之時，尚在試作階段，毫不囚於規格，到了龍門之開鑿，手法已有一定的模式，似不能隨便越出其既定模式的範圍了。

在型式上說，雲岡多屬西亞式的成分，龍門則多印度式的因素。雲岡有堂堂而雄偉之貌，龍門則有明敏而巧慧之相。雲岡有魅人之氣魄，龍門有深入人心的情味。

（四）天龍山石窟：天龍山在山西太原城外西南三十華里處。創始於齊文宣帝（西元五五〇—五五九年在位），後於隋、唐之間，繼續開鑿，凡有二十餘窟。古來關於天龍山石窟的文獻不多，晚近始有日人關野貞於民國七年（西元一九一八年）到實地勘踏，民國九年（西元一九二〇年）又有日人常盤大定氏再度尋訪，發表報告，其中主要者有十四窟。民國十一年（西元一九二二年）日人田中俊逸等，詳加探查，而製成平面圖，公布於世，主要者亦有二十一窟。天龍山分東、西二峰，諸窟散在其間，第一窟至第八窟為東峰，第九窟至二十一窟為西峰。第一窟至第三窟為北朝時代的作品。第八與第十窟至第十六窟，屬於北齊產物。第九窟為北齊至隋的產物，其他則盡屬於唐代的作品。

現舉其最重要的兩窟之要點如下：第一窟位於全窟之東端，在其入口之上，冠以蓮花拱柱，拱柱兩端刻有立鳳之形，此為他處未見的珍貴創例。內部十一尺見方，左右及後壁有佛龕，個個奉像三尊，左右壁的三尊，相好端嚴，氣勢雄偉，衣紋勁健。第三窟門面廣八尺四寸三分，深度七尺九寸，為印度拱式的輪廓，內輪之頂點有結花，其手法與敦煌及雲岡、龍門之柱頭鼓形之手法相同。窟之西壁，其龕之柱頭，用半開的蓮花，其廓與普通西方乃至印度系的柱頭相同，採用寫生的蓮花，非常珍貴。

關於石窟藝術，除了以上的介紹之外，尚有河北磁縣的南響堂山、河南武安縣的北響堂山、甘肅天水的麥積山、河南鞏縣的淨土寺、山東青州的雲門山和駝山、甘肅永靖縣的炳靈寺、四川大足縣的寶頂山、山東肥城縣的五峰山等，均為佛教石窟藝術的寶庫。東初老人於一九六七年元月，曾出版一部《石窟史蹟》，為石窟的佛教雕刻，以圖片為主，做了系統的介紹，關心石窟藝術的人士，值得一讀。

（一九六八年十二月一日，刊於《佛教文化》第十一期）

從佛教的觀點談科學

諸位法師，諸位居士，諸位先生和女士，非常謝謝李玉階先生替我做的介紹，事實上今天這個題目，是中華民國宗教哲學研究社的負責人李玉階先生指定的，我是一個接受考試的學生，根據老師出的題目來做文章，這篇文章究竟能得多少分？要請在座的諸位來給我評判了。

這個題目非常難講，雖然我虛有一個博士的頭銜，有人說博士應該改稱「專士」，事實的確如此，我所研究的範圍，只是學問中的一個點，並不能博通一切學識的廣大面，我對於佛法的研究，也只是淺嘗了佛法大海裡的一滴法味而已。

今天這個題目帶給我很多新的啟發，因為我曾經有過這個構想和希望，就是配合科學來弘揚佛法，使佛法能夠受到一般人普遍了解，但直到現在，我還沒有從事這方面的努力。

今天由於李玉階先生的美意，給了我一個很好的機會，現在就這個題目，分成七個子題，來向諸位討教。

一、科學和宗教

在座的諸位中有很多是科學家，都知道科學（science）這個名詞的定義，但是一般人觀念中的科學，大都是狹義地限於數、理、化、工等研究自然現象的學科，認為可以透過假設、推理、實驗的方法加以求證的便是科學。若從廣義地說，凡是用歸納、演繹的方法加以組織整理，用客觀的態度加以比較分析的學科，都可以算是科學研究的範圍，因此科學這個名詞，可以包括四種涵義：

第一是學問，泛指一切有組織、有系統的知識。

第二是自然科學，指研究自然現象的學科。

第三是社會科學，指研究社會問題的學科。

第四是人文科學，指研究人類文化、歷史的學科。

我們今天所生存的時代，由於運用科學技術開發物質環境，社會經濟體制工業化，所以大家普遍重視科學。剛才有位孫亞夫先生和我談起，他在念大學的時候，哲學很受重視，若不懂哲學就被認為是落伍；而近三十年來，科學更受重視，不談科學才被視為落伍。原因是我們今天生存的社會環境，生產的動力都建立在科學技術上。近代世界各國的經濟建設的物質文明，也都是靠著科學技術的進步而來。如果科技落後，就影響經濟成長和社會建設，便會被看成是未開發地區，所以自然而然地，談任何問題，都要套上科學的字眼，如果有人談到宗教問題，就被認為是迷信，假使宗教的體驗也能拿出證據來給大家看，毫無疑問，是可以令人接受的，若拿不出證據來，就很難令人相信了，而宗教的體驗是不是能拿出證據來？這是一個大問題，凡是可以有體積、形狀、重量等的事物，才能夠提供具體的證據，而那只是全體宇宙人生的一小部分的表徵而已，宗教所包含的內容，卻遍及人類精神心靈和智慧的全領域，這就超過了物質的現象世界和知識的觀念世界，因此「拿出證據來」這句話不一定能適用於宗教，這是科學和宗教的分野。

剛才曾虛白先生同我談話中說：「科學是從哲學產生的。」那麼，哲學又是從哪裡產生的？哲學實源於宗教，宗教則發生於人類文化的肇始，在還沒有文字記載的上古人類，就有了宗教信仰，人類最初面臨宇宙人生的奧祕，遇到種種無法用他們的知識所能解決的問題時，便由先知先覺者們，提出「神」這個觀念做為解答，便成為一種信仰，而產生宗教。所以每一個原始的民族，都有它自己的宗教，用以解釋宇宙的自然現象和生命與生死的難題。進一步追問其所以然的理由時，便成了思辨性的哲學思想，因此可說，宗教是哲學之母。

每一種高級的宗教都蘊涵了哲學思想，被稱為神學或佛學，或稱為宗教哲學。哲學的目的在探討宇宙人生的本源問題，若從一個本源又分出許多枝末的問題，對枝末問題的分科研究，便成為各門獨立的學科，大家稱之為科學。所以哲學又是科學之母。今天大多數人談的科學，是指狹義的科技觀念。

宗教可以涵蓋科學，科學卻無法說明宗教內容的全體性。科學只是從宇宙人生的某一部分現象，尋求到了一鱗半爪的根據，加以分析、研究、證明。直到今天，科學所得的結論沒有一項是絕對的，前一個人發明的定律，可能馬上又有另一個人把它推翻，所以科學比較合理，但卻也無從保證科學是最後的真理。

宗教的內容雖然包羅宇宙萬象，如果沒有哲學的說明，就顯得籠統含混，哲學雖然探討宇宙人生的根源，如果沒有科學的分工研究，許多細節問題便無法解決，而如果只顧科學上的分工鑽研，沒有宗教和哲學的整體領會，只能獲得一些局部的零碎知識，哲學的理論如果沒有宗教的體驗，也只是一種空洞的概念，從這層層的關係看來，宗教、哲學、科學彼此血肉相關，科學可以算是宗教的孫子，孫子要理解祖父，似乎尚有代溝問題，今天的科學家，有些甚至根本否認他們的祖父（宗教），但是真正偉大的科學家，往往又有虔誠的宗教信仰，只有一般初接觸科學的膚淺的科學家，既不認識科學的限制性，也不了解宗教的內容，才會盲目否定宗教。

科學所探討的領域雖然有限，為了適應現代人的需求，運用科學方法與科學精神來研究宗教思想的沿革，宗教歷史的演變，及宗教對人類文化和社會的功能，是勢所必須的，所以，宗教的本質雖然不能局限於科學，也不妨以科學來協助推展宗教。

二、佛教非為科學

近代以來，有好多位佛學的研究者提出過，佛教是不是科學、哲學、宗教的問題。有人認為佛教即科學、即哲學、即宗教，也有人認為佛教非科學、非哲學、非宗教。佛教究竟是什麼？我們不能僅執其一端，佛教確實具有科學的精神，佛教的最終目的，是在開發心性的智慧，解脫生死現象所帶來的種種痛苦，不在於探討自然現象，所以佛教本身具有科學精神，也能融攝科學的方法，但其宗旨不在達成科學的效果，從這一點說，佛教不否定科學，而又不是為了科學。

佛教是不是哲學？我們看佛教最早結集的一部經典——《雜阿含經》，佛陀在不同的時地，直接而素樸地宣說了修行的方法和目的，並沒有建立嚴密的思想體系，比如《佛說箭喻經》中記載，佛陀在世時，也曾經拒絕回答摩羅鳩摩羅尊者問的「世間有常，世間無常？世間有邊，世間無邊？命是身是，命異身異？有如此命終，無有命終？」等的問難，因為形而上的哲學思想不能真正解決生死的痛苦，故若遭受毒箭之後，宜急拔除毒箭，不必先問放箭者是誰？箭的構成是什麼？如果沒有修證，任何哲學上的思想架構，都只是空洞的戲論，雖然佛教的大乘經論中，也有圓滿的哲學體系，但光是了解理論上對宇宙人生的說明還不夠徹底，必須努力修行，才能夠消除煩惱的心念，因此佛教雖然有圓熟的哲學思想，但佛教的目的，不在要建立任何思想體系。

佛教是不是宗教？從宗教學的立場看，宗教必須具備三個條件：第一，肯定有最高無上的神，神是創造宇宙生命的第一因（這是指一神宗教，多神宗教不包括在內）；第二，確立神為信仰的對象，並相信神是全知全能，神有最高的權威可以支配宇宙萬物，尤其是人類的命運；第三，信仰者為了達到宗教目的，必須有禮拜或禱告的儀式。從這三個條件所產生的效果，便是宗教信仰的目的。而佛教並不完全符合這三個條件。第一，佛教不承認有第一因的存在；第二，佛教不相信有全知全能的神能夠支配一切，沒有神來為我們解決問題和負擔我們的所作所為；第三，佛教的根本精神不拘於任何儀式，在原始佛教中，最初並沒有設立任何儀式，甚至反對婆羅門教的祭祀典禮。在《佛說尸迦羅越六方禮經》中，曾敘述佛陀問一位名叫尸迦羅越的青年，每晨沐浴淨衣，禮拜六方的道理，對方回答說：「我是遵照先父的遺命而拜的，為了什麼則不知道了。」佛陀說：「我們也禮拜六方，不過，以奉事父母代表禮拜東方，以承事師長代表禮拜南方，以夫婦互敬代表禮拜西方，以照顧親屬朋友代表禮拜北方，以善待屬下代表拜地，以奉事沙門道士代表拜天。」這段經文的意思是：只要你對與自己關係最密切的人負責，就算是禮拜，不一定要臣服於任何高高在上的抽象的人格神或其他的偶像才算禮拜，可見佛教本來不重視儀式，但是後來的佛教，漸漸演變得有儀式，如受戒時有儀式，早晚上殿誦經，過堂吃飯等都有儀式，而且也有了信仰的對象，佛殿上供奉了佛、菩薩、護法神，因此有人問：佛教是有神論或無神論？是一神教或多神教？有人跑到廟宇一看，才進門就有彌勒菩薩笑臉相迎，大殿中央供奉了三尊大佛，兩旁分別侍立了大迦葉和阿難，還有許許多多的聖像、金剛護法、十八羅漢，琳瑯滿目，都是偶像，因此誤以為佛教大概是多神教的一種，這是西洋人最初接觸佛教的想法。事實上，佛教不是多神教也不是一神教，佛經中雖然有種種自然神的神名，也有宇宙唯一神的神名，那是為了吸收當時印度原有宗教的信徒，和其他外來宗教的信徒，不得不包容他們的信仰，但是大乘經中，把所有的神列入十法界的眾生之一，神沒有最高的權威，神也沒有絕對大能，神只是六道中福德比一般人高的眾生，一般人努力修行，福德增長了，生前即有神威，死後也可以成為神。而神的福報享盡了，同樣又會墮落。在《華嚴經》中，把宇宙自然現象的各種事物神格化，並且賦予不同的性格，而這許多不同性格的神，並沒有多神論的意義，他們只是佛陀悲心大願所化現及所攝受的眾生群相，由他們來護持佛陀的道場，莊嚴無窮的法界。

從佛陀的時代到現在，佛教已經傳布了兩千五百多年的歷史，多多少少變了質，佛教有儀式，也有信仰的對象，但第一因仍然沒有出現，所以佛教可以說它是宗教，也可以說它不是宗教。

三、佛教合乎科學

現代的科學文明發源於希臘，經過西元十六世紀文藝復興運動的推展，到十八、九世紀的工業革命運動才告完成，隨著西洋文化的東來，科學技術輸入東方，雖然東方文化早期也有科學發明，畢竟不像西方文化的科學成就，影響了整個人類社會結構的變遷，所以近世的科學文明，是西方文化的產物，我不想說印度或佛教對科學有過什麼大的貢獻。

佛教為了適應現代的社會型態，很多人想盡辦法，希望藉科學觀點來解釋佛教的道理，但形而下的較底層次可以用科學來解釋，甚至證明；更高一層的宗教體驗，無法用科學來說明，如果一定要拿科學的觀點來比附佛學，會有牽強附會的毛病。

佛經中有某些記載，我們不能說它是渣滓，或不合理，而是佛教為了適應當時的環境需要，為了攝化當時印度社會中的人，由於在佛出世以前的印度早已有他們自己從古以來的傳說和信仰，為了投好他們，佛教便假藉古來的傳說去解釋天文地理及自然的現象，但這畢竟不是佛教的重心所在。

所謂佛教合乎科學的是什麼呢？是佛教的中心思想、根本的精神，也就是釋迦牟尼佛成佛之時他所發現的東西，那就是因果和因緣的道理。因緣說明空間的現象，因果說明時間的經驗。時間加空間就是宇宙。我們整個的宇宙從時間來看是因果，從空間來看是因緣。因緣是相互間的關係，稱為互為因緣，並不能固定說哪一個是永恆的因，哪一個是永恆的緣。沒有第一主因而互為第一主因，也互為他因的助緣，互為主伴，或互為賓主，沒有第一因的最高無上的主。比如今天我們來看看這個會場，究竟哪一個是第一因？若從現在很短暫的時間上來講，第一因是李玉階先生，由他發起推動，發揚各宗教的哲學思想，所以他成立了這個「中國宗教哲學研究社」，而有今天的講演會，所以第一因是李玉階先生。若從深一層來看，就不是了。因為生於這個時代的在座的諸位，有這個要求，所以李玉階先生有這麼一個構想出現，因此第一因是在座的諸位和共同來推動這個運動的每一位成員，如此說來，李玉階先生便成了這個講演會的一個助緣了。貴社成立以來，至少已經有了六次的公開演講，我們這六個主講人都是主因，也都是助緣。沒有主講，不成為講演會，而每一次演講如果沒有聽眾，演講的人，便不必講了，故以聽眾為主因，演講的人就成了助緣。常有人認為因「我」一個人的福報大，所以你們大家沾了光，因

「我」一個人有辦法，所以你們跟著有辦法。這種說法跟佛法所說互為因緣的道理是相違背的。

再說這個世界的自然現象，任何存在的東西，都是由各種因素配合而成的。以這座講堂來講，有桌子、椅子、講台，還有音響設備，這座房子的構造，是由水泥、鋼筋，再由木工、水泥工、工程師設計，這在佛教稱之為眾緣和合。其主因，可以說是主持其事的負責人或發起人，也可以說是一切促成它及利用它的每一個人。所以做為一個偉大的領導人，他一定會說一樁大事的完成，是靠有關人員大家的力量，誰都不能一隻手把天撐起來的，需靠大家的護持，眾緣助成。社會現象如此，自然現象也是這樣。生理現象是如此，心理現象也如此。我們身體的構成，佛法裡面稱之為四大假合，四大即是地、水、火、風。凡是堅硬且有阻礙的東西，例如骨骼等叫地大；流動的液體，例如血液、汗、尿等叫水大；溫暖的熱能，例如體溫叫火大；浮動、飄蕩、遊移的，例如呼吸等叫風大。如果一旦四大分解或離散之時，人身也就不存在了。再從我們的心理上來講，構成「我」的這個觀念也是從因緣來的。「我」是由「我的」而來，例如我的身體、我的事業、我的家庭、我的聲望、我的財富、我的名譽、我的信仰、我的思想等，如此眾多的「我的」為緣亦為因，所以構成了「我」這心理的主體觀念。如將「我」這個主體觀念的心理現象，徹底分析一下，除了「我」與「我的」互為因緣之外，並沒有一個實際不變的我在那裡，這是從因緣的觀點來講，佛教是合乎科學的。再從時間的觀點來講因果的道理，比如昨天看了報紙知道某人在某地演講，那是因，今天到這裡聽講，這是結果。現在你們在這裡聽講是因，聽後所產生的反應是果。我每講到因果時，常喜歡畫這麼一條十字線：

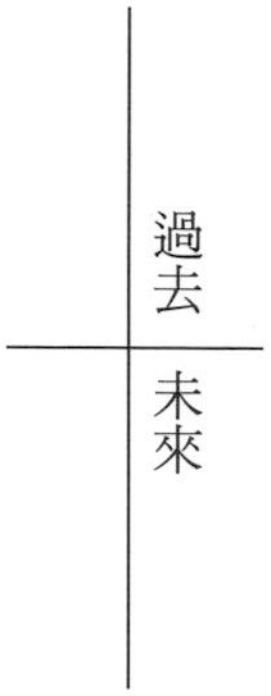

橫線以上是過去，橫線以下是未來，橫線只是直線的切斷處，請問現在在哪裡？沒有現在。再看我現在這一串念珠，上面算是過去，下面算是未來，把它一刀切斷了，現在便不存在，只有過去和未來。過去已成過去，未來尚未出現，所以也是沒有。但是從一般人的感受上說，現在是有的，過去和未來也是有的，所以稱為三世因果說。

過去是現在的因，現在是過去的果，現在同時又是未來的因。故由於過去的錯誤，招致現在的失敗，由於現在的努力，會導致未來的成功。例如中國的古人說：「積善之家必有餘慶，積不善之家必有餘殃。」便是因果觀念，這是父傳子、子傳孫的因果。西方的宗教也說我們有原罪，因為人類的始祖吃了禁果，而犯了罪，所以代代子孫就有了原罪，不信者便得下地獄，受苦果。這跟中國的因果觀念有點相通。至於佛教，一方面接受這個父子相承的因果觀念，一方面更相信以個人的前世、今世、後世的善惡報應來警策大眾。但是三世因果的道理，又不能使得其他宗教所接受。事實上，所謂三世因果，就是講三個時間。若想通過生與死的界限而談因果就要講三世。孔子說：「未知生，焉知死？」不談生前和死後的問題，他也沒有說一定是有或沒有生前與死後。然從歷史的事實看，有許多例子，好人未必有好報，惡人也有善終的。這就必須以佛教的三世因果說來解釋了。人類之中，千萬人中，難得有一個人能夠記得生前和預知死後的事。但是，我們從理論上推想，從實際的需要上，必須通過三世因果觀念，才能使人們心理感到平服。

事實上，所謂不如意之事十常八九，不公平的事也數數皆是，要在這一生之中取得公平，很不容易。如果不以三世因果的觀點做疏導，便會引起怨天尤人、你爭我奪、嫉妒、瞋恨等等的種種煩惱了。

假如你能夠相信，除了今生，曾有前生；過了今生，尚有來生。如果把整個的生命之流，比作長江大川，今生所占的有限時間，不過像在長江大川裡畫一條橫斷線而已，為什麼你故意忽略了過去那麼長的生命過程，又不願展望你的未來，還有很長很長的生命前途，而僅計較你現在這一生中短暫時間的遭遇？「三世因果」是否合乎科學？答案是肯定的，因為它是合乎邏輯的，若以經驗邏輯的尺度而言，涉及生前與死後的三世問題，便不能說是合乎現代科學的標準了。佛教只能告訴你合乎邏輯的理論，至於生前與死後是要你自己通過修持的經驗來證明它了。因此，我只想說佛教合乎科學的觀點，不想強調佛教即等於科學。

在此我要指出存在於宗教及科學之間的兩個問題：佛教從因緣論的立場，否定了神的創造和主宰之權威，從三世因果的立場，糾正了由於自然科學的發達而趨向於空前絕後的唯物論。一般宗教的偏差，在於強調神的權威而抹煞了人類各自的自主精神；自然科學的偏差，在於強調自然物理現象的影響力而落入唯物思想的陷阱。此由於一般宗教不重視因緣的道理，也不能接受個別個人的三世因果的觀念；自然科學雖能承認因緣的法則，但卻不能接受生前與死後的因果思想。殊不知佛教的因緣論，能使人不自私不自大，佛教的因果說，既能使人甘於面對現實，接受逆境與順境的果報，且能使人對於未來的前途，抱起無限的希望。

四、佛教重視科學

《菩薩地持經》第三卷記載「五種明處，菩薩悉求」，在《大唐西域記》第二卷也說到「七歲之後，漸授五明大論」，足見佛教對五明的重視。在印度及西藏地區，進入寺院出家的僧侶，或準備做宗教師的人，從小就要學五明——聲明、工巧明、醫方明、因明、內明，這五種明，相當於中國的六藝——禮、樂、射、御、書、數，其中的內容大部分合乎現代所謂的科學，可見佛教本身很重視科學，那麼，五明又是指什麼？

（一）聲明：指語言學、文字、訓詁、辭章、音韻、音樂、聲樂等。

（二）工巧明：指工藝、技術、數學、物理、化學、工程、建築，並包括陰陽曆數、山川地理等天文學和地質學在內，如果從實用的立場說，就是科學技術、機械動力、物質建設，這些都可以算是工巧明。

（三）醫方明：指醫療、護理、藥劑、針灸、禁咒等治病的方法。在印度及西藏的許多出家人，必須學醫方明，精通醫術，因此有許多出家人會替人治病。

（四）因明：指邏輯學，中文又叫論理學或理則學，在我們中國古代的哲學家裡面，墨家有邏輯學，名家的公孫龍也有一套辯證法；在希臘的思想史上，傳統的三段論邏輯，可以和因明的三支論式相比，這些都是訓練推理思考的基本方法，在印度、西藏的出家人，把因明列為必修課目，而且必須經過考試及格，才能正式成為一個佛法的研究者，因為他受過邏輯訓練，寫出來的文章才會條理井然，他和外道展開辯論的時候，也才不會犯思想推理上的謬誤。

（五）內明：可以分作兩類：第一是中國佛教界通稱的內學，又稱「內術」，《菩薩善戒經》卷三說：「內術者謂十二部經，菩薩摩訶薩為二事故求十二部經，一者知因果，二者作業不失，不作不受。」

第二是從印度文化的立場看，內明是五明之一，五明並不是釋迦牟尼佛時代才開始有的，在佛陀以前，印度社會中受過高等教育的讀書人，都必須經過五明的訓練，據說佛陀未出家之前，曾經學過五明，在那個時候的內明，梵語 adhyātma-vidyā 意思是元始、至上的神我之學，在原有的婆羅門教中，內明是指四種《吠陀》——《梨俱吠陀》、《莎摩吠陀》、《夜柔吠陀》、《阿闥婆吠陀》。因此，在印度各宗教對其自宗的教典，即稱為內明。

前面講過，《菩薩地持經》強調學佛的人必須兼通五明，從《根本說一切有部毘奈耶雜事》卷六也可以看到，佛弟子除了修行佛法以外，每天宜抽出三分之一的時間來學外典——五明。為什麼佛教這樣重視科學？如果沒有聲明，語言文字不發達，佛法不能廣大傳播；如果沒有工巧明，建築物沒辦法建造，從古以來，世界上最偉大、堅固、莊嚴的建築是宗教建築。如近代印度挖掘古蹟，挖掘出來的有祇園精舍、竹林精舍、那爛陀寺等的寺基結構，這些古建築的規模固然雄偉，從它的建築材料和技術看來，也都非常高明。我們中國的雲岡、敦煌、大同等石窟的雕刻、建築、藝術，都有不朽的價值，印度同樣也有，西元前第二世紀遺留迄今的桑佉（Sāñchi）塔的雕刻，犍陀羅地方的石像，及西南印度的洞窟精舍阿姜塔（Ajanta），其開建的年代，由西元前二世紀至西元後第六世紀，前後連續了幾乎八百年；另有柬埔寨在安哥王朝（西元八〇二——一四三二年）時代遺留下來的吳哥窟（Angkor Wat）及巴戎寺（Bayon），均係偉大的石材建築與雕刻藝術品，這些大多數是出家的僧侶著手興建的，不是從理工學院畢業的工程師，或藝術學院畢業的畫家和雕刻家，因為學了工巧明，能夠把佛教的建築藝術留傳下來，他們當時的建築情形，現在我們已經看不到，但他們技術的純熟，造型的優美，都令我們驚歎。

現在我們來做個簡單的歸納：聲明、內明、因明可以算是人文科學；工巧明、醫方明屬於實用科學和自然科學。佛教雖然一開始就很重視科學，佛教的根本旨趣卻不是為了達成科學目的，佛教重視科學，是為了輔助佛法的闡揚，出家人學會了五明以後，可以行菩薩道，建設人間，救人救世，學佛的人如果沒有種種知識技術，生活便和社會脫節了，所以「道」和「術」必須並重，道無術不行。現在有些人把這個「術」字曲解成心術，用來形容心機很深、城府很深，或者說玩弄手段，實際上道術的術是指科技方法的意思。

道無術不行，我們要傳道，必須要有「術」做橋樑，最初佛法從印度傳到中國來的時候，傳教的僧侶帶來健身和醫病的方法，在座成一法師是中醫藥物學會的理事長，不知道有哪幾種中藥是從西域傳過來的？相信有不少藥用植物是中國原來沒有而從西域傳來的，因為目前印度、歐美流行一種新醫學，是用植物和礦物配製的藥，其中有些植物我們中國尚沒有。

從古以來，東、西文化的交流，最初往往隨著宗教做媒介，傳教師和商隊一起越過沙漠或漂洋過海，從印度到中國，或從中國到印度，透過佛教，達到文化交流的效果，即使在日本也有這種情形，到日本傳教的中國高僧，曾教日本人做豆腐、喫茶、種茶等，都是事實，以上所舉的例子，只在說明一點：「道無術不行。」佛教行菩薩道的人，一定要配合五明，兼學科學，來輔助弘法。

五、佛教的研究方法必須科學化

近代的中國佛教，明末清初，尚有若干人才，稍後由於洪楊之亂，而使東南各省的佛教，遭到毀滅性的摧殘，從唐、宋以後，佛教的精華，大致在南方，故在太平天國之後，佛教的元氣大傷，佛教的人才凋零，僅僅是苟延殘喘地維持著一個軀殼而已。一直到清末民初，楊仁山居士在英國觸及現代化的佛教思潮，回國後創立祇洹精舍，培養青年人才，太虛大師及歐陽竟無居士，即是當時的學生，由於他們的努力而有今天的中國佛教。先師東初老人是太虛大師的學生，我是太虛大師的第三代。

其實，自古以來，研究佛學的學者，雖然都是為信仰的目的而非為了學術的目的，但他們從事於佛法的研究之時，必須具備科學的精神，此可溯源到佛陀入滅以後的印度，漸漸地就有人對很多的經和律的內容，加以分析、研究和歸類，完成了一部一部的論書。有了大眾部和上座部以及其再分裂的各部派佛教的分張，後來印度又產生了大乘佛教裡邊的空宗和有宗的論書，都是採用科學的方法來整理佛教的教義教典而完成的東西。所以，以佛學的尺度來講，從印度開始，就沒有離開科學的方法。又如隋、唐時代的天台四教判及華嚴五教判，都有非常精密的方法論做基礎，近代中國以科學方法研究佛學的人，有梁啟超、胡適及歐陽竟無和他的門下諸學者，其中梁啟超是受日本研究的影響，胡適是受杜威的影響，歐陽竟無是傳統的唯識學立場。因此，他們三人可分成三型：梁式是佛學的；胡氏是歷史的；歐陽氏是學佛的。唯識本身就是一門組織精密的學問，故其雖出之於信仰，仍不違背科學的精神。以出家人而言，可舉兩個人做代表：一是太虛大師，一是現在的印順法師，他們對於佛教都做了系統化的研究。太虛大師以中國佛教為本位，綜合全體佛教；印順法師以印度佛教為本位，綜合全體佛教。他們兩位，同是站在學佛的立場，前者偏重於信解的疏導，後者則較重於思想史的整理。太虛大師遍讀近代的中、西各家哲學書，訪問過日本及歐美各國，同時受到西藏佛教重方法重邏輯的影響。印順法師，雖未留學日本，他的基本思想也異於日本學者，但他早年讀過不少日本學者的佛學著作，故到他的晚年，所寫諸書的方法論，是採用日本的。

近代的日本佛教學者，所用的科學方法，是從歐洲來的，因在明治維新以後的日本，佛教不受重視，尤其政府的政策，對佛教極為不利，故其各宗，特別是淨土真宗，首先派遣優秀的青年僧侶到德、法、英等國去留學。當時的歐洲諸國，已有不少學者以科學的方法從事東方哲學、東方宗教學、東方語言學的研究而研究佛教，有了相當成績，這些日本青年學者學成回到國內以後，就開發了現代日本佛教學術研究的風氣，把研究佛學的工作帶進了大學的研究室，佛教本身也創辦了十數家合乎國際水準的大學。因為掌握到了科學的方法以後，研究的工作做來非常順利，現在已可從宗教的、歷史的、社會的、人類學的、語言學等各種角度來研究佛教了。

有好多人常常嘆氣說：「《大藏經》浩如煙海，何年何月能夠看完？」有望洋興嘆的感覺，其實如果有了方法以後，就不必擔心了，科學的方法，等於給你一串鎖匙，你可以逐一啟開佛學中的各個問題之門，結果你便能夠洞察佛教的全貌了。不過很遺憾地，從科學方法的運用，研究的成果是屬於考據、比較，整理出佛教的歷史文獻，卻很難產生佛教的大思想家或大宗教家。歐美的佛教學者，大多是在語言學上下工夫，日本的佛教學者，則是在文獻學上的貢獻較多。但是他們的研究對我們的社會是有用的，能夠告訴我們佛教對人類的歷史文化，產生了多大的影響？在人類的思想文化史上，占有怎樣的地位？佛教裡邊有多少東西是吸收了異民族的思想文化而形成的？又有哪些事物是隨著佛教的傳播帶到各地，又在各地及各個時代產生了怎樣的新現象？由此而知道何以日本佛教不同於中國佛教，中國佛教不同於西藏佛教，也不同於印度佛教及南方各國的所謂南傳佛教。同時，也可推想到佛教對未來人類社會和實際的日常生活，將會產生多少作用和貢獻。然而在古代的印度及中國隋、唐時代的高僧，採用比較的方法及邏輯，來整理佛教教義的目的，是為了產生新的看法，是思想的，不是學問的。在印度有小乘的部派之爭及大乘的空有之爭；在中國則有天台的四教判及華嚴的五教判之別，互爭自宗是最上的究竟法門。這些都是由於他們用分析、研究的方法而得到的結果，對於佛教的發揚光大，有著無比的功德。

再就修行的方法而言，也需要用科學的方法來整理，佛所說的經典，目的在於教人如何修行，但是佛經多，修行的方法也多，號稱眾生有八萬四千煩惱，故也有八萬四千法門，究竟從哪一門進入？如何以最快的速度進入？卻很少有明確的指示，譬如修淨土的念佛法門，要求修到一心不亂，至於怎樣在最短期內達成一心不亂的目的？則很難捉摸了。又如禪宗講明心見性或見性成佛，禪宗的公案語錄，講古人參禪而開悟的實例，但是，光看公案和語錄，絕對不能使你達成見性或開悟的目的，又在許多佛經中記述佛陀每以簡單的幾句話，便能使得當時的聽眾，各證聖果，我們縱然看了許多佛經，或將同一部經讀了又讀，為什麼不能證得聖果？佛教徒對此唯一的解釋，是佛在世或古代的人，善根深厚，所以容易得道，現在末法時代的眾生，善根淺，罪業重，所以修道的少，得道的更少。我要告訴諸位，請不要這麼想，佛經裡面有很多的東西，已明明告訴了我們修行的方法，只是由於語言文字的障礙，使我們不能明確知道是在講什麼。假如能把許多的經典中所說同類或異類的修行方法，加以綜合分析的研判工作，不難整理出修行方法的層次和類別，再加以精確化與簡單化，便能使我們在很短的時間內級級向上，達到類似佛陀說法時或古人的目的。所以，如果你能遇到一位高明的師父，教你修行，在短短一星期之中即可得到益處，而使你的人生觀煥然一新，使你的氣質大大地改變。不過到目前為止，學者們僅將科學的方法，用於佛教史和教理等的研究，對於修行的方法，做為科學研究的人還很少，原因是如果你願意從事這項工作，你必須要用很多的時間來試著修行你所研究的修行方法，否則依舊無法真正理解到那些修行方法的正確性和有效性。

六、佛教的修行方法必須有科學根據

佛教的修行方法，必須要有科學根據，不能賣弄神奇古怪，宣傳神祕經驗，強調神通，也不要自稱修行能夠見神、見鬼、見佛，甚至入定出神、羽化登仙、白日飛升，這些不尋常的現象，很多書中都曾提到，但不要從神奇的觀點去解釋它，也不要刻意去求神奇，因為修行佛法的目的，在於開發智慧，而不是求神異的奇蹟。

從佛教修行方法的過程來講，有四個階段——信、解、行、證。

「信」是信自己，信三寶（佛、法、僧）。先說信自己，在其他的宗教，大都以信神為主，不管是信多神或一神，心理有煩惱了，到神前禱告；生理有了病痛，到神前燒香，請包香灰，或求支籤回去。以信神為主，不信自己。把自己的命運，完全交給他們所信仰的神，這種情形看來可笑，實也可貴！一個人能夠信神信到這種程度，心理上一定感到平安、落實，他走夜路的時候，雖然面前一片黑暗，總覺得背後有個大力者保護著他；他雖然跌了一跤，或受了挫折，也會覺得背後有一股大的力量支持他，對於沒有自信心的人，有一個信仰的對象可以依靠，對他有幫助，總比心慌意亂、魂不守舍的人來得幸福。

但是，佛教不只要信心外的對方——佛、菩薩（聖僧），也要信自己。如果自己沒有自信心的話，信對方沒有用，自信信他，才能夠「感應道交」。求者自己有感，心外的佛菩薩始有應，有誠心就是感，誠心產生力量就是使得內在的自己和心外的對象，彼此之間互相交通。因此佛教是講雙線的，不是單線的，是主體和客體的互相對流、互相交絡，所以佛教要相信三寶，也要相信自己。

「解」是了解修行的方法，我們對修行的方法沒有明確了解以前，盲修瞎練，是很危險的事。每一種方法，背後一定有它的理論根據，才不算是迷信。沒有理論根據的修行，最好不要碰它。

中國的天台宗強調教觀並重，即是說明理論的目的，是在教你修行的方法；在教修行方法的同時，必須告訴你修行的理論。

「行」包括戒和定，持戒修定能使我們的身心平衡健康，恢復正常的狀態，講到這句話，可能在座有人不服氣：「我是很正常的人，怎麼說我身心不平衡、不健康？」告訴諸位，沒有一個人從生到死，身心絕對保持健康的，不是身體有毛病，就是心理有問題，身心完全正常健康的人在這個世界上很少。持戒，能使身體不越軌，修定能使得心地開朗。

修定不是死死板板，呆坐不動，大乘佛教的定是不動妄念而活潑自在，所謂自在，就是無拘無束，無罣無礙，不動不搖，不受外在的種種現象所引誘、干擾，不被五欲所影響。

修行有正行也有助行。持戒修定是正行，布施是助行。布施有三種：一種是經濟的援助，叫財布施；二是智慧的啟發，叫法布施；三是精神的支持，叫無畏布施。

至於正行的修定，可有很多方式，主要而且容易得力的是打坐，但修定必須要有老師指導，自己盲修，可能產生生理上的不良反應，心理也會出問題。因為修定到了某個程度，身心會產生變化，從修行的過程而言，有變化即等於效果，唯由於這是反常的現象，有了老師的指引，你才會順利通過一個一個的階段。有人說修定會「入魔」，佛教將魔分作煩惱魔、五蘊魔、死魔、天魔。其實初心修行者，不可能有天魔來擾亂，那僅是心理的煩惱，使你產生幻覺與幻境，普通人集中注意力在某一件事物上，久之，也會產生不同尋常的感覺，因為心定下來以後，潛意識中隱藏的許多印象便會浮現出來，所以打坐的人，會看到一些自己過去見過，或是見過而忘記了的人和事物。有時也會見到一些從未見過的人和事物，這好像鏡面略有不平，反映出來的影像就會變形。

有些人打坐到了某個程度，他會漫遊天堂或地獄，不過，中國人看到的天堂裡，都是中國人，西洋人看到的天堂裡，充滿洋人，而洋人看到的地獄裡，都是西洋鬼，中國人見到的地獄裡也都是中國鬼，這種現象，從宗教的心理經驗上講是真的，是有用的，他至少相信因果，知道警惕，相信行善的升天堂，作惡的墮地獄。

但從佛教的修行層次來看，這種由修行產生的幻境，層次很低，不足為喜，應該揚棄了它，才能更上一層。有很多人頗重視自己的這種宗教經驗，他修行的時候見到佛、菩薩，禮拜的時候看到佛來給他摩頂授記，打坐的時候聽到佛來為他說法，嚴格說來，這些都是幻境，不是真正的佛，不值得重視，否則便會成為修行的魔障了。最初學打坐的人所見的幻境，有的像照片似地，靜態的，有的像電影似地，動態的，這是由於心念靜止程度的深淺而異。當然，我們不能否認超經驗的心理活動，例如預知某些事象的發生或直覺地由心中反映出某些已發生或正在發生的事物而自己並不在那個現場。這是心力靜止並集中到某種程度時的自然現象，請不必否定它也不必太重視它，否則便不是學佛，而學的是神鬼和精靈了。

對於幻覺和幻境的發生，我常用夢境做比喻。我們睡覺的時候會做夢，做夢往往是在欲醒未醒，好像睡著了，又沒有睡著，好像醒了，又沒有醒的時候才會做夢，真正睡熟了不會做夢，修定也是這樣，好像定下來了，事實上又沒有定下來的時候，幻覺就出現了，真正入了定的人，不會有幻覺與幻境，應付幻覺與幻境的最佳方法是不必討厭它，也不要喜愛它。常人往往害怕恐怖的幻境而貪愛宜人的幻境，修定者如果有了欣求佳境、厭拒惡境的心理，都會惹來修行上的障礙。唯有置諸於度外，才是安全的修行之道。有人錯將幻覺與幻境，當作證入聖位的經驗，那是很不幸的。

「證」是從修行中產生的結果，是指智慧的開發。從修定的基礎而產生超知識的領悟，我們稱之為智慧，叫作開悟。

智慧是一分一分得到的，很少人能一下子就大徹大悟。智慧的功能在於斷除煩惱，煩惱一分一分地斷除，智慧的光芒就一分一分地顯露出來。

煩惱來自四方面：生理的、心理的、社會環境的、自然環境的，在這四方面中，以出自心理的煩惱為主。心不寧靜，煩惱就多，所以解除煩惱，要從修定的工夫做起。

七、佛教的內證經驗是科學而超科學

佛教的內證經驗，可用科學的方法來解釋的，只有一小部分，科學只是一種分工的知識，不能解答宇宙全體的真相。何者可以用科學解釋？何者又超越了科學的領域？以下分三個層次來說明。

第一，小我的階段：這是人的佛教，是一般人都能了解和接受的境界，也就是內在和外在二元或多元的信仰範圍。

所謂內在的信仰範圍，是以「自我」為主體，這個內在主觀的「自我」和外在客觀的世界相對，從宗教體驗的意義上說，內在主觀的「自我」體認了「佛」或「神」，心內便有佛或神的存在，而心內的佛是「我」自己，神也是「我」自己。相對於心外的客觀世界，心外也有佛、神，心外的佛不是我，神也不是我，但是因為我內心有佛有神，所以能和心外的佛或神相感通。

我常說：「心內有鬼，心外才有鬼。」心外不只有鬼，也有佛、菩薩和神，這是心外有多元的信仰對象，心內也有多元的信仰意象。如果你心內不相信有佛、菩薩、鬼、神的話，心外的信仰對象對你不會產生作用，心內有了鬼胎，心外的鬼才會有作用，即使心外沒有鬼，你心內的鬼也會纏上你。這是內在和外在相對的宗教效驗，最初信神、拜佛的人，大都落在這個階段上。

從宗教經驗的立場來說，心外的神與佛是有的，所以有感應，「感」是內在的主體，「應」是外在的客體。

不必追問：究竟外在有沒有實在的神與佛？如果你內心相信一定有神與佛，那麼神或佛就會對你有作用，這是很科學的講法，也是很安全的講法。

我時常說：「有信仰的人比沒有信仰的人好。」你相信什麼宗教都好，迷信也好，迷信比什麼也不信要好一點，能夠進一步用理智去選擇信仰當然更好，我們稱它為正信。

為什麼說迷信也好？你相信有神，而且相信神會幫助你，至少你會有安全感。有時候你遇到很大的困難，在萬不得已的情況下，到測字攤去測字，或到神前求籤，結果，裡面有一、兩句話對你有用，於是你心裡有一條路可以走了。在你徬徨無主的時候，在你不知怎麼辦才好的時候，到神前求個籤，得到啟示，你就解決了你所面臨的難題。而且籤是你用什麼心境去解釋都可以的，有上上籤，也有下下籤，下下籤不一定就是不好，假如你是意志不夠堅定的人，想要做一件事，結果抽到下下籤，叫你不要做，你決定不做了，你心裡就不會再胡思亂想，就不會再煩惱了。這是心內有所求，心外有所應，這種情形對一般人是有用的。

內在的主觀心內有所信、有所求、有所感，外在的客體有所應，這是小我的層次，是主客相對的層次，在這種情況之下會產生兩種心理狀態：一是祈求，一是恐懼。恐懼是外在引起的，俗語說：「無家鬼不死人。」內心沒有鬼，你就不會被外在的鬼嚇死，所以無神論者心裡很平安。無神論者對鬼神一概否定，他的心裡無恐懼。雖然無神論者心裡不怕鬼神，必須要意志很堅定、知識程度很高、自信心很強的人才行，一般意志薄弱、情緒不穩、自信心不夠堅強的人，不能做無神論者。

這種內在和外在相對的情形，有兩種現象：一是相信自己內在有佛有神，外在也有佛有神。另外一種雖然相信內在有佛有神，外在是不是有呢？他既不敢肯定，也不否認，這是經驗問題，已經有宗教體驗的人，或從宗教體驗中得到益處的人，他能夠相信外在有神，沒有這個經驗的人，他不敢相信，只是看別人相信了，自己也跟著相信，聽人家說某個地方的神很靈，自己也去求一求，試試看。這是普通一般人的信仰現象。

第二，大我的階段：大我的階段，是天的佛教，這是內在世界和外在世界消融為一，宇宙和身心合為一體的境界，達到這個境界，是從禪定、禮拜或祈禱的修持中所產生的效果，如果集中精神在一件事物上，到了身心一致、廢寢忘食的程度，也能有這種體驗。所以除了偉大的宗教家以外，偉大的哲學家、藝術家、慈善家，都有身心與天地同體的生命氣象。

天人合一的境界，從體驗的深淺看，有兩種現象：一種是暫時性的，暫時打破小我的私欲，在一段有限的時間內，能夠保持身心與天地同體的和諧，但當你遇到煩惱的時候，又產生了衝突和矛盾，會再落入物我相對的階段，經過一段時期的修養以後，你又可能昇入物我合一的境界，這是我們在人間修行常有的現象。另外一種是已經生到天界，能夠恆常保持天人合一的狀態。

內在世界和外在世界合而為一，稱之為大我。為什麼叫大我？小我的一切自私自利的欲望消除了，我就是大眾，大眾就是我，我就是一切，一切與我無異，我的身心和宇宙同等高深、同等博大，到了這個境地，身心的感受非常地光明、清涼、和諧，朗然如麗日中天，廣大如虛空無涯，這個時候的心量，能夠包容一切，沒有惡的念頭，內心充滿喜悅和慈愛。如果從更高一層看，喜悅也是煩惱之一，不算究竟，但是一般人能達到這個程度，已經算很不容易了。

達到天人合一的境界，一方面有載育萬物的心懷，有改革世界、拯救人類的抱負，一方面也可能不自覺地產生自大驕慢的態度，自認為是宇宙萬物的代表，自己已經是人格化的神，或是神的使者，可以代天行道。所以到了這個境地，會有兩種生命型態出現：可以為大善，也可以為大惡。

可以為大善的生命典型，就是悲天憫人的大宗教家，或大慈善家，他覺得宇宙一切生命、一切人類，都是與自己心性交關，人我同體，他愛護一切的人，如同愛護自己，視一切人為自己的化身。

可為大惡的，我們叫他魔王，他的魔境一出現，便自大自狂，自覺有權可以支配宇宙，宇宙就是他自己，一切違背他意願的，他也有毀滅或生殺予奪的權力，這種人具有彌天彌地的權力欲，是個主宰萬物的大獨裁者，如果他一生落魄，會流於狂誕，如果他掌握大權，可以造大惡，宗教史上的大迫害、大屠殺，都是基因於此。

可以為大善的，我們稱他為神；可以為大惡的，我們稱他為魔。從佛教的根本立場來看，到了這個程度的人，如果要引他再進一步，必須用「因緣法」把他從天的境界引出來，宇宙的一切是因緣互相資成的，不是你一個人創造的，你是宇宙的全體，所有的人也是宇宙的全體，每一個人、每一件事物都是平等的。我們用這種互為因緣的思想觀念，把他從天的境界引出來，而進入第三個階段。

第三，無我的階段：無我的境界，是內外世界一齊消融，可以分成兩種：一種是小乘，一種是大乘。從小乘來講，就是解脫了生死煩惱，不再輪迴六道；從大乘來講，他一面求自己生死煩惱的解脫，一面幫助別人脫離煩惱，他有大智慧、大悲願，能自由自在出入生死，活躍於人群中，幫助眾生脫離生死，而這一切都是從因緣法來的，所以因緣和因果，是佛教顛撲不破的道理。

以上三個宗教體驗的階段，第一個小我的階段，可以用心理學原理和心理分析法加以解釋，是可以獲得科學根據的。第二個大我的階段，就不容易用科學來說明了，但是可以用哲學理念來了解。第三個無我的階段，不能用任何理論加以解釋，必須親自有了這種體驗的人才能了解。

（一九七八年十二月九日講於淡江文理學院中國宗教哲學研究社，芥子、杜正民居士錄音整理）

印順長老的護教思想與現代社會

印順長老的著述之多而且廣，在世界佛教史上是難得一見的，但他既不是為了做學問而著述，也不是為了生活負擔而煮字療飢，更不是為了求名眩世而寫作，乃是為了正法住世，為了正本清源，為了闢邪顯正，為了向我們這個時代社會，指出何者是正確的佛法，何者是被人扭曲了的佛法。由於不斷地出現各式各樣的相似佛法，乃至以非法為正法的現象，以致印順長老也有了各個層面及各種焦點的論作，好像泉湧似地滔滔不絕。這是我們在討論印順長老的思想之時，所不能忽略的事。

印順長老主張「從適應現實中，振興純正的佛法」❶，「復興佛教而暢佛之本懷」，「立本於根本佛教之淳樸，宏闡中期佛教之行解，攝取後期佛教之確當者」❷。而他一再表示：「佛法是宗教，佛法是不共於神教的宗教」，「俗化與神化，不會導致佛法的昌明」，「非鬼化非神化的人間佛教，才能闡明佛法的真意義」❸。

印順長老對於佛教由純而雜的轉變過程及其類別，曾做如此地剖析：「如從人間成佛而演進到天上成佛；從因緣所生而到達非因緣有；從無我而到達真常大我；從離欲梵行得解脫而轉為從欲樂中成佛；從菩薩無量億劫在生死中，演變為即身成佛。」「泛神化的佛法，不能蒙蔽我的理智，決定要通過人間的佛教史實而加以抉擇。」「確認佛法的衰落，與演化中的神化、俗化有關。」❹這一段話，似乎指的是印度晚期大乘的密教，其實到了中國的佛教，因方便採用儒、道諸說，出現了三教同源說而混淆湮沒了純淨的佛法；同時歷代輩出的附佛法外道，也援用佛學名相的佛經佛語來表達神化、俗化的宗教理念。

印順長老所見的佛法，他一再表示是人間化的，他說：「希望中國佛教，能脫落神化，回到現實的人間。」他曾寫了、講了不少篇有關人間佛教的文章❺，到了一九八九年八月還出版了一冊《契理契機之人間佛教》。印順長老未反對修行及修證之說。但他主張：「理論與修證，都應以實際事行的表現來衡量，說大乘教修小乘行，索隱行怪：正表示了理論與修證上的偏差。」❻他又說：「依戒律的觀點，佛法並不重於個人去住茅蓬修行——這是共世間的。」❼人間化的佛教是以常人的生活，用佛法的心行來淨化自己影響他人，不是光說不做，也不是逃離世間，更不是神祕化其言行。

印順長老又說：修行及開悟，當然是好事，「在內心當中或身體上，得到些特殊經驗，宗教的終點，就是要靠這種特殊經驗」。但是「單講修行，並不一定就是佛法，世界上各種宗教都有修行呢！」又說：「現在有些人，稍為修行，就說前生後世，說神通，這不是真正的佛法。」「佛老人家，生在我們人間，主要用教誡來引導，不是侈談神通，因為外道也有神通。用神通來建立佛教，佛教就和外道一樣了。」❽可見印順法師處處不忘為我們指出：人間化的離欲法，非神化非俗化的清淨人間法才是佛法。

從印順長老為了復興佛教暢佛本懷的出發點看，他雖欲與世無諍，卻又不得不辯護。不是為他自己辯，乃為正法受到了歪曲，故挺身而出，終身都在找人辯論，找今人辯，也找古人辯。其中較具代表性的，至少有如下幾種：

（一）〈評熊十力的新唯識論〉：指出熊十力未以佛法來處理唯識思想，乃是以滿足哲學本體論的求知欲為目的，故有「融佛之空以入易之神」的基本錯誤，乃為假想的玄學，其根本在於「援佛入儒，揚儒抑佛，不出理學者的成見」。又指出：「新論所會通的般若空寂、破除情見等，到底是儒家沒有什麼說明的，新論即以『莫須有』的辨論法來掩飾。」熊氏以「引而未發」、「大概」、「或者」、「亦未可知」等語支吾過去。類似的玄學式論法，均非嚴謹的印度論證方法所許[9]。

（二）〈神會與壇經〉：這篇文章的副題是「評胡適禪宗史的一個重要問題」。由於胡適在巴黎、倫敦發現了敦煌寫本中有關神會的作品，而論斷《六祖壇經》的敦煌寫本是《六祖壇經》的最古之本，其書成於神會或神會一派之手筆[10]。但是經過印順長老的考據，由於《六祖壇經》中與神會門下所說相合的只是《六祖壇經》內容的一小部分而已，所以推翻了胡適的主張。當胡適的觀點一出現，佛教界的若干人士僅用禪理的如何高深，並強調《六祖壇經》對中國文化如何貢獻，且有以人身攻訐的言論，都不能使識者心服口服，唯有印順長老站起來說：「唯一可以糾正胡適論斷的是考據。」[11]此為傳統的中國佛教界，帶來了學術化的新風氣。

（三）〈大乘三系的商榷〉：太虛大師對印度大乘，立三宗名稱：法界圓覺宗、法性空慧宗、法相唯識宗。印順長老則指出：太虛大師著重中國宗派而用印度三系來含攝。印順長老著重印度經論，並認為從全體佛教去看，有的從法相而歸宗唯識，也有不歸宗唯識的。故於民國三十年（西元一九四一年），創說新三系：

性空唯名論、虛妄唯識論、真常唯心論⑫。此對現代中國佛教思想有極大的啟示作用，在現代國際佛教學術界，則將三系名為中觀學、唯識學、如來藏學，其涵蓋面則不若印順長老標示的三系名稱來得深廣。

（四）〈上帝愛世人〉：這是因為基督徒到印順長老新建的慧日講堂贈送《新約》、《舊約》，勸他研究研究，使他覺得太過分了，而他對於上帝的博愛，難以理解，無法接受，那種為了愛你而非統治你不可，為了愛人，不惜毀滅人類，重新開始。他所得的結論是：「上帝與人為主奴關係。」並指出《聖經》中的愚民政策、分化政策，是現代馬列主義的源頭。此文發表後，引來香港吳恩溥牧師及臺灣龔天民牧師的反駁，印順長老便再寫一篇〈上帝愛世人的再討論〉及〈上帝與耶和華之間〉⑬。現代佛教界中，曾與基督教諍辯的人，尚有煮雲法師及我本人。數百年來的中國近代佛教徒，一向誤以怕事、退縮、投降為忍辱的美德，看來這一代的有一些人，就有點不一樣了。

（五）對律制的辯論：印順長老不是傳統佛教的律師，但他對於戒律問題特別注意，討論得很多。他說：佛教戒律的特色是「道德的感化和法律的制裁，兩者統一起來」。在依戒律生活的僧團裡，「大家都有共同的信念，淨善的行為，彼此和睦，這就是佛教戒律的特質，而發生偉大的作用——「正法住世」。然又以為現在的中國佛教，並沒有依律而住的僧團，故他主張：「把這裡面真正的精神原則拿出來，用現在的方式去實踐。」

印順長老也曾討論過「中國佛教制度」，他說：中國未曾照著印度僧制實施，所以向著：國家管轄制及禪僧叢林制的兩個方向發展⓮。他也討論了尼眾的八敬法問題⓯、僧裝問題、僧衣染色問題、建設在家佛教問題等⓰。他不是拘泥承襲律制傳統形式的人，而是深入律藏而對現代社會，指出方向原則的思想家。可惜他自己沒有建立僧團，也未真的依據印度律制的精神原則，設計出一套比較可以適應現代社會的僧團制度來。單從這一點看印順長老，倒頗近於只會看病而拙於治病的學者風貌了。他是開了藥方及藥名，卻未告訴我們每一味藥的分量及焙製方法。

（本文於一九九一年四月七日「印順導師思想研討會」中宣讀，地點是臺北市國立師範大學國際會議廳）

註解

❶《契理契機之人間佛教》二頁。
❷《印度之佛教》的〈自序〉。
❸《說一切有部為主的論書與論師之研究》的〈自序〉。
❹《遊心法海六十年》五十四頁。
❺參考《佛在人間》、《人間佛教緒言》、《從依機設教來說明人間佛教》、《人間佛教要略》等。
❻《說一切有部為主的論書與論師之研究》的〈自序〉。
❼《華雨集》第五冊〈研究佛法的立場與方法〉七十一頁。
❽《華雨集》第五冊〈研究佛法的立場與方法〉七十四—七十五頁。
❾《無諍之辯》二頁、二十頁。
❿《無諍之辯》五十七—五十八頁。
⓫《無諍之辯》五十八頁、八十二頁。
⓬《無諍之辯》一二五—一二六頁。
⓭《我之宗教觀》一七九—三〇〇頁。
⓮《教制教典與教學》五—六頁。

⓯ 參考拙著《學佛知律》的〈今後佛教的女眾問題〉。

⓰ 參考拙著《律制生活》。

現代臺灣佛教的學術研究

一、前言

臺灣佛教原係中國佛教的一部分，早期是由大陸的福建省傳入，後在日本統治的五十年時期，受到若干影響，例如李添春氏留學日本駒澤大學，林錦東及曾普信等人，以在家身住持寺院，剃光頭，穿僧服，擔任佛教儀式的主持人。但是臺灣佛教的基礎，依舊是屬於中國系統的傳承，此如基隆月眉山的靈泉寺派，臺南開元寺及竹溪寺派，中壢的圓光寺派等的僧侶，都還保持著中國佛教模式，傳授中國佛教的戒法。也有若干僧侶，遊學大陸的叢林，此如斌宗及其弟子慧嶽等人。

因此，當民國三十四年（西元一九四五年）臺灣光復之後，大陸的佛教即受到臺灣的歡迎，特別是從一九四九年起，由於大陸各地的佛教菁英僧侶及居士，約數十位，陸續地移居臺灣，更為臺灣佛教帶來了空前未有的生機。其中以太虛大師的同學、弟子、學生及其三傳，占的比率最高，例如焦山智光及其弟子南亭，三傳成一。太虛的門下，則有東初、慈航、印順、默如、李子寬等，再傳續明、演培、仁俊，三傳星雲、聖嚴等。另有圓瑛法師的弟子白聖及其同學道源；印光大師的在俗弟子李炳南；虛雲和尚的弟子蔡念生，徒孫靈源等人。

這些人到了臺灣之後，從事於寺院的經營、佛學院的開創、經書雜誌的發行，以及《大藏經》的影印，為臺灣佛教的教育文化及宗教事業等各方面，都做了相當大的貢獻。

至於學術的佛教在臺灣，基礎相當脆弱，自一九五〇年至一九六〇年代，在臺灣的佛教徒中，能寫出夠水準的學術論文者很少，有一份名為《臺灣佛教》的月刊，經常刊載一些日本學者們所寫名作的中文譯稿，偶爾有幾篇臺灣學者的論著，所引用的資料，也都是出於日文著作的第二手。一九五二年秋，印順法師自香港到了臺灣，他是中國現代佛教史上最傑出的學問僧，他的文章經常發表於《海潮音》月刊，他為臺灣佛教的學術化，注入了強有力的營養。然而若以現代學術論文的角度來看他當時論著，只能說他的思想敏銳，頗具深度，而尚未具學術的要求，那時他的文章，雖然觸及面很廣，卻少註明他所徵引資料及其論點的出處。直到一九七〇年，印順法師寫成《中國禪宗史》一書，無論在史料的運用及資料的考證判斷，都極謹嚴，這算是一部純學術的論著了，故於一九七三年即以此書而獲得日本大正大學的文學博士學位，主審的教授是關口真大博士。實際上他在一九六七年至一九七〇年之間，一共寫了三部書，另外兩部是《說一切有部為主的論書與論師之研究》、《原始佛教聖典之集成》，都是以現代學術的方法完成的鉅著，也是帶動臺灣佛教學術研究的里程碑。

二、臺灣的佛學學報

臺灣的佛教刊物雜誌，四十年來起起落落的總有百種以上，經常維持出版發行的，為數極少，其中偶有學術論文刊出的，僅有《海潮音》、《中國佛教》、《菩提樹》、《獅子吼》、《慧炬》、《佛教文化》、《十方》等。以佛教學術專門刊物的姿態出版者，乃為《華岡佛學學報》、《中華佛學學報》、《華梵佛學年刊》、《佛光學報》、《西藏會訊》、《西藏研究論集》、《諦觀》等數種。在一般的人文科學學報及漢學學報中，偶爾也會刊出幾篇有關佛教研究的論文，比如

《故宮學術季刊》、《國立編譯館館刊》、《中國學術年刊》、《臺灣大學哲學論評》、《漢學研究》、《政治大學邊政研究所年報》、《佛教藝術》、《鵝湖學誌》、《敦煌學》、《當代》等。

被臺灣的國立中央圖書館「漢學研究中心」所肯定的佛教學術刊物，則僅有《華岡佛學學報》、《華梵佛學年刊》、《中華佛學學報》、《中國佛教》等四種。其中論文篇幅最多，選稿標準最為嚴謹的，則首推《華岡佛學學報》及《中華佛學學報》。

此兩種佛學學報，原係同一份學報的先後兩個階段，《華岡佛學學報》創刊於一九六八年八月二十八日，由中國文化學院附設「中華學術院佛學研究所」發行，其發行人兼主編即是當時該所所長張曼濤，迄一九七三年五月發行至第三期，因為張氏去職而停刊。到了一九七八年十月，我本人被聘為該所所長，便醞釀《華岡佛學學報》的復刊工作，直到一九八〇年十月，它的第四期始行面世。

然而到了一九八五年十月發行至第八期之後，由於該校創辦人年老退休，校政方針改變，「中華學術院」終止各項活動，佛學研究所被逼停止招生，我本人也離開了該校。為了佛教學術人才的培養，不能因此中輟辦教育的工作，我便於一九八五年張羅著創辦了「中華佛學研究所」，同時考慮發行學報，至一九八七年三月，比照《華岡佛學學報》的型式及其學術水準，出版了第一期的《中華佛學學報》。由於人事的丕變，人力及財力的兩缺，我們無法做到每年定期出版學報，故到今（一九九一）年七月，只發行到第四號。

三、《華岡》及《中華》佛學學報

在一九六〇年代的臺灣佛教界，能有治學興趣和研究潛力的人，實在不多，所以前三期的《華岡佛學學報》作者群，一共十四位，那便是印順、道安、邢光祖、張曼濤、張尚德、林傳芳、韋達、梁道蔚、藍吉富、黃公偉、巴宙、陳祚龍、陳清香、周邦道。其中在臺灣島內而有教授及研究員資格身分的，僅印順、道安、邢光祖、韋達、張曼濤、黃公偉、周邦道等七人，巴宙教授在美國，陳祚龍教授在法國，陳清香、張尚德、林傳芳、藍吉富、梁道蔚等五位，都尚是講師及研究所學生的身分。至於他們的作品性質，具備學術論文型式及價值的，僅僅邢光祖的〈禪與詩畫〉，印順的〈波羅提木叉經集成的研究〉，張曼濤的〈中國佛教的思惟發展〉、〈大般涅槃經中的涅槃思想〉、〈魏晉新學與佛教思想的問題〉，林傳芳的〈新發見的西藏佛教文獻 *Hu Lan Deb Ther* 的內容及其價值〉及〈格義佛教思想之史的展開〉，陳祚龍的〈劉薩河研究〉，藍吉富的〈楊仁山與現代中國佛教〉及〈漢譯本《中論》初探〉、陳清香的〈觀音菩薩的形像研究〉，共計七人寫了十一篇。其餘諸文，則係譯稿、札記、英文著作、書評、通訊、辭、序等。

一九七二年八月，道安法師在《華岡佛學學報》第二期開頭，寫了一篇〈琹辭〉，文中介紹了當時他所見到的中國人圈內的佛教學術活動狀況，他說：「近數年來，若國內之印順法師、東初法師，均有其特佳之成績表現。」「旅美之陳觀勝、張澄基、張鐘元等教授，亦皆有其嶄新謹嚴之著述貢獻。留日之林傳芳、梁道蔚、聖嚴法師等，其學力亦日益大進。他如出身（香港）新亞的曹仕邦、霍韜晦、李潤生等，亦均是佛學界的後起之秀，長者如（香港）羅時憲、陸寬祐、韋達等，亦莫不積學不凡。」「在錫蘭之巴宙（現已旅美執教於愛荷華大學〔Iowa State University〕）、在印之譚雲山更是多年埋首於內學之士，他如印第安那大學（Indiana University）之齊思貽、多倫多之冉雲華等，皆都深入教海。」

當年道安法師所知的臺、港及國外華人佛教學者之中，僅張曼濤已從日本留學回國，在臺灣居住的佛教學者，除道安本人，僅得印順及東初二人而已，道安研究藏經雕刻，印順研究的範圍以印度的阿含、一切有部諸論、龍樹的中觀學為主，東初是我的剃度師，乃以佛教史學為其專攻，他撰有《中印佛教交通史》、《中日佛教交通史》、《中國佛教近代史》，張曼濤於留日期間，專究涅槃思想。此外道安所知的十五位華系佛教學者，均在香港、日本、印度、美國、加拿大。事實上，當時在臺灣的尚有一、兩位青年佛教學者，已於《華岡佛學學報》初露了頭角，那便是藍吉富及陳清香。

從一九八〇年十月發行《華岡佛學學報》第四期開始，它便進入了第二階段，那是由於我本人成了它的主持人。此後的十一年之間，《華岡佛學學報》繼續發行了五期，接下來的《中華佛學學報》也發行了四期，每期的篇幅均在三十五萬字上下，撰稿學者陣容，也大大地壯盛起來，尤其所刊論文的層面和範圍，也漸漸地擴展開來。現在將其作者所提論文以統計方法，製成一表如下：

《華岡佛學學報》第四至八期，《中華佛學學報》第一至四期作者及論文目錄一覽表：

作者	身分學位	論文題目	學報期數	所占頁數	學術分野	作者現在地（備考）
釋聖嚴	日本東京立正大學文學博士 中國文化大學教授 中華學術院佛學研究所所長 中華佛學研究所所長	序─學術的佛教	《華岡》四	一─四	一般	臺灣及美國兩地各一半時間
		中國佛教的特色─禪與禪宗	《華岡》四	五─二〇	中國禪宗	
		序─教育的佛教	《華岡》五	一─五	一般	
		明末的居士佛教	《華岡》五	七─三六	明末中國佛教	
		淨土思想之考察	《華岡》六	五─四八	淨土學	
		明末中國的禪宗人物及其特色	《華岡》七	一─六二	明末中國佛教	
		明末中國的淨土教人物及其思想	《華岡》八	一─七六	明末中國佛教	
		明末的唯識學者及其思想	《中華》一	一─二四	明末中國佛教	
		Tso-Ch'an	《中華》二	三五九─三八七	（英文）禪宗	

		《六祖壇經》的思想	《中華》三	一四九—一六四	中國禪宗	
		印順長老的護教思想與現代社會	《中華》四	七—十	一般	
楊白衣	日本東京佛教大學大學院畢業文學博士 臺北工專教授	看話禪之研究	《華岡》四	二一—四〇	中國禪宗	臺灣（已故）
		譯牧田諦亮著〈疑經研究〉	《華岡》四	二八四—三〇六	譯稿	
		《金剛經》之研究	《華岡》五	五七—一一二	金剛般若	
		圓測之研究—傳記及其思想特色	《華岡》六	一〇五—一五六	中國唯識	
		道倫《瑜伽師地論記》之研究	《華岡》七	一一三—一三四	中國唯識	
		淨土的淵源及其演變	《華岡》八	七七—一三四	淨土學	

方東美	前臺灣大學哲研究所教授	以西方方法學「關係邏輯」來透視杜順大師的法界觀	《華岡》四	四一—一七〇	西方哲學、華嚴學	臺灣（已故—係由其學生楊政河提供的遺稿）
		從分析哲學觀點評述三論宗與康德哲學、天台宗、華嚴宗之異同	《華岡》五	一一三—一四四	西方哲學、三論、天台、華嚴學	
程文熙	國大代表	四《阿含經》：「六大」、「十八界」、「五蘊」、「十二因緣」、「四法本末」的「如真」實在論	《華岡》四	七一—九五	《阿含經》	臺灣
楊政河	臺灣大學哲學系講師	《華嚴經》普賢行願思想之研究	《華岡》四	九六—一三一	華嚴學	臺灣

冉雲華	印度國際大學哲學博士 加拿大麥克馬斯特大學教授	魏晉南北朝佛學思想玄學化之研究	《華岡》五	二一一—二四八	魏晉佛學	加拿大，一九八九年起客居臺灣
		宗密大師學風研究	《華岡》六	二二七—二七六	華嚴學	
		宗密著《道俗酬答文集》的研究	《華岡》四	一三二—一六六	中國佛教史傳學—華嚴	
		元初臨濟僧人—海雲的禪法和思想	《華岡》五	三七—五六	中國佛教史傳學—禪	
		敦煌文獻與僧稠的禪法	《華岡》六	七三—一〇四	敦煌學禪史	
		中國早期禪法的流傳和特點	《華岡》七	六三—一〇〇	中國佛教史傳學—禪	
		玄奘大師與唐太宗及其政治理想探微	《華岡》八	一三五—一五八	中國佛教史傳學	
		宗密傳法世系的再檢討	《中華》一	四三—五八	中國佛教史傳學	

		從智顗的《摩訶止觀》看中華佛教對印度禪學的吸收與改造模式	《中華》三	一六五—一八四	中印禪學史	
		延壽的戒律思想初探	《中華》四	二九七—三一二	中國戒律史	
李世傑	臺灣大學	天台哲學的原理	《華岡》四	一六七—一八六	天台學	臺灣
張曼濤	日本大谷大學博士課程修畢 中國文化大學教授	大乘涅槃思想之展開	《華岡》四	一八七—一九九	涅槃學	臺灣（已故）
李志夫	印度大學碩士 中國文化大學教授	泛論佛陀及《中論》緣起理事觀與邏輯理事觀	《華岡》四	二〇〇—二二三	佛教學理事觀	臺灣
		三論宗之理事觀	《華岡》五	一六三—二一〇	佛教學理事觀	
		天台宗之理事觀	《華岡》六	一五七—二〇二	佛教學理事觀	

		中國禪宗理事觀	《華岡》七	一三五—一九八	佛教學理事觀	
		試分析印度「六師」之思想	《中華》一	四七—六八	印度哲學	
		試論《俱舍論》在佛教思想史中之價值	《中華》三	四七—六八	印度佛學、俱舍學	
陳榮波	輔仁大學哲學博士 輔仁大學副教授	《易經》離卦與曹洞禪	《華岡》四	二二四—二四四	中國禪學	臺灣
		中國禪宗的特質	《華岡》五	三〇九—三三〇	中國禪學	
劉貴傑	中國文化大學文學博士 新竹師範學院教授	支道林思想之研究	《華岡》四	二四五—二七三	魏晉佛學	臺灣
		竺道生思想之理論基楚	《華岡》五	三五七—三七六	魏晉佛學	
		竺道生思想之理論特色及其價值意義	《華岡》六	三七七—四一六	魏晉佛學	

		清談與佛教	《華岡》七	二八七—三〇〇	魏晉佛學	
		僧肇思想之基楚	《華岡》八	三一一—三五八	魏晉佛學	
		僧肇思想之背景及其淵源	《中華》一	八一—一二一	魏晉佛學	
		契嵩思想研究	《中華》二	二一三—二四〇	儒佛思想	
		僧叡思想研究	《中華》三	二三七—二六〇	魏晉佛學	
		東晉道安思想析論	《中華》四	二三五—二八六	魏晉佛學	
吳永猛	中國文化大學法學博士 中國文化大學教授	佛教經濟研究的回顧	《華岡》四	二七四—二八三	一般	臺灣
		禪畫研究的回顧	《華岡》七	一九九—二一六	佛教藝術	
		禪畫的特質	《華岡》八	二五七—二八二	佛教藝術	

		《壇經》與六祖禪畫	《中華》一	一三七—一五二	佛教藝術	
陳清香	中國文化大學碩士 中國文化大學教授 日本天理大學研究	羅漢圖像研究	《華岡》四	三〇七—三七一	佛教藝術	臺灣
		「五百羅漢圖像」研究	《華岡》五	三七七—四二一	佛教藝術	
		論雲岡石佛式樣的源流	《華岡》六	三四五—三七六	佛教藝術	
		東渡日本的宋代羅漢畫	《華岡》七	二三五—二六〇	佛教藝術	
		論元代的羅漢畫	《華岡》八	二八三—三一〇	佛教藝術	
		涅槃變相研究	《中華》一	二九五—三二六	佛教藝術	
劉心皇	國大代表	曼殊新考	《華岡》四	三七二—三八五	佛教人物	臺灣
札奇斯欽	北京大學、美國猶他大學教授	佛教在蒙古	《華岡》五	一四五—一六二	蒙古佛教	美國

楊惠南	臺灣大學碩士 臺灣大學副教授	《成唯識論》中時間與種熏觀念的研究	《華岡》五	二四九—二七四	唯識學	臺灣
		《中論》裡的「四句」之研究	《華岡》六	二七七—三一〇	中觀學	
		龍樹《迴諍論》中的「空」之研究	《華岡》八	一九三—二三六	中觀學	
		龍樹《迴諍論》中「量」之理論的研究	《中華》二	一一一—一四二	中觀學	
曹仕邦	澳洲國立大學哲學博士 中華佛學研究所副研究員	僧史所載中國沙門堅守淫戒的一些實例	《華岡》五	二七五—二八八	中國佛教史	本在澳洲，後移住臺灣
		中國僧史所載持午的實踐和面對的難題	《華岡》六	三二七—三四四	中國佛教史	
		《僧祇律》在華的譯出弘揚與潛在影響	《華岡》七	二一七—二三四	中國戒律史	

		從宗教與文化背景論寺院經濟與僧尼私有財產在華發展的原因	《華岡》八	一五九—一九二	中國佛教史	
		中國古代佛教寺院的順俗政策	《中華》一	一五三—一八〇	中國佛教史	
		僧史所載中國沙門堅守戒規或天竺傳統的各類實例	《中華》二	三二五—三五七	中國戒律史	
		論陳垣《中國佛教史籍概論》	《中華》三	二六一—三〇〇	書評	
劉奕賜	師範大學碩士 中正理工學院副教授	《大乘理趣六波羅蜜多經》要義	《華岡》五	二八九—三〇八	經典研究	臺灣
釋明復	中華學術院佛學研究所研究員	貫休禪師生平的探討	《華岡》六	四九—七二	中國佛教史	臺灣
霍韜晦	日本大谷大學研究	唯識五義	《華岡》六	三一一—三二六	唯識學	香港

	香港中文大學講師					
孔維勤	中國文化大學哲學研究所博士	宋釋永明延壽論心王義至八識之展開	《華岡》六	四一七—四五二	中國佛學	臺灣
		宋釋永明延壽之理事觀	《華岡》八	三五九—四二四	中國佛學	
李昌頤	中華學術院佛研所研究生	《壇經》思想的源流	《華岡》六	四五三—四七六	禪學	臺灣
		《中論》空無思想、中道思想之探源及其與現代的關係	《華岡》七	三五五—四〇〇	中觀	
吳汝鈞	香港中文大學碩士 日本京都大學研究	龍樹之論空、假、中	《華岡》七	一〇一—一一二	中觀	香港
		《般若經》的空義及其表現邏輯	《華岡》八	二三七—二五六	般若學	
		印度大乘佛教思想的特色	《中華》一	一二三—一三六	一般印度佛學	

		〈十牛圖頌〉所展示的禪的實踐與終極關懷	《中華》四	三一三—三四〇	禪學	
熊琬	政治大學文學博士	朱子理學與佛學	《華岡》七	二六一—二八六	佛學與儒學	臺灣
釋惠敏	中華學術院佛研所研究生 日本東京大學研究生	梵本《中論頌月稱註》（淨明句論）研究序論	《華岡》七	三二九—三五四	中觀學	臺灣
		《月喻經》的研究—以《瑜伽師地論》有關部分為主	《中華》二	一四三—一五六	瑜伽學	
		「聲聞地」之「資糧論」的三重結構	《中華》三	六九—八二	瑜伽學	
陳玉蛟	中央大學碩士 中華佛學研究所副研究員	宗喀巴《現觀莊嚴論金鬘疏》三寶釋義	《華岡》八	四二五—四四四	西藏佛學	臺灣

		宗喀巴《現觀莊嚴論金鬘疏》〈大乘二十僧〉釋義	《中華》一	一八一—二二八	西藏佛學	
		《現觀莊嚴論》初探	《中華》二	一五七—二一二	西藏佛學	
		「發心」在漢藏佛學中之意義及其在宗教實踐上之心理功能	《中華》三	二〇九—二三六	西藏佛學	
		《菩提道燈難處釋》探微	《中華》四	三四一—三六〇	西藏佛學	
巴宙	印度國際大學博士	觀音菩薩與亞洲佛教	《中華》一	五九—八〇	一般	美國
	美國愛荷華大學教授	大乘二十二問之研究	《中華》二	六五—一一〇	敦煌及西藏佛學	
杜松柏	中興大學教授	禪宗的體用研究	《中華》一	二三九—二四四	中國禪學	臺灣

鄧克銘	中華學術院佛研所研究生 日本東京大學研究生	大慧宗杲禪師禪法之特色	《中華》一	二八一—二九四	中國禪學	臺灣
楊郁文	中華佛學研究所研究員、醫師	以四部《阿含經》為主綜論原始佛教之我與無我	《中華》二	一—六四	《阿含經》	臺灣
		南、北傳「十八愛行」之法說及義說	《中華》三	一—二四	阿含學	
		初期佛教「空之法說及義說」(上)	《中華》四	一二一—一六八	阿含學	
陳祚龍	法國巴黎大學博士	李唐名相姚崇與佛教	《中華》二	二四一—二六六	中國佛教史	法國
江燦騰	臺灣大學博士班	李卓吾的生平與佛教思想	《中華》二	二六七—三二四	中國佛教史	臺灣

林崇安	美國萊斯大學理學博士 中央大學理學院教授	印度部派佛教的分立與師資傳承的研究	《中華》三	二五—四六	部派佛學	臺灣
		《阿含經》集成與大乘經典源流的研究	《中華》四	一—二八	經典研究	
高明道	師範大學博士班研究生 中華佛學研究所副研究員	《蟻垤經》初探	《中華》四	二九—七四	佛教文獻學	臺灣（原籍德國）
丁敏	政治大學文學博士	譬喻佛典之研究	《中華》四	七五—一二〇	佛教文獻學	臺灣
傅偉勳	美國伊利諾大學哲學博士 美國天普大學教授	《大乘起信論》義理新探	《中華》三	一一七—一四八	中國佛學	美國
		關於緣起思想形成與發展的詮釋學考察	《中華》四	一六九—二〇〇	佛教哲學	

成中英	美國哈佛大學哲學博士 臺灣大學教授	禪的詭論和邏輯	《中華》三	一八五—二〇八	禪學哲學	美國
汪娟	輔仁大學文學博士班	唐代彌勒信仰與政治關係的一側面	《中華》四	二八七—二九六	中國佛教史	臺灣
筱原亨一	加拿大麥克馬斯特大學教授	《道原神僧感通錄》資料來源分析	《中華》三	三一九—三八〇	中國佛教史	加拿大(英文稿,原籍日本)
		白居易墓誌銘中的「結構」和「群體」	《中華》四	三七九—四五〇	中國佛教史	
史維仁	美國威斯康辛大學博士 美國佛州大學教授	從客觀的立場理解宗教	《中華》一	三二七—三六七	宗教學	美國(英文稿,美國籍)
		禪宗起源新探	《中華》二	三九一—三九八	中國禪學	
巴博	美國威斯康辛大學博士 中華佛學研究所副研究員	西藏大圓滿教義與中國禪法的融合	《中華》三	三〇一—三一八	藏漢佛教比較	(英文稿,美國籍)

葉阿月	日本東京大學文學博士 臺灣大學教授	窺基所著《心經幽贊》中的「阿顛底迦」的諸問題	《中華》三	三八一—四〇〇	唯識學	臺灣（英文稿）
稻田龜男	日本東京大學 美國紐約州立大學教授	東、西方形上學的評論	《中華》四	三六一—三七八	東、西哲學比較	美國（英文稿，原籍日本）
華珊嘉	美國聖地牙哥大學教授	禪與西方精神治療	《中華》四	四五一—四九四	現代禪宗	美國（英文稿，美國籍）

以上共計四十四位作者，發表了一一八篇論文。其中十一位居住國外，六位是外籍。以他們的學歷而言，出身於日本各大學者十一位，遊學印度者三位，獲得美國學位者七人，有英、法兩國學位者一人，在澳洲完成學位者一人，其餘二十一位皆係島內造就。

就其論文的主題範圍而言，研究中國佛教的人數及篇數最多，其中屬於中國漢傳佛教史學的有釋聖嚴的四篇，冉雲華的八篇，曹仕邦的七篇，江燦騰、釋明復及汪娟的各一篇，篠原亨一的兩篇。屬於禪學者則有釋聖嚴及陳榮波的各兩篇，楊白衣、李昌頤、吳汝鈞、杜松柏、鄧克銘、成中英、史維仁、華珊嘉的各一篇。屬淨土學的則有釋聖嚴、楊白衣的各一篇。屬於華嚴學的則有方東美、楊政河的各兩篇。屬於魏、晉佛學的則有楊政河的一篇、劉貴傑的八篇。天台學的僅得李世傑寫了一篇。中國唯識學者有楊白衣的兩篇，霍韜晦、楊惠南及葉阿月的各一篇。中印佛學及與儒學對比的有劉貴傑、熊琬與傅偉勳的各一篇，李志夫的四篇。中國佛教藝術史者，有吳永猛三篇、陳清香的六篇。佛教寺院經濟的有吳永猛的一篇。蒙古佛教的有札奇斯欽的一篇。漢、藏佛教對比研究的有巴宙及巴博的各一篇。西藏佛教有陳玉蛟寫了五篇。

研究印度學佛教學的人數也不少。屬於阿含學的有程文熙一篇、楊郁文三篇。俱舍學有李志夫的一篇。般若龍樹中觀學的有楊白衣、李昌頤、釋惠敏各一篇、吳汝鈞的兩篇、楊惠南的三篇。瑜伽學的有釋惠敏的兩篇。涅槃學的僅有張曼濤的一篇。有關印度部派佛教及大、小乘經典者則有劉奕賜的一篇，林崇安的兩篇。印度哲學的乃有李志夫的一篇。佛教文獻學的則有高明道及丁敏的各一篇。宗教學及東、西方哲學比較者，乃有史維仁及稻田龜男的各一篇。

由以上的綜合分類，可以知道，《華岡》及《中華》先後兩種佛學學報，在將臺灣佛教帶向學術化的過程中，已扮演了相當重要的角色。首從國外引進學術的觀念及方法，同時以優厚的稿酬鼓勵國內外的學者，撰寫研究佛教的論文。故從一九七二年時道安法師所見的僅十多位華人群中的佛教學者，發展到一九九一年時，已有三十八位華裔的學者撰寫有關佛教的論文了。在刊出的一一八篇論文之中，是以研究中國漢傳佛教的分量最多，多達七十多篇，尤其在中國佛教史的研究方面，釋聖嚴、曹仕邦、冉雲華三位博士，所下的工夫最深，所見的成果也最多。次如劉貴傑的魏晉佛學，陳清香的佛教藝術，均已見出其專攻的功力。研究藏傳佛教的陳玉蛟，連續撰寫了五篇，此在臺灣佛教學界是難得見到的喜訊。研究印度佛教方面的楊郁文，專攻漢、巴兩種語文的阿含，也是臺灣佛教學界前所未有的事。至於研究中觀及瑜伽、唯識的學者，老一輩中首推印順法師，年輕一代的則以葉阿月、楊惠南、霍韜晦、釋惠敏的實力較強。

四、臺灣地區其他刊物的佛教學術論文

除了《華岡》及《中華》兩種佛學學報之外，尚有若干位學者，正在做著研

究佛教的工作，有的是專攻，多半是兼修。像在《中國佛教》月刊（一九五四年創刊）出現的徐正典，專研唯識學；高柏園撰寫淨土及禪；曾錦坤研究淨土；釋慧嚴研究明末清初的佛教，他在日本佛教大學，已於一九九〇年獲得文學博士學位，目前受聘為中華佛學研究所專任副研究員；萬金川發表了幾篇印度佛學的論文；葉德生（現已出家，法名厚觀）撰寫〈十住毘婆沙論與華嚴十地經之比較研究〉，目前正在東京大學大學院留學中；林孟穎撰寫中觀及唯識，她出身於中華學術院佛學研究所。從《華梵佛學學報》（一九八二年創刊）及《漢學研究》（一九八三年創刊）可以見到釋曉雲有關佛教教育論及佛教藝術的論文。從《西藏研究會訊》（一九八六年創刊，現已發行到第十一期）及《西藏研究論文集》（一九八八年創刊，現已發行到第四期），可以知道臺灣佛教學界，研究西藏學佛教學的，除了陳玉蛟，尚有林崇安、陳又新、蕭金松等人。從《臺灣大學哲學論評》（一九七一年創刊），知道除了楊惠南、楊政河及葉阿月在該學報發表佛學論文之外，尚有釋恆清撰寫了〈論如來藏之空性義〉及〈大乘起信論的心性論〉等，他是在美國威斯康辛大學專攻佛學而以研究永明延壽的《宗鏡錄》獲得哲學博士學位，現在專任臺大副教授並主持法光佛學研究所；另一位張瑞良發表了〈蘊處界三概念之分析研究〉、

〈佛概念之研究與深思〉、〈天台智者的「一念三千」說之研究〉等。在《中華文化復興月刊》有一位戴樸庵，發表了三篇有關翻譯佛經事業的論文。其他尚有數十位作者，偶爾撰寫一、兩篇論文發表於不同刊物而不具研究形式與學術價值者從略。

五、臺灣佛教的學術論著

到一九九一年的現在為止，臺灣尚未有一所大學設有佛教學系，更沒有碩士及博士課程的佛教學專攻。但在臺灣大學、中國文化大學、輔仁大學、政治大學、師範大學、清華大學等的哲學、歷史、中文及邊政的研究所內，有若干研究生基於個人的興趣，以佛教學為題材，撰寫碩士及博士論文，近十年來我本人便指導了四篇博士論文，例如文大哲學所的孔維勤撰寫《永明延壽宗教論》（已由新文豐出版公司刊行），政大中文所的王文顏撰寫《佛典漢譯之研究》（天華出版公司刊行）、許宗興的《佛教的心性與儒家的性理》，以及涂艷秋撰寫《僧肇思想探究》等。另有博士論文如文大哲學所的劉貴傑撰寫《竺道生思想之研究》、何國銓的《起信論與天台教義之相關研究》、何乾的《禪宗精神與中國藝術》、史學所蔣義斌的《宋代儒釋調和論及排佛論之演進》、哲學所蘇順子的《中國格義佛教之研究》，師大國文所的傅世怡撰寫《法苑珠林六道篇感應緣研究》，以及顏尚文的《梁武帝「皇帝菩薩」的理念及政策之形成基礎》等。

至於近十年來以佛教題材撰寫碩士論文者則更多，其中已經出版的，則有中華佛學研究所釋果祥的《紫柏大師研究》、釋見正的《印光大師生平與思想》（以上兩書均由東初出版社發行），中國文化大學中文所高明道的《如來智印三昧經翻譯研究》，史學所王美惠的《善導大師之研究》、賴建成的《吳越佛教之發展》、黃運喜的《會昌法難研究》，哲學所李燕惠的《智者大師的實相論與性具思想之研究》、陳英善的《華嚴清淨心之研究》、李泰敬的《普照禪之研究》、溫金柯的《阿毘達磨俱舍論的諸法假實問題》，印度所李明芳的《大乘佛教倫理思想研究》、金希庭的《中國早期法華經之「方便」思想研究》，輔仁大學哲學所的李開濟撰寫《心經理論研究》，師範大學國文所蔡纓勳的《僧肇般若思想之研究》、胡順萍的《六祖壇經思想之承傳與影響》，政治大學中文所楊聖立的《洛陽伽藍記研究》、蔡榮婷的《景德傳燈錄之研究》、羅汀琳的《敦煌佛經寫卷題記初探》，邊政所黃正旭的《喇嘛教對元代政治的影響》，清華大學歷史所蘇瑤崇的《佛教之社會機能初探——以東晉至隋唐嶺南佛教為例》、李玉珍的《唐代的比丘尼》，臺灣大學圖書館研究所莊耀輝的《唐代佛書分類與現代佛學圖書分類之比較研究》及釋成觀的《高麗再雕大藏目錄之研究》。

我們的中華佛學研究所，除了鼓勵並培養專業的佛教學術人才之外，自一九八九年起，每年也以獎學金的方式對研究佛教的碩士及博士論文，給予獎勵。一九九〇年獲頒此項獎金者共九位，博士兩位，各得獎金新臺幣十萬元，他們是政治大學中文所丁敏的論文《佛教譬喻文學研究》，文化大學哲學所孫富支的論文《大乘起信論「一心開二門」之研究》。碩士七位，各得新臺幣五萬元，他們是文化大學中文所汪娟，哲學所柳長吉、古天英，印度所金希庭，臺灣大學哲學所釋若學、釋若懷，臺灣大學圖書館所釋成觀。

除了學位論文之外，也有若干出版社發行為數不多的學術性的佛教論著，例如臺北的學生書局出版了吳汝鈞的《佛學研究方法論》以及我的博士學位論文關世謙中譯本《明末中國佛教之研究》，廖明活的《嘉祥吉藏學說》。臺北志文出版社為陳榮波出版了《禪海之筏》及《禪學闡微》。臺北文津出版社為何國銓出版了《中國禪學思想研究——宗密禪教一致理論與判攝問題之探討》。臺北商務印書館為蔣義斌出版了《宋代儒釋調和論及排佛論之演進——王安石之融通儒釋及程朱學派之排佛反王》，臺北東大圖書公司於一九九〇年為中華佛學研究所主辦召開的「第一屆中華國際佛學會議」，出版了中文部分的論文集《從傳統到現代——佛教倫理與現代社會》。我所主持的東初出版社也為中華佛學研究所的關係學者，出版了十多種屬於研究性的論著及工具書，例如冉雲華的《中國禪學研究論集》、《中國佛教文化研究論集》，曹仕邦的《中國佛教譯經史論集》，釋昭慧的《如是我思》（論集），釋聖嚴的《大乘止觀法門之研究》、《明末佛教研究》，釋惠敏的《中觀與瑜伽》，鄧克銘的《法眼文益禪師之研究》、《大慧宗杲之禪法》、《張九成思想之研究》，陳玉蛟的《阿底峽與菩提道燈釋》、《現觀莊嚴論初探》，蔡運辰的《二十五種藏經目錄對照考釋》等。臺北新文豐出版公司，出版了李世傑的《漢魏兩晉南北朝佛教思想史》，顏尚文的《隋唐佛教宗派研究》，江燦騰的《晚明佛教叢林改革與佛學諍辯之研究——以憨山德清的改革生涯為中心》和《現代中國佛教思想論集（一）》。

此外，在近十多年中的臺灣，也出版了幾部史料性、資料性、學術性的文集或論集，那便是正聞出版社，為印順法師出版了共計二十四冊的《妙雲集》，演培法師的《諦觀集》共計二十五冊，幻生法師的《滄海文集》計四冊。新文豐出版公司為默如法師出版了《默如叢書》計五冊，為蔡運辰出版了《如是庵學佛賸語》計五冊，為佛林居士出版了《佛林叢書》計十八冊。東初出版社為東初法師出版了《東初老人全集》計七冊。

六、結語

從如上各論著的主題，可以看出，屬於中國佛教文學、史學的較多，若干篇屬於佛教思想的論文，亦未出中國佛學的範圍，這是由於臺灣的佛教學術界，對佛教原典語文能力不足，所以只好在漢文佛教典籍中著手。多半學者甚至也未能參考現代國際佛教學者們已經得到的研究成果，不過現代日本佛教的學術著作，已漸漸受到臺灣學者們重視。因此，我們的中華佛學研究所，對於研究生的培養，特別重視佛教原典語文及國際通用語文的教授，是以本所師生在梵、巴、藏原典研究方面的成績，已在漸漸成為氣候，對於英、日乃至德語的訓練，也在努力，故於臺灣佛教學術水平的提昇，當可指日可待。

案：本文係為日本山崎宏博士米壽祝賀而撰，脫稿於一九九一年十月二十四日紐約東初禪寺。

佛教與中國文化

一

佛教在中國，可以分為四個時期，來說明它的歷史過程：1.為翻譯傳入期，是指漢、魏、兩晉、南北朝時代，有眾多的中、印大師，漢譯了大量的佛教聖典。2.為消化成熟期，是指隋、唐時代完成了大乘諸宗的中國佛教，許多的傑出高僧，撰著了許多經典之作，產生了思想文化的革新運動，佛教便成了當時的顯學。3.為被本土思想消融期，是指宋、明時代，佛教被儒家吸收發展成為新儒家的理學，佛教則隱退山林，流入民間，與上層社會的都市文化漸漸疏離。4.為反省復興期，是指明末以迄現代，此又可分作兩個段落：一是明末諸高僧以及居士群的學術水準和宗教實踐，都有相當深厚的造詣，也有相當深遠的影響；二是清末到現在，佛教界的緇素二流之中，出現了不少位影響學術文化及社會風氣的大師級人物，重視佛法與世間法的配合運用，重視以現代的治學方法來研究佛學，重視佛法的人間化及實用性。

二

中國文化在先秦時代，就已相當成熟，所謂諸子百家匯集為中國文化的大洪爐，而以儒家為其主流。到了魏、晉、南北朝時代，中國本土文化，已發展到了飽和狀態，故也無法滿足追求新知者的熱望，這時正好由西方的印度陸續地傳譯過來大量的佛典，許多的知識分子便如飢似渴地為印度來的新文化所傾倒，因此而在中國文化之中，注入了新的營養，也開出了新的花、結出了新的果，不論在宗教、哲學、文學、藝術，乃至於科學等方面，在在都豐富了中國文化的內容。

然後又過了千把年，由於明末利瑪竇從西歐來到中國（西元一五八一年），傳入了天主教，也帶來了新文化，開啟了中國的現代化文明。這跟佛教初傳中國一樣，其目的雖是弘布宗教，卻也附帶著另一種新潮流的輸入。天主教為中國帶來現代科學的啟蒙知識，乃是眾所周知的事，例如利瑪竇帶來了《萬國圖誌》，並善於製作觀察天文的儀器，然後由徐光啟及李之藻，參考西洋曆法而完成了《崇禎曆書》。

可是早在這個時代的九百多年以前也曾有一位佛教僧侶一行禪師，奉唐玄宗（西元七一二—七五六年在位）詔，依據印度的《九執曆》撰寫了一部《開元大衍曆》（西元七二七年），他對中國的易學及算數之術造詣極深，乃是一位宗教師中的科學家。在一行禪師稍前，玄奘三藏西遊回朝（西元六四五年），撰寫《大唐西域記》十二卷，記載西域一百三十八國的風土文化見聞；比這更早的法顯三藏旅印回國（西元四一四年），撰有《佛國記》，將中國人的世界視野，拓展到了廣大的印度、西域諸國。此在中國文化史上，也是一大盛事。

三

中國文化的環境，是一個能開能合而善於涵容消化的天地，對於外來文化雖有排斥的自然反應，但當深入了解，並確信其對於本土文化不會構成傷害破壞，而且還能夠有益於本土文化的再成長時，便會欣然接受。故在中國文化史上，縱然每一個朝代都有或多或少的知識分子反對佛教，佛教卻能順應中國的本土文化，含英咀華，醞釀出適合中國文化所需要的新思想來。例如漢朝的牟子撰《理惑論》三十七條，均以正確的佛法配合儒家孔、孟及道家老子思想，予以辯正，說明佛法不唯不與儒、道違背，倒可匡扶儒、道之不足，因此而首開儒、釋、道三教調和的觀念。

另有一部應運而生的《清淨法行經》，模仿《法華經》的本地及化跡的思想，開出了三聖化現的信仰，來調和儒、釋、道三教的同異，依據北周道安的《二教論》所引該經說：「佛遣三弟子，振旦教化，儒童菩薩彼稱孔丘，光淨菩薩彼稱顏淵，摩訶迦葉彼稱老子。」這部經當然是出於疑偽作品，但也不是沒有依據，除了《法華經》有本地化跡之說，吳支謙譯的《瑞應本起經》即有菩薩在因地修行過程中，一生又一生，「隨時而現，或為聖帝，或作儒林之宗，國師道士」。由此可見，佛教傳入中國後，不論在教理方面或信仰的人格方面，都曾做著投合中國文化的努力。乃至在衣食的習慣方面，佛教僧侶也盡量適應中國固有文化，例如印度比丘嚴持三衣，中國比丘乃在俗服上增披袈裟；印度比丘晨朝托缽，早中二食，中國比丘比丘則廢沿門托缽，而改在寺院自炊，甚至也不一定嚴守正午之後不得進食的律制。否則佛教要在中國文化圈中生根發展，恐怕就很難了。

此在明末之世，當天主教的利瑪竇來華之後，為了傳教的便利，幾乎也跟佛教自印度傳入中國時相同，首先習漢語，易漢服，讀儒書，並且以天主教教義與孔孟思想對照解釋，也許可中國信徒崇拜祖先，故至清朝聖祖康熙時代（西元一六六二——一七二二年），各省信奉天主教者，達十數萬人。不幸的是到了康熙四十三年（西元一七〇四年），羅馬教皇嚴禁教徒崇拜祖先，清廷便實施了全面禁止西教傳播的政策。

四

佛教在中國流傳迄今，已歷兩千多年，到了隋、唐時代，佛教文化業已在中國文化之中生根立腳、發揚光大，佛教已將中國文化圈的環境，形成了大乘佛教的第一個母國；若從東北亞的大乘佛教文化圈而言，中國應該是第一個母國。因為在印度本土形成的大乘佛教如中觀、唯識二大主流，乃至晚期印度的大乘密教，在中國文化中未能得到持續發展的機會，能在中國發展成枝繁葉茂的大乘諸宗，可以分成兩大類型：1. 教理思想，即所謂解門的義學佛教，則有天台宗及華嚴宗為代表。2.

教儀修證，即所謂行門的實踐佛教，則有淨土宗、律宗、禪宗為代表。此五宗在印度只有經律原典，並未形成學派或宗派。到了中國是不是由於儒家及道家的人文背景，促成了如上諸宗的成立，很難論定，然在中國固有的文化環境中，孕育了而且蓬勃了如上的大乘諸宗，卻是事實。

東北亞的地理位置，即是指的中國、韓國、日本。大乘佛教在中國發揚光大，接著傳到朝鮮半島的新羅、百濟、高麗，是為韓國佛教，再傳而至東瀛的日本。在此兩個島國，雖也有其本土發展出的佛教教派，大致上說，皆不出於如上舉中國大乘佛教諸宗的延伸。日、韓兩國受到漢文化的影響極為深遠，而對中國大乘佛教的吸收，實超過對於儒、道兩流文化的分量。佛教雖然發源於印度，日、韓兩國的佛教聖典，傳入時均已是漢文，他們學習漢文化的同時，也學習了漢文化的中國佛教。可見佛教在中國，不僅豐富了中國文化的內涵，也在中國文化的對外輸出方面，扮演了重要的角色。

五

中國本土佛教的大乘諸宗，有一個共同的特色，便是屬於如來藏緣起的系統。除了南山道宣（西元五九六—六六七年）的四分律宗，是依唯識思想解釋戒體觀念之外，其餘諸宗，都跟如來藏思想的「性」和「心」的理念有關。

天台智顗（西元五三八—五九七年）的天台宗所說「一念三千」的「一念心」，是屬於「性具」思想。

華嚴宗的根本教典《華嚴經》所說「應觀法界性，一切唯心造」的「性」及「心」，是屬於「性起」思想。

淨土宗所依教典《觀無量壽經》有云：諸佛法身，入一切心想，是心是佛，是心作佛，是說的「心即是佛」。

禪宗的《六祖壇經》所說「本心」及「自心」，「本性」及「自性」。所以「明心見性」乃是禪宗的標的。

中國本土形成的大乘佛教，號稱八宗，其實流傳普遍而能持久的，只有四宗，談論教理的思辨者，不是天台便是華嚴，尋求修持的實踐者，不是禪宗的參禪便是淨土宗的念佛。最妙的是天台及華嚴，都重視禪修，也鼓勵念佛，乃至自宋、明以下的禪宗人物，亦多半主張禪淨雙修。以致形成禪修是諸宗的共同功課，淨土是諸宗的共同目標，不能不說這是中國佛教的特色。

至於「性」與「心」的思想，以及禪修的實踐工夫，對於中國的儒家文化，也產生了巨大的影響。那就是出現了數位儒學大家，如眾所周知的張、程、朱、陸、王等宋、明諸大師，都曾飽讀佛典，而開出新說。對於佛教的態度，不論是張橫渠、程明道、程伊川、朱熹、陸象山、王陽明等的哪一位，乃採陽排而陰取的兩面手法，一方面責斥佛法的不合「理」、「私心」、「出世」。另一方面又大談：「性」學與「心」學，頗似天台宗主張：「性具」，華嚴宗唱說：「性起」，禪宗發皇：「心宗」。朱熹言：「性即理」，陸象山言：「心即理」。王陽明在龍場驛悟道：「始知聖人之道，吾性自足。」又說：「人心是天淵，心之本體，無所不該。」其《傳習錄》又有云：「吾心之良知即所謂天理也。」所以陽明學說的格物致知，也是從心、性二字的觀念下手。而心與性的觀念，是中國佛教大乘諸宗的共識，宋、明儒家的用法雖與佛教不同，而其受到佛教的影響則相當明顯。無怪乎陽明學派的諸弟子之中，王龍谿及王心齋二人，與禪宗愈來愈近，《龍谿全集》卷三，甚至引用禪宗《六祖壇經》的話，來說明他自己的主張。王龍谿的弟子李卓吾等，王心齋的弟子及其再傳，也多迴儒學而入於佛教了。（以上資料參考馮友蘭著《中國哲學史》第十二、十三、十四章）

正由於佛教對中國文化的影響太大了，故大陸在一九四九年後，一方面禁止宗教活動，另一方面又令學者們從唯物史觀的立場批判佛教，例如任繼愈在其《漢唐佛教思想論集》（人民出版社一九七三年版）的〈後記〉中說：「佛教宗教哲學堅決與唯物主義為敵。」因此而要「廢除做為人民幻想的幸福的宗教，也就是要求實現人民的現實的幸福」。

六

佛教在中國文化史上的貢獻，乃是不爭之論，佛教的輸入發展，不僅為儒家哲學帶來復興契機，也促成了中國道教的組織化與學問化。我在拙著《比較宗教學》第五章曾說：「佛教來華之前，中國有哲學系統的道家一派，有陰陽術數的方士一流，但還未將道家與方士混合而成道教。佛教自兩漢之間輸入之後，道教也由教匪

混合方士及道家而成立。但是，黃老之學的成為宗教的信仰，至少要比佛教的輸入晚了一個世紀。」（臺灣中華書局一九六九年出版）

就以道教的經典寶庫《道藏》的編目部類而言，乃是模仿佛教的經、律、論三藏十二部，而分作三寶三洞十二部。視其內容，凡是老莊哲學諸書以及古代方術之書，均被網羅在內；若再詳細讀其經、論、註疏，與佛教思想資料相關者，根據日本現代學者鎌田茂雄教授所寫《道藏內佛教思想資料集成》一書的報告，共有七十七種道書，大量又大方地採用了佛教的資料。另外還有受到佛教戒律及懺法之影響而撰成的道書，尚未列入此書的文獻中。

就以起於金世宗時代（西元一一六一——一一八九年）的道教改革派，北京白雲觀系的全真教而言，主張儒、釋、道三教合一，以《孝經》、《心經》、《道德經》為其必誦的日課。在生活方面則學習佛教的禪院規制：須出家、素食、持戒，其五戒條目全同佛教。

此外在中國民間也出現了不少新的宗教，例如白蓮教、白雲教、無為教、羅教，乃至今天的一貫道等，近世學者們通稱它們為「民間信仰」或「民間宗教」，是為有別於正統儒、釋、道、耶、伊斯蘭之五大宗教，也有西方學者如加拿大的漢學家歐大年教授（Pro f. Daniel L. Overmyer）在其所著《中國民間宗教教派研究》（上海古籍出版社一九九三年版）一書中，乾脆稱之為「民間佛教」。這對正信的佛教徒而言，雖不能認同，倒也正是那些民間宗教所期望的稱呼。因為那些新宗教的創始神話，總不能脫離佛教的彌勒、觀音、古佛出現等信仰，也以佛教的天堂地獄等觀念，吸引信眾，並且擷取佛言祖語，通過靈媒的天啟神訓，教化信眾。他們不是佛教，卻不能不依附佛教的文化，做為他們的起源及依歸的靠山。

七

佛教自印度傳入中國，歷經為時千餘年的譯經工程，形成了翻經文學的特色，而在西元第六世紀之後，中國文學的風格便受到佛教翻經文學的影響。根據胡適之的《白話文學史》（臺北文光圖書公司，一九六四年再版）第十章說，佛教的翻譯文學，在中國文學史上的影響，至少有三大貢獻：

（一）在中國文學最浮靡又最不自然的時期，佛教的譯經諸位大師如竺法護及鳩摩羅什等，用樸實平易的白話文體來翻譯佛經，但求易曉，不加藻飾，遂造成一種文學新體。

（二）佛教文學富於想像力，對於那最缺乏想像力的中國古文學，有很大的解放作用。

（三）印度文學往往注重形式上的結構，那些帶著小說或戲曲的形式，乃是古中國文學沒有的，他們的輸入，與後代的彈詞、平話、小說、戲劇的發達，都有直接或間接的關係。佛經的散文與偈體夾雜並用，也與後來的文學體裁有關係。

胡適之又說，西元五世紀以下，佛教徒倡行了三種宣傳教旨的方法：

（一）是經文的「轉讀」，即是詠經。

（二）是「梵唄」，即是歌讚。

（三）是「唱導」，即是宣唱法理，描摹天堂地獄，廣明三世因果，開導眾生。

這三種方法，便是把佛教文學傳到民間去的路子，也是產生民間佛教文學的來源。宣讀佛經，不易使人懂得，因此而有「俗文」、「變文」之作，把經文敷演成通俗的唱本。

六朝以下，律師宣律，禪師談禪，都傾向白話的解釋。到了唐代的禪宗大師們，有白話體的語錄出來，便為中國散文的文學上開一生面了。

因此，佛教文學在中國文學史中的地位，據日本漢學家兒島獻吉郎的《中國文學概論》第六章說：「在文學上規定三教之位次，不得不置儒教於第一，佛教於第二，道教於第三。」在唐朝的詩人社會，佛教僧侶甚多，尤以寒山的《寒山集》、皎然的《杼山集》、貫休之《禪月集》、齊己之《白蓮集》，均能為佛教文學吐萬丈光芒。在唐代的在家居士之中，王維被譽為「詩佛」，而與詩仙李白、詩聖杜甫齊名。

唐代詩人之中，所寫詩文之與佛教有關者更多。唐以下的高僧碩德，凡能作文，必善吟詩，尤其是禪僧，幾乎隨手拈來都成佳句。直到近代的八指頭陀寄禪，以詩僧聞名，著有《八指頭陀詩集》行世。至於太虛、虛雲等大師，也都是詩界的能手。

八

佛教對於中國文化的貢獻影響，不是局部及片面的，乃是整體及全面的，故已跟中華民族的歷史背景乃至衣、食、住、行的生活習慣，均已無法分割。另以藝術而言，舉凡建築、雕塑、繪畫、音樂等的領域中，無一處沒有佛教文化的遺產。如果你曾參觀過中國大陸的四大石窟藝術，你便不能不讚歎中國藝術的寶庫，乃是佛教文化的貢獻；如果你參觀過中國大陸許多的古寺院建築，也會使你發現中國古建築的文化，佛教的最多，並且保存得最久。

其實，由於大量佛經的翻譯，影響了中國的音韻學及語言學，也促進了中國的目錄學及書誌學。從宗教哲學的思想層面，到民間宗教的信仰層面；從文學藝術的學術層面到日常生活的待人接物，都能見到佛教跟儒、道二教，無一不是中國文化的血與肉、骨與髓，如果還有人把佛教看作印度輸入的外來文化，那就真的不懂中國文化的定義是什麼了。

謝謝諸位先進學者，敬請指教。

（聖嚴完稿於一九九四年五月十九日的深夜紐約東初禪寺。刊於一九九四年八月《人生》一三二期）

案：此稿是為一九九四年七月二十二日，由中華文化復興總會主辦，中華佛學研究所承辦的「佛教與中國文化」國際學術會議開幕典禮後的主題演說而寫。

佛教藝術的承先啟後

我不是佛教藝術的創作者，也不是佛教藝術的研究者，我只是一個佛教藝術的愛好者。我不懂佛教藝術的理論，甚至對於佛教藝術的歷史，所知也極有限，但是就像許多藝術鑑賞的外行人一樣，我非常喜愛佛教藝術的作品。

一、佛教擁有豐富的藝術作品

凡是一個偉大而有悠久歷史文化的宗教，必會給人類的後代，留下偉大的文化遺產，包括哲學、文學、藝術。宗教藝術的作品，正是以具象的手法，表達宗教信仰所依據的哲學思想及文學內涵。也可以說，凡有偉大藝術作品遺留在人間的宗教，正是代表著這個宗教曾經擁有極有深度的哲學思想及非常豐富的文學作品。如果沒有博大精深的哲學思想，不可能受到上層社會知識分子群的持續信仰及普遍擁戴，就不可能培養及招集高明的藝術人才，投注大量的財力、物力，歷千百年，繼續不斷地創作出偉大的藝術作品。如果缺少豐富的文學內涵，也不可能有創作藝術作品的大量題材。

佛教的經、律、論三藏聖典及史傳資料，既為人間提供了各個層面的學說思想，也為人間提供了取之不盡、用之不竭的文學作品。所以會給歷代的藝術家們，源源不絕地提供創作的靈感及作品的素材。

在亞洲地區的文化史上，雖有印度及中國的兩大文明古國，也各有其源遠流長的文化特色，印度的本土文化是以《吠陀》哲學的婆羅門教為主流，演變而成為印度教。中國的本土文化是以儒家哲學的人文主義思想為主流，道家哲學為輔佐；這兩支文化，千百年來，主要僅在其各自的本土流傳。唯有佛教，發源於印度，傳遍及亞洲，包括西南亞、東南亞、東北亞、西北亞的各民族間，都曾盛行過佛教的信仰，也在亞洲各地，留下了偉大的佛教文化遺跡，那就是陸續地從地下、在石窟、在山崖、在林間、在沙漠、在古剎廢墟中，發掘和發現了無數的佛教藝術作品。因此可說，佛教是唯一的泛亞洲民族共同信仰的宗教，佛教是亞洲唯一的擁有藝術古蹟最多且最偉大的宗教。而且，曾經一度傳播到歐洲，近百年來也傳到了美洲，不過，歐美文化中的佛教藝術創作，尚在萌芽階段。

世界性的偉大宗教藝術，在西方的歐洲，乃以希臘、羅馬為源頭，基督教席捲歐洲之後，便以基督教的宗教藝術為主流。例如：羅馬、布拉格、倫敦等地的古教堂、古墓及博物館中，所見的宗教藝術作品，都很珍貴，都能從其藝術作品中體會到《聖經》的內容及信仰的精神；透過藝術作品的表達，便能讓人感受到宗教信仰的力量，對於人類心靈的安慰是多麼地重要。

在東方文化中的藝術創作，能與西方宗教藝術相頡頏的，則唯有佛教，甚至敢說，如果把佛教藝術的古蹟、古物除外，再查考東方文化中的古藝術品，就相當貧乏了。因此可說，從佛教藝術作品的豐富程度而言，佛教文化不僅是亞洲宗教中信仰人數最多的宗教，也是留下文化遺產最多的宗教，更是最有前瞻性及將來性的宗教。我們邀請諸位與研究佛教藝術相關的專家學者，以佛教藝術為主題，來進行研討，目的便是為了溫故知新，古為今用，承先啟後。

二、佛教藝術的起源與發展

佛教藝術之有歷史可考者，如眾所周知，在印度大約可分四個時期：

（一）起源於印度的阿育王時期，那是西元前二七三年至二三二年。在其殘存於今日的遺物，如：鹿野苑的石柱雕刻等，把佛教的義理，化為形像，表現出來。不過早期的佛教藝術作品中，雖有故事的場景，卻沒有把佛陀形像化，乃是以象徵的手法，襯托出佛陀是存在於無形無相之中。例如以刻一個腳印代表佛陀曾到過之處，以刻一個法輪，代表佛陀說法處，以刻一寶座及菩提樹，表示佛陀成道處。

（二）直到西元第二世紀的犍陀羅藝術時期，才開始出現了佛陀的形像。例如在阿育王之後的一百餘年，於婆爾訶特（Bhārhut）及桑佉（Sāñchi）一號大塔東禮門橫樑上，表現的佛陀「踰城出家」圖，畫面是一匹馬，馬背上立一傘蓋，馬後面有幾個人在告別，另有一男子向巨大的佛足跡禮拜，並無佛像。到了受到希臘風格影響的犍陀羅出土的同一題材浮雕，便有佛像坐在馬背上了。到了西元第三世紀，西北印度的犍陀羅藝術影響了南印度的阿摩拉瓦特（Amarāvati）大塔欄楯雕刻，也出現了佛像。

（三）到了西元三二〇年至五四〇年之間的笈多王朝時期，乃是印度佛教藝術的鼎盛時代。採用犍陀羅雕刻的技能，回歸古代印度雕刻的原則，雕像的衣著極為輕薄，緊貼身體，呈透明裸露狀態，用極淺的曲線，左右均等地刻劃出雕像的衣褶紋路。本期佛像的背光光圈，已從先期單純的圓板，加刻了圖案，佛像的頭髮，多為螺形，且有眉間白毫相等三十二種大人相，所以富於慈愛的表情，及利他的理想，表現了大乘的精神。例如鹿野苑博物館所藏以及西南印度阿姜塔（Ajanta）洞窟精舍中的佛陀雕像，便是此一時期的代表作。

（四）到了西元第八世紀之後，有一個帕拉王朝，偏安於東印度，達五百年之久，擁護印度晚期大乘的密教，本期印度佛教的造像藝術，已有一定的規定和比率，例如：清朝的工布查布漢譯的《佛說造像量度經解》所示。依據密教的教義，對於佛菩薩像的坐姿、手印、背光、衣飾、莊嚴等，均已固定，少了工匠自由的創意表達空間，大致上是兩眼向上吊，顎部呈尖狀，凸胸、細腰、雙身、多手多頭多法器等的特徵。此在本（一九九八）年春間，中國時報社假臺北國父紀念館舉辦的西藏佛教藝術大展中，見到的密教藝術作品，便是沿襲印度晚期大乘佛教藝術的風格。

三、佛教藝術以化世導俗為目的

如果要追溯佛教的根本精神，不僅不贊成以偶像為禮敬對象，也不允許弟子們從事藝術創作的行為。因於原始佛教時代，佛弟子們重修持、求解脫，無暇及於藝術，我們都知道，戒律中有明文規定，比丘及比丘尼不應作畫。但在以化世導俗為目的的角度來說，用藝術的表現方式，接引世人、接近佛法、接受佛法，就很有需要了。故由原始佛教過渡到部派佛教時代所傳下的律部及阿含部中，就見到了繪畫及雕像的記載。例如《根本說一切有部毘奈耶》，以及大眾部所傳的《增一阿含經》。不過到了初期大乘的《大般若經》仍在提醒我們：「於諸世間文章伎藝，雖得善巧，而不愛著」，因其乃為「邪命所攝」。（參閱拙著《印度佛教史》第七章第三節）

佛陀未必反對藝術，至少是不主張以修持解脫道為重心的弟子們，從事藝術，所以在佛陀時代，至少並未重視以藝術作品來做為教化人間的工具。可是到佛陀入滅之後的二百年左右，由於距離佛世已遠，佛教徒們無法體會到佛陀住世時的精神力量，便不得不以具象的藝術作品代替佛陀，例如以蓮花象徵誕生時的佛陀、菩提樹象徵成道時的佛陀、輪寶象徵說法時的佛陀、塔象徵涅槃時的佛陀，漸漸地才出現了佛陀的雕像。故於《增一阿含經》卷二十八，載有佛世的優填王造了佛的木像，波斯匿王造了紫磨金的佛像，都是五尺高。在《根本說一切有部毘奈耶》卷二十八及卷四十五，也有為佛造像及為佛畫像的紀錄。這應該都是在佛滅之後兩、三百年才發生的事。

四、印度的佛教藝術包羅宏富

印度的佛教藝術，尚有文學、建築、音樂等。

在佛教文學方面，由譯成漢文的聖典中，尚可看到其體裁及題材之豐富，常見的則是所謂十二部，也就是以十二種文學型態的表達方式，來呈現佛教的義理及其信仰實踐的內容。那便是：1.散文體裁的長行，又名契經。2.散文之後再以韻文詩歌體裁表達一遍的重頌。3.散文的篇章之中，偶爾會挾有一首單獨的韻文，稱為孤起頌。4.每部佛經的開頭，多有一段敘述該經的請法及說法因緣，稱為因緣。5.追敘佛陀弟子們的往昔生中，種種因緣經過的，稱為本事。6.追敘佛陀自身在往昔生中修行菩薩道階段的種種事蹟，稱為本生。7.記錄佛陀顯現種種神通不可思議事項者，稱為未曾有。8.用故事寓言的題材，說明甚深的佛法義理者，稱為譬喻。9.直接用論辯說理的型式者，稱為論議。10.不須弟子請法而佛陀主動說法者，稱為無問自說。11.佛陀說出方正廣大，眾生皆能成佛的經文者，稱為方廣大乘，亦名方等大乘。12.記載佛陀為弟子及菩薩們預告何時成佛，佛名為何，佛國何名的題材者，稱為授記。

此外有專門收集寓言故事的聖典，名為《百喻經》；有專門收集佛陀語錄短句的聖典，名為《法句經》；有以長篇的韻文撰寫佛陀傳記的《佛所行讚》；有以散文撰寫國王及祖師傳記的阿育王傳、龍樹、馬鳴、提婆、世親傳等。

其實，在律部、阿含部，均可讀到優美完整的佛弟子傳記，也有戲劇道白及演戲的體例，對於天堂、地獄以及北俱盧洲等的描寫，均係文學體裁的表現手法。若從大乘經典的表現型式來看，例如《華嚴經》的〈入法界品〉善財五十三參，以及《法華經》、《維摩經》等經的許多篇章，根本就是戲劇的體裁。此外如彌陀淨土的三部經、彌勒淨土的三部經等，都有人物眾多極其華麗莊嚴的場景，是故到了中國的敦煌壁畫，便演變為《維摩變》、《淨土變》、《勞度叉鬥聖變》等大幅的繪畫題材。

印度佛教的建築藝術，是表現於洞窟，例如阿姜塔的佛塔，例如阿育王時代所遺留的佛塔、鹿野苑前五比丘迎佛塔、鹿野苑內重建於笈多王朝時代的佛陀初轉法輪紀念塔、涅槃場的紀念塔，工程最偉大的代表作，應該要算菩提伽耶（Buddha Gayā）的正覺大塔，始建於玄奘大師西遊之前，重建於西元第十二、十三世紀之間，修復於十九世紀，高一百六、七十尺。以上所舉的佛塔型式各異，完成的時代也不同。

印度的寺院建築，雖已發掘出土了鹿野苑、祇洹精舍、王舍城等的遺址，也只見牆基而不見牆垣房舍，規模最大的那爛陀寺遺址，也僅留下露出地面的殘垣頹壁和牆腳基礎。由道宣律師所撰《中天竺舍衛國祇洹寺圖經》表現的平面示意圖，也僅能知道其寺院各項建築物的空間配置。若從諸部大乘經中所描述的宮殿式建築，最著名的是《華嚴經》的彌勒樓閣，此外有《無量壽經》等所描述的佛國淨土宮殿建築，那只能說是信仰中及禪定中神通力所見理想的建築型態，不能視為就是印度佛教的建築藝術了。

印度佛教在音樂藝術方面，也有極高的造詣，在三藏聖典中，可以讀到許多有闕歌詠、伎樂、舞蹈的紀錄，在山西省的雲岡第十二窟門楣上方，有一幅石刻浮雕圖，一群伎樂天，用十四種不同的樂器，正在熱烈地演奏，包括管樂器、弦樂器、打擊樂器的三大類。至於他們所奏的是什麼樣的樂曲，就無法知道了，唯其從佛教的經文、石刻及壁畫中，見有伎樂天音樂神的俗稱所謂「飛天」看來，佛教的音樂梵唱及舞蹈，必定是非常發達的。

至於中國的佛教藝術，基本上是承襲印度的餘緒。在繪畫、建築、雕塑方面，有敦煌的莫高窟、山西的雲岡、河南的龍門、甘肅的麥積山、四川的大足等，被譽為海內五大石窟，都是無價的寶藏，其時代由北魏，歷隋、唐、宋、元，迄明、清，各有特色。在甘肅省的炳靈寺，山西省的南禪寺、佛光寺、崇善寺、善化寺、華嚴寺等，不僅留下了中國最古的木構建築藝術，也留下了唐、宋、遼、金時代的雕塑佛像藝術群。

在造像之中，有石雕、木刻、泥塑、鎏金、銅鑄、彩繪等材質。其所表現的題材，有諸佛、菩薩、羅漢弟子、護法諸天、供養人等，這些均有專家學者的研究成果。

若以西方人所指狹義的藝術（art），便是這些雕塑及繪畫的範圍了。廣義的藝術，可以涵蓋一切的人文學科，在印度稱為五明：1.文典及訓詁之學，稱為聲明。2.工藝、技術、算曆之學，稱為工巧明。3.醫、藥及禁咒之學，稱醫方明。4.論理邏輯之學，稱為因明。5.明自家之學，稱為內明，站在婆羅門教的立場，將四種《吠陀》聖典稱為內明；站在佛教立場，將三藏聖典稱為內明。在中國的儒家，也將一切的人文科目總稱為六藝，分作兩類：1.於《周禮》所見的小六藝：禮、樂、射、御、書、數。2.於《史記》所見的六經，名為大六藝：《易》、《禮》、《樂》、《詩》、《書》、《春秋》。若準此而言佛教藝術，則凡是有關於佛教的文化遺物，無一不是佛教藝術了。

五、佛教藝術對中國文化的影響

佛教藝術在中國，除了承襲印度佛教的題材及其風格之外，歷代也有個別的創新，即以佛像的造形而言，北朝的秀骨清風，如麥積山；隋、唐的豐滿圓潤，如龍門奉先寺的盧舍那佛像；宋朝的吊眉、鳳眼、櫻桃唇；遼、金菩薩像及諸天像的多彩華麗而又有自然喜悅之美；明代的造形線條簡單又有純樸端嚴之美。

有關中國佛教的雕塑、壁畫、音樂、建築、文學等藝術，我曾有過一些探討及介紹的文字：1.《印度佛教史》，2.本書的〈中國佛教藝術的價值〉，3.本書的〈中國佛教建築〉，4.《火宅清涼》，5.《佛教文化與文學》，6.先師東初老人也曾寫過一冊《佛教藝術》。

我們從張曼濤先生所編的《現代佛教學術叢刊》第十八冊《佛教與中國文化》所收諸文，知道佛教藝術影響中國文化之深度及廣度，實在遠大無比。太虛大師舉出藝術項下的建築、塑鑄、雕刻、圖畫、音樂、印刷、戲劇；文學項下的切音、文法、名詞、文體、詩歌、語錄、小說傳奇；科學項下論理學、醫學、天文學、數學；哲學項下的漢、晉、南北朝、隋、唐的「空、有、玄門」思想，宋、元、明、清「治世心身」思想，禪宗影響了宋、明儒學及仙道思想，佛學也給近世的現代思潮，注入了養分。

在同一冊書中，收有美學家蔣勳先生的一篇〈大乘思想影響中國佛教藝術〉，他特別推崇禪宗精神對於中國繪畫風格的影響，他說：「禪宗離棄佛像、經典、儀式，在思想上建立了渾簡鋒利的哲學；在繪畫上亦啟發了筆簡形具之創作，以氣韻為主的禪畫由之興起。」他對唐代有詩佛之譽的王維所作詩畫，均富禪意而別創禪詩及禪畫的風格，非常讚歎，又說：「中國大乘佛學，至禪宗而發展至極致。中國山水畫也至禪畫而達頂峰。」

從以上所引兩位學者的看法，知道佛教藝術對中國文化的影響，共有兩大主流：1.是以承襲印度佛教題材及其思想風格為基礎的，2.是以中國禪宗思想精神為骨幹的。其第一類雖也是創作，仍不脫模擬的痕跡；第二類則純屬於中國佛教別具神韻的創作了。

張曼濤先生編集的《現代佛教學術叢刊》第十九冊，收有謝無量先生的〈佛教東來對中國文學之影響〉，他以為由於梵音隨佛典翻譯傳入中國，便促成了沈約的四聲及駢體文的發展；宋、明儒家的語錄，多少是受著名禪師們所遺語錄的影響；由於佛教的普及化，促成了平民文學及變文以後新體文學之發展；徵引鄭振鐸的《中國俗文學史》，以為佛教的變文促成了後來之戲曲小說、彈詞、寶卷、鼓詞的發生；變文為了宣傳佛經，吸引信眾，就用散文和韻文相結合，附帶地在中國卻促成了新文體之發達，演變成鼓子詞、諸宮調、彈詞、戲曲小說的不斷進步。

六、以佛教題材，引發另一類創作

佛教進入二十世紀後期，已經直接或間接地傳遍全球，對於現代人的社會，也有很大影響，例如：佛學、禪學對心理學、心智學的啟發，產生了EQ論及腦內革命論等，超越了佛洛依德及榮格等所持心理學的觀點。相反地，佛教徒們接觸到了現代化的時代文化之後，也不得不求新求變了。

在文學的表達方面，以輕鬆簡易的散文貼緊著日常生活，寫出佛化的作品，產量最多也最受歡迎的，有林清玄先生；以禪學為內涵，寫出勵志及心理疏導的作品者，有鄭石岩先生；以禪語及經偈為依據，寫出簡短的智慧小語者，有星雲法師及聖嚴本人；以散文詩的筆觸，寫出長篇的佛化小說者，有愚溪先生；以現代佛教徒的生活為背景，寫出長篇的佛教小說者，有姜貴先生等；以現代佛門高僧的傳記為題材，寫成長篇的傳記文學者，有陳慧劍、丘秀芷、符芝瑛等。聖嚴本人則以個人的經驗及遊歷，撰寫了十一冊傳記和遊記。偶爾也有以舞台劇、廣播劇、電視劇的方式，編演佛化的故事者，有星雲法師的《玉琳國師》等。以高僧小說故事，寫成青少年佛化系列的叢書者，有法鼓文化及佛光文化等。

現代畫家之中，以佛畫為題材的，則有溥心畬、張大千、呂佛庭、江曉航、董夢梅、奚淞、釋果梵等。另有徐悲鴻以西洋油畫的材質畫弘一大師像；最近大陸旅美畫家李自健先生，也以油畫的材質，畫出極其逼真的星雲法師、聖嚴本人肖像，以及南京大屠殺的宗教畫。傳統的水墨畫家之中，也有幾位方外之士，而以竺摩、廣元及曉雲三師最為傑出。如今，漫畫及動畫，日漸風行，最先的佛教漫畫，當以豐子愷先生的《護生畫集》為鼻祖；當今傑出的漫畫家之中，以佛教經典為題材，畫出許多本連續漫畫的，當以蔡志忠先生最成功；李百智先生，以四年的心力，完成了《小和尚一家親》的動畫創作，嗣後又創作了《小呆蛙》等卡通影片。為我本人的禪系列各書畫插繪的，先後曾有許鳳珍、郭果同、釋果雨、陳永模、朱德庸、尤俠等人，他們多是知名的畫家及漫畫家。佛教的漫畫及動畫，尚有極廣大的創作空間，也有許多的讀者群尚待開發。

書法也是佛教藝術的一類，除了古代的許多名碑及大量的寫經及石經，現代也有不少書法家以經句禪詩入題，也有以泥金寫經的，其中當以林隆達先生為代表。近二十多年來，雕塑佛像的年輕師傅，愈來愈多，工藝的水準也愈來愈精美，若干已揚名國際藝壇的大雕刻家如楊英風、朱銘先生師徒二人等，也都有佛像的雕塑作品。

近數年來，由於法鼓山首開當代藝術品義賣展的風氣，其他幾個佛教團體，也舉辦了類似藝術品義賣展，因此鼓勵並結合了不少當代第一流的書畫家們，以佛教為題材，引發了他們另一類創作。

佛教的傳統音樂，稱為梵唄，通常用於早晚殿堂的課誦以及特定的各種法會場合。現代化的佛教音樂，應該是以太虛大師作詞、弘一大師譜曲的〈三寶歌〉，為被普遍接受的開始，如今則於臺灣各大佛教團體，不僅均有各自的歌曲，也有了各自的合唱團，例如法鼓山合唱團，已組成了三年多，並且正在協助全省各法鼓山共修處及分院，籌組合唱團，以配合各種弘法活動，歌讚佛法，勉勵道心，莊嚴道場，營造氣氛。不過尚未形成現代佛教音樂的統一標準，有的接近校園音樂，有的接近電影插曲，尚不能像梵唄那樣，不論由任何人唱出，一聽即知是佛教音樂。

有關中國現代的佛教建築，在中國大陸，因係重修復建古代的寺院，多用簡樸的明式，在臺灣各地新建的寺院，多取重彩的清式。由於臺灣政府有明令規定，如果不具古代的宮觀模式，便難取得合法的寺廟登記許可，以致少有創作的空間。故於今（一九九八）年元月間，慧炬雜誌社及覺風佛教藝術文化基金會主辦的「佛教建築設計與發展國際研討會」會中，也廣泛地討論了現代化佛教建築新模式的問題。

七、現代宗教藝術應與社會相結合

古代的宗教藝術，是為滿足信仰者的心願服務，歷代開鑿的石窟藝術，乃為帝王大臣，或為地方士紳，薦福做功德而營造的。現代的宗教藝術，須為達成傳播佛法廣被人間的任務創作。古代的宗教藝術，是為少數人的信仰做表達，現代的宗教藝術，當與社會大眾的生活相接合。創作雖屬於藝術家的專業修養，功能則在於提供全體大眾善及美的教育環境。

藝術品應當有其各自的創作生命，宗教藝術又必須兼顧傳統與創新之間的承先啟後；現代人的宗教藝術，不僅當有其時代的特色，更須負起走向未來世界的使命。這也正是中華佛學研究所主辦這項學術會議的希望。

謝謝諸位，敬請指教。祝福諸位，平安快樂；祝福大會，圓滿豐收。

（一九九八年四月十一日講於臺大思亮館「佛教文學與藝術學術研討會」）

中國佛教建築

——佛教建築設計與發展國際研討會主題演講

一、提要

中國寺院脫胎於宮殿的模式，但異於印度的伽藍，也異於中國的宮殿。它是以中國宮殿的外觀，增加了佛塔、祖塔、佛像、壁畫等的內容。若從空間的布局上說，在整體殿堂院落配置方面大致是依道宣律師《戒壇圖經》（《卍續藏》一〇五冊，新文豐版）的模式。

我能受到貴研討會的邀請，擔任這場主題演說，感到非常榮幸，但也覺得相當慚愧，因我對於貴會研討的主題，純屬外行，在諸位專家學者面前，豈夠資格扮演這樣的角色？但是主辦、協辦單位以及在座諸位先進，都是我敬佩和心儀的團體及個人，來跟大家見面談談，乃是很高興的事。

我對於佛教的建築藝術，沒有研究，卻很感興趣，故於一九六八年的《佛教文化》季刊第十一期，曾發表過一篇〈中國佛教藝術的價值〉，其中的第二節，即是「中國的佛教建築」，又分佛寺建築及佛塔建築的兩類，做了一些基本資料的介紹。到了一九八八年，因為返回中國大陸探親，才有機會順便到北京、洛陽、河南、江蘇，參訪了若干座古寺院，實地認識了古代佛教建築的結構及其布局設計。翌年一九八九年，我們的僧團，獲得了坐落於臺北縣金山鄉的法鼓山一大片山坡地，便不得不籌畫開發及建築的工程，為了溫古知新，便於一九九一年，結合了以建築師群陳柏森先生等為核心的「大陸佛教古建築藝術考察團」，到了大陸，則由建設部派了中國建築中心的屠舜耕先生等做隨團的專業指導。佛教史學及佛教美術史的學者冉雲華與陳清香兩位教授同行。讓我考察了北京近郊的白雲觀、潭柘寺、戒壇寺、香山飯店、雲居山、故宮，山西太原的崇善寺、五台山南禪寺、佛光寺、台懷鎮諸大寺、大同的雲岡、善化寺、華嚴寺，甘肅蘭州的玉泉山、敦煌莫高窟、天水的麥積山、甘南的喇嘛道場拉卜楞寺等。由於是有專家同行，收穫非常豐富，其中最古的是重建於唐德宗建中三年（西元七八二年）的南禪寺，最新的是貝聿銘建築師設計的香山飯店。

此後，我又兩度進入中國大陸，訪問了雲南的雞足山，四川的峨嵋山、成都的文殊院，西藏拉薩的布達拉宮等藏傳佛教諸大寺，安徽的九華山、南京的棲霞山、寶華山，鎮江的金山、焦山，蘇州的寒山寺、靈巖山、西園寺，浙江杭州諸大寺、天台山國清寺，普陀山諸大寺，上海的靜安、玉佛、龍華諸大寺。這些寺院，包括漢、藏兩系的佛教各宗，諸大名山的建築物，都是宋、元、明、清歷代的遺產，特別是屬於明、清兩代的居多。有些寺宇佛塔在經過歷次的浩劫之後，還能於原地依原貌重建，讓後人尚可欣賞到千百年前的中國佛教建築之美。

保存中國古文化相當用心的日本民族，也是值得讚歎的，由於奈良及京都的許多古寺院建築，本來就是模仿中國唐、宋、元、明時代的寺院風格，故於一九九二年組團前往考察。我在留學日本期間，也曾訪問過從東京到九州的日本佛教各宗大本山、總本山，比如天台宗的比叡山，真言宗的高野山，曹洞宗的永平寺，日蓮宗的身延山，臨濟宗的五山十剎，黃檗山萬福寺，淨土真宗的東本願寺、西本願寺，以及新興的日本佛教建築有日蓮正宗的大石寺，立正佼成會的東京總會等。其中最古的奈良的東大寺、唐招提寺、法隆寺，最新的是新興佛教建築；由古老的木構造，到現代化的鋼筋混凝土構造，等於在一千數百年的建築時光隧道中走了一趟。

在二十多年來，我幾乎有一半的時間行腳於亞、美、歐三洲的國外地區，經常到各國大學的校園中演講，也訪問了哥德式大教堂林立的捷克布拉格市，我在歐洲許多天主教及基督教國家，參觀了不少大教堂，甚至還住在他們的修道院中，我都會留意那些宗教建築物的布局、庭院草木、門窗、走道、祈禱室、禮拜堂、臥室、廚房、浴廁的設施，及其所用的材料結構、通風、採光、隱密度、安全感等的功能。

接下來，介紹一下個人對於中國佛教建築的一知半解。中國佛教寺院，脫胎於宮殿的模式，但它既異於印度的伽藍，也異於中國的宮殿，它是以中國宮殿的外觀，增加了佛塔、祖塔、佛像、壁畫等的內容。佛滅後的印度伽藍，初以佛塔為主體，由於僧人向佛塔禮敬，逐漸以佛殿為中心，僧眾由禮佛舍利而改為禮佛聖像；寺院以大殿為中心，周圍建有小殿，小殿各有東、西兩軒，及東、西兩廊，各殿之間，均以迴廊互相連接，寺之東側有鐘樓。寺院設置重重的大門；此外有南西門及東西門，均名為三門。此三門是指牌樓形的大門，均用四柱三門的形式，門頂採用樓閣的形狀，若比照宮殿規矩，皇宮的三門是七樓四柱，王宮五樓四柱，一般寺觀多用三樓四柱，仍是三門，最簡單的一樓二柱，則僅一門了。後來的一般人不知三門是由四柱三洞構成的原由，便易名山門了。也有以高大的樓閣為三門的，例如京都知恩院的三門，高聳入雲，樓上供有國寶級的釋迦等十九尊聖像。

寺院在大型的佛教道場，總院之下，別設分院，每院在總院之內又各具一個格局，如彌勒院、文殊院、觀音院、地藏院、華嚴院、戒壇院、翻經院等。在五台山的顯通寺，相傳於北魏孝文帝時代（西元四七一—四九九年），即有「置十二院」的記載。在中等的大寺院，將分院之名改為殿名，同時設有堂口，如法堂、禪堂、客堂、齋堂、講堂、念佛堂、如意寮等。不過不論寺院大小，必建有僧寮、大寮（廚房）、庫房、廁所等的配置。

根據唐代道宣律師的《戒壇圖經》介紹印度祇洹精舍的建築規模及其布局，是以後殿為中軸線之中心，後佛殿之最前部分是外門，依次向裡是中門、前佛殿、七重塔，後佛殿之後有三重樓、三重閣、後門。中軸之右側前方有西門，由此向裡有三重樓、經台、兩座五重樓、一口蓮花池；由此線再向右邊，以右側的西巷道兩旁建十一座分院，巷口西側為西小門、巷底為後門。中軸線的左側，也有重樓、巷道、分院，自成一軸線；在此左側軸線之左方，有一條三里寬十七里長的大路，種有十八行樹，配以溝渠灌注；在此大路之左，又有兩小軸線，乃是果園、井亭、蓮池，各種用途的庫房、廚房。此當為中國佛教寺院建築布局的濫觴，唐代以下的佛教寺院之規模較大者，不論建於平地或建於山區，這種以佛殿為中軸線之中心的原則是不會變更的。而且道宣律師雖然介紹的是印度的祇洹精舍，圖面的表現形式，卻全是中國宮廷宮殿的建築。

所謂宮殿式的佛教建築，主要的建材是木材及磚材，牆基及柱礎也有用石材的。純以石材建築的，僅有若干佛塔及祖塔。少數殿宇，也純以木結構建造，例如山西應縣的古木塔，建於西元一〇五六年；純以磚瓦建造的則有五台山顯通寺的無樑殿以及峨嵋山萬年寺內供奉七點四米高普賢菩薩銅像的，也是無樑無柱的磚殿，建築的技巧非常特殊，有點類似歐洲古老的大教堂，如倫敦的西敏寺，純以大理石材砌成，屋頂也是無樑，卻有石柱，尚有五台山顯通寺內純以青銅鑄造的銅殿。除了這些少數的例子之外，中國古代佛教建築，都是以木材為立柱、橫樑、順檩的主要架構，並承載重量，再配以磚牆瓦頂，避風遮雨。

中國古建築物的屋頂形式，多用平頂（不是平台）、坡頂、尖頂、圓拱頂，在坡頂之中又分有歇山、懸山、硬山、攢尖、十字交叉等等。屋檐的形式則有單檐、重檐，重檐則分二重檐、多重檐，例如敦煌莫高窟、雲岡石窟，以及浙江新昌石城山的大佛寺，都有依山而建的五重至七重屋檐之建築物，一般的民居都是單檐，例如南京寶華山的隆昌寺，雖是一座大寺院，各棟殿宇的建築，都採用謙虛的民居形式，所以是單檐。

宮殿形的佛教建築，在樑柱交接點上，都用木雕的斗栱承托。若用天花板，便有藻井、平綦、平闇；以彩繪及浮雕構成的圖畫故事為藻井，以方椽施素板為平闇，以平板貼花為平綦。四周牆面有繪畫，為壁畫。我所見的寺院之中，若係禪寺，比較樸素，並無天花板的藻飾，也無壁畫，甚至連天花板也省了，進入屋內，就直接看到棟、樑、柱、椽、桁，例如五台山的南禪寺便是如此。我在中國大陸，所見的佛教古建築中，繪有壁畫的並不多，除了石窟藝術的壁畫，只見到嵩山少林寺的白衣殿北壁和南壁，留有清人所繪巨幅壁畫，表現少林寺武僧的拳譜；山西大同的上華嚴寺，殿內四周牆面，繪滿了清人的巨幅壁畫；在五台山的鎮海寺門廊牆面也繪有好幾幅近代人的壁畫，其他諸大名山古剎，殊少發現壁畫。倒是藏傳佛教的建築中，在殿宇內外繪有壁畫者，則處處可見。這大概是由於中國佛教以禪宗為主流，禪佛教是比較傾向於自然樸素而不重油彩形像的原因。

佛教的建築群中，如係較大的古寺，通常都有佛塔及祖塔的建築，塔的建材，全木質的極少，除了應縣的古木塔、金山江天寺的慈壽塔、日本奈良法隆寺的古塔等也是木造的之外，大概多半是磚塔，像西安的幾座古塔：大慈恩寺的大雁塔、薦福寺的小雁塔、興教寺的玄奘塔、華嚴寺廢墟中的杜順塔，洛陽白馬寺的齊雲塔，雲南大理崇聖寺的三塔，以及杭州西湖淨慈寺的雷峰塔、天台山國清寺的隋塔等，都是磚造。佛塔原為供奉佛陀舍利的所在，例如印度阿育王時代遣使分送佛陀舍利於宇內各國，並且建塔供奉，至今仍可在印度見到佛陀成道處、初轉法輪及涅槃處的紀念塔，有四角尖方形、有圓拱覆鉢形。在中國內地的佛塔，只有少數是採用印度西域式的覆鉢剎桿形，例如五台山的大白塔及山西代縣的阿育王塔，都是密封起來的。其他的古塔，不是密檐七級、九級，乃至十六級（如大理三塔之中塔），便是飛檐翹角樓閣形的五級（如狼山的支雲塔）、七級寶塔（如金山的慈壽塔）；塔形可有四角、六角、八角等的不同。其中有的中空且有階梯可供攀登，例如大雁塔等，有的中實不可攀登。由於歷時久遠之後，屢經毀壞重修重建，有些塔中已無古物，有些佛塔的基座之下或塔頂之上，藏有佛陀舍利及經像法物，例如陝西臨潼縣慶山寺的塔下精室、陝西扶風縣法門寺的塔下地宮、雲南大理的三塔，都被發掘出了許多古代的法物。至於祖塔，乃是各寺院的歷代祖師骨塔或紀念塔，例如少林寺有祖師塔林；北京市郊的戒壇寺，也有祖塔院的祖塔群。祖塔與佛塔的形狀相同，多半則是具體而微，大約二、三米高。

中國佛教的寺院建築，從空間的布局上說，在整體殿堂院落的配置方面，大致是依道宣律師《戒壇圖經》的模式。我到印度訪問所見祇洹精舍的遺跡，規模雖大，並沒大到深十七里、寬數十里的程度，其建築遺址牆基所呈現的殿堂、僧舍、巷道的配置，也不像《戒壇圖經》所示；倒可以由此《戒壇圖經》理解到，隋、唐時代理想的佛教道場建築物配置，就是那樣的；所缺少的是各棟建築物之間，不像後來的寺院，均有迴廊連接，以利避雨遮陽。

在中國佛教古建築中的佛殿，是以供奉巨大的佛菩薩聖像及諸護法天人像為主，殿內不是用來集會共修及演講的場所，例如建於唐代的南禪寺，建於遼、金時代的華嚴寺、石城山的大佛寺，以及奈良的東大寺等。平常僧眾共修生活起居，別有各院的禪堂、法堂、齋堂、僧舍等附屬建築物。若舉行大型法會，則集眾於佛殿之前的大丹墀中，所以每一座寺院的佛殿之前，除了極少數的因為限於地形而有例外，否則均有寬廣的大庭院，庭院中多是石鋪或磚砌的地面，種上三、四棵大樹，沒有其他花草樹木，簡單空曠，以便於公共活動。

寺院的用地大小，與其建築物的配置疏密，關係也很重要。若有廣大的建地，便可見其開朗雄偉之勢，讓人有進入靈山勝境的感受，殿堂高大，三門巍峨。不論是寺院包山如鎮江的金山；或者四面皆環山抱寺院，如坐於蓮台的九華山及五台山；也有三面皆山，如太師椅，都讓人興起遺世獨立、絕塵超俗之思。唐高宗時代（西元六四九—六八三年）建於長安城南平原的大慈恩寺，共有十餘個院、一千八百九十七間殿宇房舍，也是壯大雄偉，氣象萬千，有類於淨土變相呈現於人間。但是也有限於山區及市區的地形地幅，就得運用巧思，以影壁、照壁、牆垣、曲徑等做陪襯，使人不致於一眼看透全寺景觀，雖然縱深很淺，橫面不寬，依舊讓人有幽靜、深邃、隱密、安定的感受，例如我所見的五台山鎮海寺，那是章嘉活佛的道場，給我印象非常深刻。其實，在大寺院中，也宜有若干局部的小院，在大統一的原則下，可讓它們個別自成一格，各具特色，例如我在蘇州靈巖山所見印光大師的關房，就是大寺院中的一個小天地；北京潭柘寺左後側的一個獨立小配院，乃為小型的四合院；南京寶華山的尼眾新戒寮，也是一個獨成一格的四合院。

中國佛教建築的空間布局，至少是一座三合院，加上前門及前門左右兩側的牆垣，成為四合院，也有以前門兼作天王殿的。較大些的寺院則有前後兩進的兩個四合院，或三進的三個四合院，構成一條軸線；也有更大的，由二條以上的軸線構成一座大寺院，我們見到的嵩山少林寺，就是沿著緩坡，由三門往上，建有幾個四合院的軸線。但是也有限於山坡的地形，除了中軸線排列整齊之外，左右兩側陪殿及配院建築，不一定要形成軸線，不過必定要和主軸線的各棟建築物之間，彼此呼應，不是孤懸的建築物，則如北京的戒壇寺配置，便是這樣的。

接下來，我想談談今天及今後臺灣的佛教建築。據我所知，中國大陸佛教的古建築，有隨著時代腳步而變的傾向，唐、宋的風格，大概在日本的奈良及京都，可得到比較具體的印象，今日中國大陸較古的佛教建築，多半是明、清兩朝的遺風，臺灣的古寺如臺南的開元寺及竹溪寺等，是沿襲大陸先清的風貌。以佛光山為代表的現代建築群，應該是沿襲晚清重於鮮明色彩的風格。

臺灣位處於亞熱帶的海島，氣候、地理、人文等的背景，都有異於大陸內地。所用的建材，若比照大陸模式，必須由大陸進口，例如臺北市龍山寺的建材，許多是來自大陸。今後的臺灣佛教建築，在色調、建材、形式等方面，宜有它的鄉土氣息；但是也不能遺忘掉佛教來自印度，通過中國大陸兩千年的消化成長，傳流到今天的臺灣，必須要做溯源的考量，好比兒孫固然不應墨守祖先的陳規，兒孫卻不能否認體內是流著與祖先相同的血液。溫古知新，承先啟後。同時，必須明白，今天已是邁向二十一世紀的地球村時代，甚至即將邁向太空旅行的時代，我們必須站在中國佛教的立足點上，結合世界各大文明的智慧，融合國際文化的知識，開創嶄新的佛教風格。這卻是說來容易而做出來很難的事，但也必須嘗試著來做。

今後的佛教建築，建材經常在革興，原則應該具備莊嚴、樸質、大方、實用、耐久、容易維護、居住舒適，雄偉與謙虛兼顧，安眾與化眾並重。在今日的臺灣，更宜注重防震、防風、防潮、防旱、防火、防犯罪，也當注意音響、通風、採光、除濕等設備；傳真電話、電腦網路、水電工程、汙水及垃圾處理、能源節約及儲存開發的準備；境內交通、室內動線、無障礙及導盲設施等，都得用心考量。

（一九九八年元月四日上午九點至九點三十分講於臺北市慧日講堂）

參考書目

《法鼓全集》，三之一冊——《學術論考》，釋聖嚴著。一九九三年。臺北：東初出版社。

《佛國之旅》，釋聖嚴著。一九九七年。臺北：東初出版社。

《金山有鑛》，釋聖嚴著。一九九一年。臺北：東初出版社。
《法源血源》，釋聖嚴著。一九八八年。臺北：東初出版社。
《火宅清涼》，釋聖嚴著。一九九二年。臺北：東初出版社。
《行雲流水》，釋聖嚴著。一九九三年。臺北：東初出版社。
《春夏秋冬》，釋聖嚴著。一九九三年。臺北：東初出版社。
《步步蓮華》，釋聖嚴著。一九九八年。臺北：法鼓文化出版社。

印順長老著述中的真常唯心論

——我讀《大乘起信論講記》

一、前言

聖嚴很榮幸，能被這次「印順思想學術研討會」主辦單位「現代佛教學會」邀請，擔任主題演說，首先在此致謝。

聖嚴蒙受印老治理佛學態度的影響很深，我也非常感恩印老的著作，對我一生學佛的啟發，所以我於國內外，不論在口頭上或在文章中，總是鼓勵有心於佛法的研究者及修行者，多讀印老的著作。我們中國的現代佛教，由於有了印順長老，已從傳統走向現代，已從寺院推展到社會。可惜，我自己並非研究印老思想的專家，我的研究領域，也無法走上像印老那樣廣博深遠的路線，何況當我完成博士學位之後的二十五年以來，經常為了禪修指導及寺院行政而忙，已少有時間深入教海，所以對於印老的著作，不僅沒有做過全面性的探究，乃至他的幾部代表作，也未能全部細心閱讀。今天要我來談印老的思想，只能算是以管窺天，以蠡測海。敬請方家給我教正。

二、印順長老的佛學思想

印老一生治學，範圍極廣，首探三論、唯識，精研阿含、律藏，對《大智度論》的用力尤其紮實，對於阿毘達磨、大乘論書，對中國的天台、華嚴、禪、淨，也一樣地都有相當深入的認識。由於印老博綜整體的佛教，從教團史及思想史的立場，把大、小乘各宗的來龍去脈，都看得清清楚楚，所以談任何問題，都不是從向來佛教學者的一宗一派的觀點出發，而是說出問題的根源及其發展的過程。因此，當他探討淨土，就有人以為他是否定淨土，當他探究唯識，就有人認定他是破壞唯識，當他探究密教，就有人覺得他是討厭密教，當他肯定巴利語系的南傳佛教，就有人誤以為他是反對大乘佛教，當大家發現他讚歎阿含及中觀思想的純樸，且在緣起性空的論點是彼此非常接近而係同質之時，就有人以為他是特別喜歡阿含、中觀而小視其他經論。尤其大家知道他曾在三論的文獻中下過一番工夫，就認定他是三論宗徒。由於他將印度大乘佛教，分為中觀、唯識、唯心的三大系，名為性空唯名，是指《般若經》及《中觀論》等；虛妄唯識，是泛指《攝大乘論》、《成唯識論》、《解深密經》等；真常唯心，是指如來藏系統的經論如《楞伽》、《勝鬘》、《維摩》、《華嚴》、《法華》、《涅槃》等經及《寶性》、《起信》等論。他指出中國佛教除了三論、唯識，幾乎都屬於第三期的真常唯心系統，就認為他貶低了真常思想，也看輕了中國佛教。

對於他的種種誤解，有的形之於文字，有的僅在口頭議論傳言。其實他是無辜的。問題是出在他涉及的論點太多，他的目的，不在於做學究式地為學問而做學問，他是希望為兩千數百年來的佛教做一番正本清源的工夫，希望為後起的學佛之士，不要以訛傳訛，不要籠統顢頇、人云亦云地糟蹋了佛的正法，以致於引生諸多的誤解。

因此，印老在一九八五年三月，出版了一本小書《遊心法海六十年》，以明他六十年間努力弘傳佛陀正法的苦心，以及告訴大家，他一生著述的心路歷程，也可以說，那是一篇印老著述的導論，可讓讀者們知道他的思想重心是什麼？他的目的是什麼？那冊小書出版以後，似乎是非賣品，我也得到印老親筆簽贈的一冊，並且以夾頁方式附有一紙便箋，印了三行字，內容是這樣的：

修學佛法以來，偶有講說及筆述，文字漸多，遍讀為難，深慮或摘取片言以致疑誤。爰作《遊心法海六十年》小冊，略敘學法之歷程，及對佛法之基本信解，以求正於方家。謹奉

聖嚴法師

印順合十

在這本小書中，印老自嘆有點孤獨，除了法尊、演培、妙欽等有些共同修學之樂，能知道他而同願同行的，非常難得。所以這本小書出版後，能夠真正知道他的人，還是很少！

我們大家都知道，印老的佛學思想是不贊成俗化、鬼化、神化、梵化、玄學化及過分理想化的，可是現實的各系佛教，多多少少，都富有這些成分的色彩。若從印老對於佛教的文獻涉獵之深廣，撰著主題之眾多，而且是飽讀三藏，精通內學，

看來是一位標準的學問僧，難道不是光為學問而學問的人嗎？如果不是，那麼他又何苦孜孜不倦地終身從事做著研究和撰述的工作呢？答案就是他為了將佛法做各種層面與各個角度的釐清給大家看，透過他的著述，可以讓我們知道佛陀釋迦世尊所留的遺教，主要是給人間用來離苦得樂的觀念及方法。可是他的讀者們，幾乎都被他淵博的佛學知識及縝密的思辨智慧所吸引，很少能注意到印老弘法的根本目的何在？因此到了一九八九年八月又出版了一冊小書《契理契機之人間佛教》，告訴大家：他主張的既不是所謂原始佛教傾向自了的小乘法，也不是中國台、賢、禪、淨，「說大乘教，修小乘行」的大乘佛教，而是「人間佛教的人菩薩行」，是為「使佛法能成為適應時代，有益人類身心的『人類為本』的佛法」。

這是印老一生努力於法義抉擇的宗旨，在這之前他雖曾寫過幾篇有關人間佛教的文章，許多讀者們還是不太了解印老究竟是怎樣的一位佛教學者，直到這冊小書面世之後，大家才公認他是以提倡人間佛教為己任的一位大師。他說他這思想是受太虛大師的影響，但多少有些不同。近十多年來，我在提倡人間淨土，也受印老及太虛大師的影響，但亦多少有些出入。

三、《大乘起信論》的爭議

從印老的思想層面而言，的確是比較贊成印度的阿含部，尤其判《雜阿含》的修多羅為「第一義悉檀」的佛法，祇夜是「世界悉檀」，記說是「對治悉檀」及「為人生善悉檀」，而無邊甚深的法義，均由此第一義悉檀流出。他把印度的大乘佛教，分作初期、後期以及祕密大乘，他對初期大乘的龍樹思想是特別讚歎的，因為是純樸的緣起性空論，最能與阿含部的法義相銜接。對於玄奘傳譯的唯識學，頗有微詞，真常系的如來藏思想，被他判為後期大乘。初期大乘中多少已富於理想化及梵化的成分，亦不為印老所取，如來藏系的真常唯心的大乘亦有確當的，但其偏重於至圓、至簡、至頓，例如中國佛教的台、賢、禪、淨，都是有這種性質。究竟哪些是確當的後期大乘佛法？哪些是適合現代人的佛法？可以參考印老的原著。

印老雖然幾乎是傾全部的生命於印度佛教的研探，對中國佛教也不是外行；他雖比較傾心於印度的初期大乘佛教，但對根本佛教、部派佛教的源流亦極用心，對於印度的後期大乘也極關心。因此他對印度三系的大乘佛教，都有極深度的認識，對於每一系，也各有幾部不朽的著作傳世。單以真常唯心系的著作及講錄而言，就有《如來藏之研究》、《勝鬘經講記》、《楞伽經親聞記》（印海法師記）、《大乘起信論講記》等，而以《大乘起信論講記》來肯定中國佛學及印度如來藏系的法義，要比玄奘傳譯的印度唯識學，更為優越。印老自己未必贊成如來藏系的真常唯心論，卻給了《起信論》相當高的評價。

《大乘起信論》在中國譯經史上，從隋朝開始就有爭議，均正的《四論玄義》說：「尋覓翻經論目錄中無有（《起信論》）也。」一直到唐朝智昇的《開元釋教錄》，才肯定地說，這是梁朝真諦所譯。故到近代日本學者中，有人主張《起信論》是中國人寫的，望月信亨博士撰《大乘起信論之研究》，乃成為此一主張的代表。當然也有持相反意見的，迄今尚未見出定論。至一九七三年，平川彰博士撰成日譯的《大乘起信論》的會註本，由大藏出版社出版，他自己對於《起信論》的疑偽問題，未加意見，只是於書末附錄了柏木弘雄氏的一篇文章〈起信論的文本及其研究〉，詳細介紹了《起信論》的作者、譯者，以及包括中、韓、日三國歷代的註釋者。儘管有人懷疑《起信論》的作者不是龍樹之前的馬鳴，譯者可能也不是真諦，但是《起信論》確係真常唯心論系的一部重要論著。自隋代的曇延開始，約一千四百年來，有關《起信論》的註釋極多，而以淨影寺的慧遠、新羅的元曉、賢首法藏三人所撰者，被歷來並稱為《起信論》的三疏，後代凡講《起信論》者，幾乎都會以法藏的《起信論義記》為基礎，另二疏為源頭的重要參考。而《起信論》在中國佛教史上的影響力，是遍及大乘各宗的，舉凡華嚴、禪、淨土、天台、真言各宗，都有甚深的因緣，乃至法相、三論二宗，也有不少直接引用《起信論》的。最晚的一部名著，是明末蕅益智旭的《大乘起信論裂網疏》，是依據實叉難陀的譯本，站在天台教學的立場，主張中觀與唯識是一體的，以為《起信論》與唯識學的基本思想都是《楞伽經》，因為智旭是性相融和論者，仍是中國佛教的模式。

印順長老對於《起信論》的定位及真偽問題，當然非常明白，所以他的這部《大乘起信論講記．懸論》中，就討論了作者與譯者，例舉了古今諸家的意見，由於日本學者提出研究，中國的梁啟超，即採用日本學者的說法，支那內學院的歐陽竟無、呂澂、王恩洋等人，站在唯識學的義理上判《起信論》為偽造，王恩洋甚至以為「梁陳小兒所作，嚄絕慧命」。另一方面有以中國佛教為本位的太虛大師，起而為《起信論》做衛護，認為《起信論》是龍樹以前馬鳴的作品，並以為東方文化不同於西方文化，不能用進化發展的方法論來衡量佛法，也就是說《起信論》的如來藏思想，是發生在空宗出現之前，由於法機不當，即暫時藏諸名山，到了龍樹乃至無著世親之後大行其道。因此，太虛大師便將《起信論》來融會唯識學。

印順長老對於近代中、日兩國的學者所見，不全贊同。其實在中國是由於梁啟超、支那內學院及太虛大師等三股思潮的激盪，印老便起而自己提出了《起信論講記》，乃用合理的觀點，來重新審定《起信論》的思想淵源及其所代表的價值。原則上印老是主張《起信論》非譯自印度的梵文，而是出於中國地論宗的北道派學者之手。據《慈恩傳》說，玄奘遊印之時，印度已無《起信論》，故依中文本譯成了梵文（編案：可參閱印順法師《大乘起信論講記．懸論》）。印老也以為：印度傳譯過來的，未必全是好的，中國人撰著的，未必就是錯的。所以主張，考證只是就事實，不能代表價值，不論如何，「在佛教思想上，《起信論》有它自己的價值。這不能和鑑別古董一樣，不是某時、某人的作品，就認為不值一錢！」（《講記》八頁）同時以為站在唯識學的立場，評論《起信論》的教理是不對的；光以中國佛教的立場，來為唯識學與《起信論》做調和融通說，也未必恰當。故在他的《起信論講記》中，隨時指出思想史的源流，引用經論作證，並且經常指出大、小乘各系學派之間先前關係，同異所在。於玄奘系的唯識學與《起信論》思想做對比時，往往直接了當地說明玄奘傳唯識學，是受西北印度小乘有部的影響，讚歎《起信論》的論點是有大乘經為依據的，非如王恩洋所見的那樣幼稚。但在遇到他自己與太虛大師的觀點不相同處，措詞比較含蓄，依舊可讓讀者明白，他的用意是什麼。

四、《大乘起信論講記》的特色

（一）不師古人亦不師於己心：古來諸家註疏，雖然也都會引經據典，提供許多資料，以證明他們所見的正確性及可信性，但皆不能脫離兩種架構的框框，那就是若非師古即落於師心。師古者是以某一宗一派一人的立場為背景、為標準，來詮釋經論；師心者是依據一己的內心經驗或個人的思想模式來解釋經論，也即是差遣佛經佛語，來為他們自己的所知所見和所喜愛者，做工具做註腳。前者是已有宗派所屬的學者，後者是有了一些宗教經驗、禪定體驗或思想成見的附佛法外道。

印順長老，自稱他不是任何宗派的徒裔，他也不會憑著一己的身心反應或偏頗之見，而說我想如何如何，我以為如何如何。所以他的《起信論講記》，沒有賢首、天台、唯識、禪宗等的色彩，甚至也不以《阿含經》及《中觀論》為定點。不預設立場，都能探本求源地為《起信論》找到每一個觀念，甚至每一句名相的出處及其演變的過程，既能還原又能疏解。若非具有通達大、小乘各系聖典的功力，這種任務是完成不了的。

（二）以真常唯心論的立場解釋《起信論》：已往的融和論者，會把各宗各系的觀點，調和統合著解釋，例如智旭及太虛兩位大師，都是站在中國佛教的立場，投合中國文化大一統的理想，將各系發展以後的佛法，給予整合成為彼此互通互融的全體佛教，故不希望性宗與相宗分河飲水，互相角力，因為自唐末以後的中國佛教，早就有了華嚴與禪合流，禪與淨土雙修，此以永明延壽的《宗鏡錄》等為代表。元以後則有顯密圓融論者，到了明代的蕅益智旭，則極力主張相宗與性宗的互為表裡。當時尚未有大乘三系之說，大家以龍樹為八宗的共祖，所以有天台宗引中觀為自宗的思想，華嚴宗也被視為與唯識學互通，並未有人指出中國佛教的台、賢、禪、淨，都是真常唯心論，法相宗是虛妄唯識論，中觀是性空唯名論。到了太虛大師雖已發現大乘佛教的三宗——法性空慧宗、法相唯識宗、法界圓覺宗，但是他用法界圓覺宗來統攝諸宗，主張八宗皆圓，這也正是智旭大師常說的「圓人受法，無法不圓」。從這兩位大師之間的先後呼應，也可以看出他們的苦心，是在於將百川奔騰的各系佛法，導歸一法界，便同一乘味，這是《法華經》的思想背景，也是真常唯心論的特色。

印順長老則從佛教的發展史，各期聖典的成立史，以及各系佛教的地域分布史來探討問題，希望大家不要硬把不同時代背景，不同地理背景，不同思想文化環境中發展出來的各種特色特性的佛法，打和成為一個局面的思考模式，那就會迷失了佛陀的本懷，模糊了佛法的本義。所以印老探索問題，是採用循葉得枝，循枝得幹，循幹見根的方式。在熱帶雨林中的一棵千年萬年的大樹巨木，枝葉繁茂，都在同一棵樹上長有各種型態的枝葉、花草、藤蔓，若不小心探研，就可能將寄生在樹幹、樹枝上的其他植物，當作樹的本身了。寄生植物時間久了，也是能與樹身共存共榮的，所以寄生的不一定就無用，但那畢竟不是樹的本身。

印順長老處理真常唯心論，是站在循末見本的角度，他不會否定此一系的佛法，更不會認為那是寄生於佛教的外道。因為發展的佛教，就是從根本的、原始的法義基礎上開展出來，不可以說不是佛世的產品就不是佛法，其實發展後的大乘精神，更能顯現出佛陀積極救世化世的本懷。真常唯心系的佛教，雖屬於後期大乘，但它確有阿含佛教的基礎依據，也有南方大眾部分別說系的基礎，也有經量部譬喻師的影響，印老也特別指出，《起信論》受有錫蘭佛教《解脫道論》的影響（《講記》一七三頁）。更有不少的大乘經論如《楞伽經》、《勝鬘經》、《如來藏經》等做後盾，甚至談到《大乘起信論》的背景資料中，也有古傳唯識《攝大乘論》的內容。印老的目的，便是假藉講說《起信論》的因緣，把真常唯心論的佛法，自成一系地條理出來，點明它的來龍去脈，不用籠統附會，不必擔心發現了諸系法義的互相出入而會讓人感到懷疑不信。這也正是歷史的方法論，所表現出來的治學態度及其可信的成果。

當然，由於印老對唯識學也非常熟悉，故在本《講記》中，幾乎經常提醒讀者，某一論點若在唯識學的立場，是怎麼說的，多半各有不同的觀點。又舉出中國的唯識學有真諦譯傳、菩提留（流）支所傳、玄奘所傳的三系，前二者為古唯識，第三者是新唯識，古傳的唯識，多少所依大乘經典，所持的思想背景如淨識說，與《起信論》有些關聯，新唯識只許妄識，不許真妄和合識，不許真如隨染，故扞格不同。主要目的是指出同異點來，希望大家不要硬把性、相兩系融合著談。

（三）以《大乘起信論》介紹《大乘起信論》：古來註經釋論的著述，多數是照著原典原文，依次逐品、逐章、逐段、逐句的疏解，雖也會照顧到前後文義之間的關係，但是很少絲絲入扣地隨時提起。所以不容易從一個綱目而窺悉全網的大體關係。印老的《大乘起信論講記》，則頗不同，他首先讓讀者明瞭《起信論》的大概內容，綱目分明，組織清楚，並且指出此論在佛法中的地位。然後進入論文的講解時，經常會用本論自己的某一些論點來貫串說明另外許多論點。例如從真如門次第講到生滅門，依舊回顧真如門，讓讀者知道其前後之間的關係是密不可分的。縱然由於《起信論》本身的組織就很嚴密，已是環環相扣，前後一貫的，唯其論中所引用自其他經論的名相，往往只取其名而另賦其義，如不能掌握論主造論，是綜合諸家，消化之後自成一家之說的原則，往往就會根據論中所用名相法數，而致望文生義，把論旨錯會了。

印老一向主張：「以佛法研究佛法。」故在《大乘起信論講記》中，不僅不以世法研究佛法，進一步是以真常唯心論研究真常唯心論，又以《大乘起信論》介紹《大乘起信論》。特別是肯定《起信論》的確就是佛法的一支，不僅有諸大乘經典為其思想依據，即使與《阿含經》的緣起觀「此生故彼生，此滅故彼滅」的生死流轉與生死還滅，立場也是一脈相承的。

例如《起信論》的生滅門中，有三細、六粗說，有心、意、意識說，有六種染心說，乃是《起信論》獨特的表現法，很不容易跟其餘諸大乘經論比照著解釋。印老卻很輕鬆地用最基本的十二因緣次第關係，配合《起信論》的這三組名相，貫串著解釋得清清楚楚。並且告訴我們：「約緣起的惑業苦，說為三細六粗。約心識的次第開展，說為心、（五）意、意識。約惑障，說為無明與染心。」（《講記》二〇〇頁）

我讀過近代中、日兩國的幾種《起信論》註釋書，雖然也知道心、意、意識與六種染心之間關係，卻未見有人以十二因緣來連繫這三組名相的。這也就是由於印老能夠用《起信論》自己來介紹《起信論》的優越處了。

（四）以講解《大乘起信論》來釐清佛學中的許多問題：由於印老的基本立場是窮源探本，希望佛法能夠還回佛法的本義，顯出釋迦世尊的根本遺教是人間化的，是以普遍的人間大眾為攝化對象的。他在《印度之佛教》的〈自序〉中曾說：「中國佛教，為圓融、方便、真常、唯心、他力、頓證之所困，已奄奄無生氣。」因此，印老雖然講說被中國佛教各宗所共同重視的《大乘起信論》，並不就表示贊成中國佛教，而是在《起信論講記》中充分探討其原始法義為何？好讓傳統的中國佛教能有轉機，復興成為朝氣蓬勃的佛教。

又如中國佛教容易將各經論的屬性混淆，他特別指出唯識宗所依據的六部經中，「也許就是《解深密經》與《阿毘達磨大乘經》（還不一定偏屬唯識）吧！」「若沒有受過唯識論的深切影響，去研究《華嚴》、《楞伽》、《密嚴》等，那所得到的結論，是難得與唯識系相應的，反而會接近真常唯心論的」。（《講記》十五頁）像智旭大師的認知，就是把《楞伽經》做為唯識與唯心融會著理解的。所謂「三界唯心，萬法唯識」，雙舉唯心與唯識，就是由於這種調和論的結果，在諸經論中，並未見過這種文句。印老便把此唯心、唯識兩系的相同處及相異處，一一加以釐清。

又如大、小乘各系對於「煩惱」的種類及其名稱，是多姿多態的，對於斷惑證真的說法，也是各式各樣的，印老在《起信論講記》中，對此也做了很有系統層次的釐清。因為《起信論》分作二門，除了真如門的清淨真心，無始以來，本自清淨，生滅門的阿黎耶識，是生滅與不生滅的真妄和合識，真者名為本覺名為真如，妄者名為不覺名為無明。由此無明而衍生出三細六粗，即是種種層次的煩惱，若能轉不覺而成大覺，無明的生滅相便成為如來隨緣攝化的三業大用。所以《起信論》的造論因緣，就是「為令眾生離一切苦，得究竟樂」。離雜染的煩惱，而得佛的根本智及自然業智（後得智）。

印老告訴我們：在《阿含經》中，常以「見、愛、無明」，泛指一切煩惱。若加以分析，煩惱可有三等：1.起煩惱，是與心念同時現起者。2.隨眠煩惱，雖未現起煩惱心相，卻是潛伏在心內，伺機而動者。3.習氣，二乘聖者未能斷，相當於五住煩惱中的無明住地。

大乘經典將《阿含》的見、愛、無明，分別為五個層次，名為五住煩惱：1.見一處住地，即是見惑，見道位中斷除。2.欲界的欲愛住地。3.色界的色愛住地。4.無色界的無色愛住地。此三者是三界的思惑煩惱，修道位中斷，二乘聖者到此即得涅槃而出離三界。5.無始無明住地，是一切煩惱的根源，最極微細，到成佛之前的最後一念無間道中始頓斷。天台宗講的見思、塵沙、無明，也相當於五住煩惱的另一種分類法。《大乘起信論講記》對六種染心的解釋，於斷煩惱的階層段落，有明確的介紹。

《大乘起信論講記》的特色，當然不止這幾項，以上只是就我所見的重要者，略舉三項。

五、人間佛教與唯心論的方便行

從印順長老的角度看中國的大乘佛教，除了重於至圓、至簡、至頓的之外，也偏向於種種方便行，如起塔、造像、念佛、供養等，此如《法華經》的〈方便品〉所示。印老主張的人間佛教，也就是「人菩薩行」的修學，乃是以菩提心、大悲心、空性見為基本的。《契理契機之人間佛教》、《大乘起信論講記》在修學佛法方面，並未落於梵化、天化、神鬼化，但也未必全部適合人菩薩行的要求。

印老於《大乘起信論講記》二八六頁，有這樣的評語：「唯心論的觀法，可有二個步驟：一、依心以破除妄境，知境無實性而唯心妄現。二、依境無而成心無，如執沒有妄境而有妄心，這還是不對的。」「遣除了妄心和妄境，真心現前，即達到了色心不二，與法身如來藏相應。這即是從生滅而趣入真如的方便。」唯心系的真如法身如來藏，與唯名系的空性見之間，畢竟多少有點不一樣。

《起信論》的方便行，是在介紹信心成就發心之後。所謂信心成就發心菩薩，要「經一萬劫」的修行，即入信不退的正定聚，到達菩薩初發心住以上，能與如來藏相應，必定成佛。

至於在發心住以前的初學眾，那就得用方便行了，有正常方便行及特勝方便行。正常方便行，是指施、戒、忍、進、止觀的五門。其中對於止觀門的修習，介紹得相當詳細，觀成即能止觀雙運，若止觀不具，便不能入菩提正道。此雖云五門，其實即是六波羅蜜，五門之中，門門皆與智慧相應。

所謂特勝方便行，是因有一輩眾生（人），初學法時，心性怯弱，自畏不能常值諸佛，信心難得成就，故而「意欲退者」就用如來的勝方便行，那便是教令專意念佛，隨願得生他方淨土，常得見佛，永離惡道，例如專念西方極樂世界的阿彌陀佛，願求生彼世界，即得往生。也就是說，一般怯弱的眾生，沒有於生死中歷劫修行的意志，因為要經十千劫，修學正常方便行，才入信心成就的初發心住，不知有多少生死，要見佛聞法，實在毫無把握，所以別開念佛求生淨土的勝方便行。印順長老，對此下評語說：「此與阿含的根本教相合：《阿含經》開示的法門，大多為自力強毅的人說。」（《講記》四〇三頁）

《大乘起信論》，不是教人專念佛的名號，也說：「若觀彼佛真如法身，常勤修習，畢竟得生，住正定（信成就）故。」這樣是念佛的真如法身，又跟正常方便行中所修的真如三昧相同，能夠「深伏煩惱，信心增長，速成不退」了。不過以印順長老的看法，念佛固有：念佛相好、念佛功德、念佛實相（如真如三昧）、稱名念佛的四種，一般人對「念佛功德、相好，也因心粗觀細而不容易成就。所以，目下的念佛法門，都是一句南無阿彌陀佛的稱名了」。（《講記》四〇四頁及四〇五頁）

（二〇〇〇年一月二十二日發表於臺灣大學第二學生活動中心國際會議廳）

參考書目

1. 印順法師著《大乘起信論講記》。
2. 印順法師著《勝鬘經講記》。
3. 印順法師著《楞伽經親聞記》。
4. 印順法師著《遊心法海六十年》。
5. 印順法師著《契理契機之人間佛教》。
6. 平川彰著大藏出版的《大乘起信論》。
7. 湯次了榮著《大乘起信論新釋》，無名氏譯。
8. 圓瑛法師述《大乘起信論講義》。

法顯大師對於漢傳佛教文化的影響及啟示

一、法顯大師的資料及其相關的研究

有關法顯大師的歷史資料，凡是研究中國佛教史的僧俗大德，不論中外，多多少少都會涉獵。在梁僧祐的《出三藏記集》卷十五、梁慧皎的《高僧傳》卷三、唐智昇的《開元釋教錄》卷三、唐圓照的《貞元新定釋教目錄》卷五等，均載有法顯傳記，他是高僧，也是翻經家。其中最可信的，乃是《出三藏記集》卷十五的〈法顯傳〉、梁慧皎的《高僧傳》以及法顯自撰於東晉義熙十年（西元四一四年）的《佛國記》一卷，嗣後各家所用資料，大概不會出乎這三種書了。

研究介紹和引用法顯大師資料的古今中外學者，可謂不計其數，因為他是中國西遊印度的第一位留學生，是世界性的第一位大冒險家及旅行家，也是第一位沿著陸路西行，而乘著海船從南洋回到漢地的取經高僧，他把古代西域、印度、南洋諸國的歷史、地理、宗教、文化等所見所聞，記錄成書的，那便是《佛國記》一卷，流傳下來，受到東、西方許多學者們的重視和研究。一八三六年法國學者阿貝爾・雷彌薩（Abel Rémusat）將之譯成法文出版；一八六九年英國學者薩繆・比爾（Samuel Beal）將之譯成英文出版；一八八六年又有詹姆斯・萊治（James Legge）第三種英文譯本出版。因此從十九世紀六十年代之後，西方學者有不少人注意到了法顯大師對於中、印文化交通史的貢獻。

若從與《佛國記》相關的中文及日文資料而言，有日人足立喜六的《法顯傳考證》，何健民及張小柳譯，商務印書館一九三七年版；長澤和俊的《絲綢之路史研究》所收〈法顯之入竺求法行〉，鍾美珠譯，天津古籍出版社；日文原版長澤和俊的《法顯傳・宋雲行紀》，東京都平凡社一九七一年版；賀昌群的《古代西域交通與法顯印度巡禮》，湖北人民出版社一九五六年版；章巽的〈法顯與法顯傳〉，發表於一九八一年，收於《中華學術論文集》，中華書局一九八一年出版；任繼愈、杜繼文、楊曾文等三人執筆的《中國佛教史》第二卷第三章第四節所寫〈法顯西行求法與佛國記〉，中國社會科學出版社一九八五年版；釋東初法師的《中印佛教交通史》第五章第六節以及第十二章第五節，都是介紹並研討法顯的，臺灣中華佛教文化館及中華大典編印會合作一九六八年版；吳玉貴釋譯的《佛國記》，臺灣佛光出版社一九九六年版。

近世紀以來，討論法顯的文獻極多，其中具有代表性的而且被廣泛知道的，即有湯用彤的《漢魏兩晉南北朝佛教史》，北京中華書局一九八三年三版；陳垣的《釋氏疑年錄》，北京中華書局一九六四年版。在曹仕邦的論著中，也有若干篇涉及法顯大師；年輕的學者間，我所知道的則有楊維中、陳白夜、吳燈山等人，也都撰有與法顯大師有關的作品。

關於法顯大師的事蹟，學者間均有共識，主要是依據《佛國記》以及《出三藏記集》所載。他是山西平陽人，俗姓龔，三歲出家，十歲喪親，二十歲受具足戒。先到長安，西元三九九年因慨嘆律藏傳譯未全，立志西行求取律藏原典，從長安出發時共有同道五人，到了張掖，又增加了五人，再往西行時其中有三人返了高昌，只剩七人，經西北印度而抵達中印度時，道整留印不歸，只剩法顯一人繼續南行出海，至斯里蘭卡，然後搭大商船，經耶婆提，再循海路回廣州，卻誤航到了山東青州的牢山，那是西元四一二年九月五日（見楊曾文的「法顯西行求法行程示意表格」），這也正是我們為什麼要選在今年的九月上旬，臺灣海峽兩岸共同在青島市舉辦「法顯西行回國一五九〇年」中國佛教文化學術研討會的原因了。不過，在有關法顯傳記的早期資料，例如《佛國記》、《出三藏記集》卷十五、《梁高僧傳》卷三所見，僅說隆安三年（西元三九九年）法顯從長安出發西行，未說回到青州是哪一年，因此有人主張，法顯是四一四年回國，楊曾文先生則主張四一二年回國，四一四年寫完詳細的西行求法記。

二、兩個關於法顯大師的疑案

第一個疑案，是因法顯的生歿年代不詳，也不知他出國及回國之時究竟是多大年紀？湯用彤的《漢魏兩晉南北朝佛教史》第十二章，推知法顯出國「前後共十五年」。任繼愈主編的《中國佛教史》第二卷第三章第四節則說：法顯出國至回國的次年，「首尾合為十五年」（西元三九九—四一三年），遊歷二十九國。若依《出三藏記集》卷十五的〈法顯法師傳〉所記，未見到他回國的年代，只說他在回國之後，即前往建康的道場寺譯出六種經律總計六十三卷（編案：參見《出三藏記集》卷二），此後卒於荊州的新寺，「春秋八十有二」。在梁慧皎的《高僧傳》卷三〈法顯傳〉，也未說到他回國是哪一年，文末則云：「春秋八十有六。」從這兩種資料，所見的法顯世壽，相差四年，但也均謂已過八十歲了。可是，陳垣的《釋氏疑年錄》對於法顯的年齡存疑，論定以一個六十歲上下的老人，不可能尚有西行求法的體魄，所以推測法顯去世的年紀，大概是四十或五十歲間的人。陳垣的此一疑問，認同的學者，有郭朋的《中國佛教史》第二章第十一節說：「陳老此說，頗有道理。」但是南京大學哲學系的楊維中，便推測法顯是西元三四〇至四二二年之間的人，世壽八十二歲。任繼愈編的《中國佛教史》第二卷五九七頁則取「年八十六」的觀點。

第二個疑案，是因為《佛國記》說到，法顯從斯里蘭卡的師子國，由海路回國途中，曾於海上航行「九十許日，乃到一國，名耶婆提，其國外道婆羅門興盛，佛法不足言」。這個名叫「耶婆提」的國家，到底是在何處呢？

依據日本佛教學者足立喜六的《考證法顯傳》（東京三省堂一九三六年出版），以及另一部《支那佛教史學》（一九三八年法藏館出版）第二卷六十三至七十二頁，討論關於法顯歸國的航路問題中，指出法顯所經的耶婆提以及著陸的地點，是學者間未決的疑問。若從足立喜六的考察所見，法顯所稱的耶婆提，便是後來義淨的《大唐西域求法高僧傳》的室利佛逝國，它的地理位置是在爪哇（Java）的中部以東，或者是蘇馬達島（蘇門答臘）的東南部，乃是 Yavadvipa 的音譯；法顯登岸地點是 Palembang 地方。

另一位日本學者長澤和俊的《法顯傳．宋雲行紀》（一九七一年，東京平凡社）一五〇頁的註云「耶婆提國之現位置未詳」，但他引用足立喜六的考訂，一說是爪哇。另一說是蘇門答臘（Sumatra）的東南部；在六朝文獻的《梁高僧傳》卷三，名為闍婆國；隋朝名為赤土國；相當於唐朝義淨之時的室利佛逝國。

國人丁謙所撰〈晉釋法顯佛國記地理考證〉一文（收於《現代佛教學術叢刊》第一〇〇冊的《佛教文史雜考》）中說：「耶婆提，由錫蘭島（今之斯里蘭卡）東，百餘日行，東北至廣州，五十日行，核其方位里程，即婆羅島無疑，婆羅，隋書作婆利，與婆提音協。」此一考證，太過粗糙，所以不具說服力。

因此，直到目前的「人民網」網站《環球時報》第十一版「史海回眸」中，尚有署名「旭迪」的作者，登載了一篇名為〈東晉和尚法顯漂到美洲〉的文章，稱法顯筆下的「耶婆提國」是一個「神祕」的「謎團」。他先介紹，於一七六一年，曾有法國歷史學者歧尼（Joseph de Guignes），在法國文史學院提出過一篇名為〈中國人沿美洲海岸航行和居住〉的論文，在往後的一百多年之間，有西方各國歷史學家，先後發表了三十多種論著，研究是否在哥倫布發現美洲新大陸之前，就已有中國人到過美洲了。於是在法顯的《佛國記》被譯介到西方之後，從十九世紀末開始，研究「耶婆提國」究竟在何處的問題，先後出現了五十多種觀點。二十世紀初，首先有法國的歷史學界，提出了法顯早於哥倫布到達美洲的看法。此後不久，近代中國的國學大師章太炎，也響應此說，寫了一篇文章〈法顯發現西半球說〉，並於文末感嘆地說：「哥倫布以求印度，妄而得此，法顯以返自印度，妄而得此，亦異世同情哉！」到了二十世紀的六〇年代和八〇年代，臺灣的歷史學者達鑑三及衛聚賢，也分別出版了《法顯首先發現美洲考證》和《中國人發現美洲》的兩本論文。此二人都認為法顯所到的「耶婆提國」，就是美洲大陸。到了一九九二年，有一位《人民日報》的資深記者連雲山，經過三十多年的研究，出版了一冊《誰先到達美洲》的書，從海洋科學的角度，論證出《佛國記》描寫的海上景象便是太平洋，耶婆提國便是美洲的墨西哥。旭迪是贊成此一論證的，所以要主張：在哥倫布登上美洲大陸前的一千年，就有中國的法顯到過美洲了。

不過這樣論證，雖也有理，迄今還是無法成為學術界的定論，其實凡是研究中國佛教歷史的學者們，絕多數是不會願意接受這個論證的。例如先師東初法師的《中印佛教交通史》第十二章第五節，以及同書第十九章第二及第三節，特為此事，以很長的篇幅來討論考證《佛國記》所載的耶婆提，乃是現今印尼的爪哇或蘇門答臘，確定不是如達鑑三等人所臆斷的「墨西哥太平洋岸之亞加普爾科（Acapulco）」。現今可在亞加普爾科港見到的「紀念中國帆船到港碑」，刻有「西元一八一五年中國帆船碇港」，這距離法顯自師子國乘船回國的四一二年，晚了一千四百零三年，可知與耶婆提根本是扯不上邊的兩回子事了。

此外，又如任繼愈主編的《中國佛教史》第二集五九四頁說：「今南洋群島西側的耶婆提國」（今印度尼西亞的蘇門答臘，或謂爪哇）。湯用彤的《漢魏兩晉南北朝佛教史》三八三頁，耶婆提國的細字註：「即 Yavadhipa 地應在今日蘇門答拉島上。」郭朋的《中國佛教史》第二章第十一節說：「耶輸提國（今印尼境）。」曹仕邦的《中國佛教史學史》（法鼓文化一九九九年出版）二二一頁，除了引用前述湯用彤的觀點，也引用了陳觀勝的看法，認為耶婆提可能在今爪哇島上，並說：「總之不出今日印度尼西亞共和國的國境。」

綜合諸家之說，可知法顯發現美洲的臆測，乃是一則動人的傳奇故事，但卻未必就是事實。

三、法顯西行對中國佛教文化的影響

在法顯大師之前，雖然已有朱士行往西域求法，但他未到天竺的印度，並且未返漢地。漢人西行求法，有去有回，並帶返大量的梵本文獻的第一位漢僧，乃是法顯。因此，他對中國佛教文化的影響，是非常深遠的。

雖然法顯大師的西行求法，沒有玄奘那麼有名，也沒有被寫成一部神怪小說《西遊記》，但是依據楊維中所見，包括唐朝的玄奘以及其後的義淨等，數十位僧侶先後西行，都是受到法顯《佛國記》的鼓勵。由於這本書的出現，大大拓展了漢土僧人的視野，以致引發了西行求法的熱潮。故在義淨的《大唐西域求法高僧傳》的開卷就寫道：「觀夫自古神州之地，輕生殉法之賓，顯法師則開闢荒途，奘法師乃中開王路。」可見，被譽為中國佛教史上三大西行求法的高僧，精神是一貫的，而其首位乃是法顯，此後的玄奘及義淨，都受他的影響。

法顯西行十五年，攜帶回國的經律，依據《出三藏記集》卷二所載，共有十一部，被他譯出的有六部凡六十三卷，包括《大般泥洹經》六卷、《方等泥洹經》二卷（佚）、《摩訶僧祇律》四十卷、《僧祇戒本》一卷（佚）、《雜阿毘曇心》十三卷（梁僧祐時代已佚）、《雜藏經》一卷。未及譯出而由後人譯成漢文的，則尚有《長阿含經》、《雜阿含經》、《彌沙塞（五分）律》、《薩婆多（有部）律》等。從法顯攜歸的經律種類及卷數來看，乃是偏重於律部梵本的求取，除了《四分律》及新的有部律之外，現存於漢文中的諸部廣律，幾乎都是法顯帶回來的。這也正如《法顯傳》（編案：《法顯傳》即《佛國記》）中自稱是因為「昔在長安，慨律藏殘缺」而「至天竺，尋求戒律」的出發點所在了。正由於此，法顯對於戒律在中國的弘傳，乃是居於關鍵性的一位大師，縱然自唐代以來的中國律宗，是以《四分律》為根本，可是在諸漢傳佛教的戒律學文獻之中，法顯的貢獻，依舊處處可見。所以中國佛教的戒律，已不像印度部派佛教時代那樣地，每一部派各守一部律典那樣的局面，而是可以參考各部廣律，匯歸於四分律宗了。所以中國的律宗已經不是部派型態小乘佛教，而是容受各部小乘戒律的大乘佛教。

法顯帶回並且親自參與譯出的《大般泥洹經》，乃是大乘《涅槃經》的最初譯本，大家知道，大乘《涅槃經》的〈如來性品〉，主張：「一切眾生，雖有佛性，要因持戒，然後乃見。」（《大正藏》第十二冊四〇五頁上欄）在大乘《涅槃經》尚未譯出之前，漢地只有道生敢說，眾生皆有佛性，故當法顯譯出《大般泥洹經》之後，立即引起論諍，但也因此扭轉了當時的佛學思潮，奠定了中國大乘佛教是以「一切眾生皆有佛性」為主流的大勢。同時，也不會由於主張「眾生皆有佛性」而忽略了戒律的受持，不致產生唱高調而無戒行的流弊。大乘《涅槃經》，一邊說佛性常住，佛常、法常、比丘僧常、眾生亦常，一邊極力強調若不受持戒律，便不可能見到佛性，通常稱之為「扶律談常」。這也影響到大盛於唐朝的禪宗寺院，例如百丈立叢林清規的準則，便是不拘泥於大、小乘戒律，也不違背大、小乘戒律，使得禪修者們，在清淨和精進的農禪生活中，達到親證本自現成的佛性。足徵法顯譯出《大般泥洹經》的宗旨是在弘揚戒律，卻也附帶傳遞了一個嶄新的消息「一切眾生皆有佛性」，並且影響了一千數百年來的中國佛教。

在《佛國記》所載的法顯西行途中，於蔥嶺以東的竭叉國（今之喀什）見到石製的佛唾壺及佛齒，當地人造塔供養；在師子國（今之斯里蘭卡）也見到該國國王親自主持盛大的佛牙遊行和供養法會。在西北天竺的陀歷國（今之喀什米爾西北）見有木製的八丈高羅漢像；於弗樓沙國（今之巴基斯坦白夏瓦）有迦膩色迦王時代建的四十餘丈高塔，供養佛鉢；於那竭國（今之阿富汗），見有一座供養佛陀頂骨的寺院，以及一座供養佛牙及佛錫杖的寺院，還有供奉佛影的寺塔；在中天竺的僧伽施國（今之印度北方邦的法魯巴克德），見收藏佛髮、佛爪的塔，以及過去三佛和釋迦佛的塔；在藍莫國（今之尼泊爾南境）有佛舍利塔；在摩竭提國（今印度比哈爾邦的巴特那）有阿育王建的佛舍利塔及建立的石柱；在毘舍離城（今之印度比哈爾邦穆竕法爾布林）見有阿難半身塔；以及佛陀本生故事所在地、佛陀住世時的各種遊歷行化所在地的紀念遺蹟，均有寺塔等建築物，供給佛教徒們作供養禮敬的場所。而且不論是大乘或小乘各派，都把佛的遺骨、遺物、遺蹟，視作信奉的中心。

像這樣的風貌，跟佛教的根本精神及其根本思想，似乎是並不一致的，因為佛陀住世之時，他不贊成形式的崇拜，佛是苦海的大導師，不是供給大眾崇拜的神明。若從小乘部派佛教的立場而言，佛陀入滅之後，已經是寂滅滅已，弟子們除了依法為師、依律而住，便不再有有形無形的一樣什麼東西可讓人間來膜拜。入滅之後的佛，除了他所留下的餘教，也不會以任何型態來保佑眾生，佛陀涅槃之後，只有護法諸天神王，因護法而亦護佑信佛學法的僧眾及信眾。至於大乘佛教，認為釋迦佛是應化身，當他入滅之後，應化身的形像及其功能，便不復存在；他的功德報身則為聖者所現，存在於佛國淨土；恆在遍在的法性身，即是空性的本身，沒有特定的形像。可見大乘佛教的三種佛身，均毋須要人們以有形的實物來做供養了。

可是，從《佛國記》中的記載所見，佛滅之後的西域、印度，供養禮敬佛的遺骨、遺物、遺蹟，乃至羅漢聖者的遺骨、遺蹟，已是普遍的現象。佛教傳到了中國，這種源於西域印度的風俗信仰，也傳了過來。佛教的本質，雖異於有神論的宗教信仰，流傳中的佛教，卻不能不賦有宗教的功能。《佛國記》介紹了這種宗教的功能，也影響了中國的佛教，例如供養佛指、佛牙、佛像、佛塔等。

四、法顯給我們的啟示

人類社會，進入西元二十一世紀的今天，所謂全球化與本土化的論題，愈來愈受到世人的重視。由於交通工具及資訊工業的日新月異，不僅人與人的距離拉得很近，也把國家、民族、宗教、文化等的隔障，變得很稀薄。閉關自守、固步自封的空間，也就愈來愈小了。其中的關鍵，在於有了語言的互通、文化的互融、經濟的互利，便是全球化的定義；宗教、文化、民族的相互尊重其生存發展的權利，彼此保存發揚其優良的傳統，便是本土化的定義。

我們從《佛國記》中看到，法顯進入西域及天竺諸國，各地均有其不同的語言，卻又無礙於各國佛教僧侶之間的溝通，原因是他們都會使用梵語做共同的語言；直到今天的南亞諸佛教國家的僧侶之間，也不會有語言的隔閡，他們的通用語言是另一種古印度的方言，稱為巴利語。

這一點，給了我們一個啟示，那就是佛教從印度向境外各國弘傳的媒介工具，通常是運用雙語做橋樑，將印度原典語文的經、律、論三藏翻譯成為各該國家所用語文的同時，各國僧侶也學習著運用印度的佛典語文做為佛教國際間的共通語言。既將佛教推展到各種異文化異民族的不同國度中去，也保留了文化的共同性及差異性，這也正是今後的中國佛教及中國文化，都該學習的態度。中國文化中的中國佛教，內容極其豐富，如何使之成為全球化又不失本土特色的世界文化，但看我們能不能靈活運用做為媒介工具的世界共同語文及各種不同的當地語文了。

在《佛國記》中，載有一段非常感性的記事，敘說法顯大師造訪師子國的無畏寺，該寺有一座金銀眾寶構成的佛殿，殿內供有一尊三丈來高的青玉佛像，通身七寶莊嚴，右掌中有一無價寶珠。此時的法顯，慨嘆他昔年從漢地出發時的同行道伴，一路上「或流或亡」而「顧影唯己」是漢人，其餘「所與交接，悉異域人」。正值此際，忽見有一商人，「以（漢地的）一白絹扇供養」青玉佛像，令他「不覺悽然淚下滿目」！

這則記事，相當生動感人。其實，當一個人多年身處異國，舉目無一故土舊識之時，忽在異國見到故土的物品、聽到故土的鄉音、或者接觸到故土的文化，觸景生情，流下懷念故土的眼淚，乃是人之常情。有人把法顯在異國見到漢地出產的白絹扇而悽然淚下滿目，說成是他的「愛國」感懷。其實，其中可能真有國家意識的成分，主因則未必一定如此，毋寧說是出於民族的認同、文化的認同、社會的認同。例如法顯抵達中印度的祇洹精舍之際，當地僧眾聞說法顯來自漢地，便讚歎他說：「奇哉邊國之人，乃能求法至此……我等諸師和上，相承以來，未見漢道人來到此也。」這種讚歎，乃是出於文化的認同；還有如伴著法顯西遊的道整，到了中印度，見到該國的「沙門法則，眾僧威儀，觸事可觀」，便停留該地，不回漢地，便是出於文化及社會生活的認同。

因為國家是隨著各個王朝國力的興替消長而可以或大或小、或久或暫、或起或落的，唯有強韌力高的民族及其優良的文化，才是可大可久的。佛教不是屬於單一家的，卻是能接納多元民族的優良文化，並日能夠融入於多元民族的文化之間，促成社會生活的變革。今後我們如能掌握到這一點啟示，便可促使多元民族的中國文化，不斷地取長補短，捨短留長，而存異求同，可望成為全球文化的主流。

（二〇〇三年九月九日於青島）

從東亞思想談現代人的心靈環保

一、心靈環保

以健康、快樂、平安的身心，照顧自己、照顧社會、照顧大自然，使得我、你、他人，都能健康、快樂、平安地生活在同一個環境之中，便是現代人的心靈環保。

環境保護，這個名詞，雖然在二十世紀之末，就已經傳遍全世界，特別是科技文明發達的先進國家，凡是有識之士，都已發現，由於經濟資源的過度開發，造成了人類生存環境的快速惡化，包括自然資源的快速消耗及汙染，生態資源的快速減少及消失，例如：由於熱帶雨林遭到大面積的開墾，以及各種機械排出的廢氣，加上各種生產事業造成的許多汙染源，以致形成了全球性的空氣汙染、水資源汙染、土壤汙染，也使得南、北極的冰帽在急速溶化，海平面的水位快速升高，綠地沙漠化的面積愈來愈大，人類賴以生存的地球環境，愈來愈接近毀滅性的危機。所以要提倡環境保護運動。

但是，由於人類的自私自利之心，根深柢固，明明知道，破壞環境、製造汙染是自害害人的事，一旦遇到跟自己的現實利益衝突之際，或者有機會可以滿足自己的私欲之時，便會容易忘掉公益，便會不顧後果的遠憂，便會只管得到手就好，充其量只問有沒有犯法，會不會被罰，卻不容易考慮到破壞了生態、汙染了環境，對其他的人有什麼不好，對自己生存的大環境有什麼壞影響，對後代的子孫有什麼危機。因此，我常提醒世人：今天生活在地球村中的全人類，就像是生活在同一個錦魚缸中的許多條錦魚，只要有一條魚拉了屎，汙染了缸中的水，受汙染的是每一條魚，包括拉屎的那一條魚在內。

由於人的自私心，原是生物求生存的本能，可是人類以科技文明破壞自然環境的速度太快，惡化的幅度太大，也為地球環境帶來空前的大隱憂，雖然那種隱憂的結果，也是自然規律的制衡，卻是嚴重地威脅到人類生存空間的大災難。

因此，我們要提倡心靈環保，呼籲全人類，都能以心靈環保的原則，建立健康正確的人生觀，也就是自利利人的價值觀，要讓自己、讓他人，都能得到健康、快樂、平安的身心。好像一同乘坐在地球環境的一條大船上，所謂同舟共濟，各自以其不同的身分、不同的智能、不同的場域、不同的角度，來照顧自己、照顧他人、照顧社會環境及自然環境。

二、東亞思想

「心靈環保」雖是一個現代化的新名詞，其實在東、西方的思想領域中，凡是論及宇宙問題、人生問題、倫理問題的，多少都跟心靈環保相關，現在只談東亞思想。

所謂「東亞思想」，其涵義是指以發源於中國及印度的儒家、道家、釋家的三大主流思想，開展延伸而及於朝鮮半島、日本、越南的文化領域。

如果就其東亞地區來說，便是將印度的部分縮小到中國的範圍之內。所謂印度哲學，應該包括印度宗教的各派哲學，佛教發源於印度，只是印度哲學的一部分。印度各派哲學之中，唯有佛教哲學傳入了中國，而且中國成了佛教哲學的第二母國，中國不但接受了佛教，尤其還能發揚光大，完成了具有漢文化特色的大乘諸宗，例如：天台、華嚴、淨土、禪等，都是在漢文化的熏陶之中成長起來的，都是富有漢文化色彩的大乘佛教。所以，談東亞思想，就是以中國為母體的漢文化思想。

中國古代思想之中，雖有先秦的諸子百家之說，有儒、道、墨、法、陰陽、名家、縱橫、雜家等，其中人才最多、影響力最深遠的，似乎僅有儒家、道家。隋、唐時代便被三韓的朝鮮半島及日本的諸學者們先後接受。佛教傳入中國之後，與儒、道思想互相激盪，經過長時間的適應、消化、再成長，形成了中國文化圈內的主力之一，儒、道二家，大量運用了佛學而有了新的生機，其中以宋、明的理學最顯著，即是出於現代人稱為新儒家的程、朱、陸、王諸大學者的努力；道家思想在哲學方面，似乎受到佛教的影響不多，但是在宗教層面的教典及教團方面，也有很多是採自佛教的內容。

儒、道、釋三家，影響到中國周邊的幾個國家，源遠流長，乃是一項眾所周知的事實；隨著儒道釋三家文化思潮的傳往韓、日、越南三國，連同文字也被介紹出去，因為他們尚未發明自己的文字，他們用的儒、道、釋三家典籍，就是漢文原典，尤其是儒家及佛教的思想，幾乎也就成了他們自己的文化思想。因此，我們都知道，儒家、佛家、道家，幾乎就是東亞思想的專用代名詞，乃至是東方哲學的主要內容，一直到了歐美的文化思想影響了東方，使得東方人對自己的固有思想體系，起了反省的風潮，那也就是自由民主及科學的要求，使得代表東亞思想的儒、道、佛三大主流，便漸漸地似乎隱退到了幕後。

不容諱言，東亞思想之中的儒、道、佛三家，一進入近代世界思潮的大環境後，便顯出有點老邁而不切時宜的模樣，由於新思潮的洶湧澎湃，舊思想不僅招架無力，一時間也難以適應，故有人喊出「線裝書丟進茅坑去」的反應。但是，東亞思想，畢竟是歷經三千年漢、印文化的淬鍊，結集了無數先人的智慧，所留下來的文化遺產，其中雖然也有不少已是古人的糟粕，卻也不能說沒有可取可用的思想結晶。所以到了二十一世紀的今天，民主及科技先進的歐美國家，還有不少學者研究東亞思想，事實上，如果講到人文及人道，都不會不注意到儒家哲學；講到自然主義，也不會不注意到道家哲學。近世的存在主義、現象學，以及今天的後現代、解構哲學等之中，均可依稀看到一些佛學的影子，特別是新興的情緒管理學，是以心理學的角度大量採用了佛學思想。

以此可見，我們今天在全中國學術風氣最尖端的最高學府北京大學，召開這次以「東亞思想傳統中的身心關係及其現代意義」為主題的學術研討會，乃是極有意義的一大盛事。當然，研討古代的思想，並不等於主張復古，事實上中國學者一向主張「繼往開來」及「溫故知新」而能「古為今用」。每一個新時代的學者，都該是「推陳出新」，所謂「青出於藍而勝於藍」，不論是儒家或是釋家，每一個時代所出現的傑出思想家，都會對於前人的思想，有所批判和新的詮釋，否則各家學派之間，也不可能有蘭菊競美的局面了。

三、儒道二家與心靈環保

我很慚愧，我不是學哲學的學者，擔任這項主題演說，實在覺得惶恐。我對東亞思想，雖然不能說一無所知，但僅限於皮毛。當我初出家時，我的師父東初老人，曾對我說：「古代的中國和尚，必須精通儒、道、釋三家之學，才能於漢文化社會中弘揚佛法；現代的和尚，更難做了，必須涉獵東、西方的各家哲學、各大宗教，以及各門社會科學的常識。」我很差勁，雖然出版了上百本書，卻對於任何學問都只能知道一點點，因此，我僅知道，古往今來的東、西方各家思想，都在探索中論人的問題，是以人為中心來探索各種問題，重要是內在心性的問題、心靈與肉體關聯的問題、個人與配偶家庭家族間的問題、個人與群體社會互動的問題，個人與自然環境及時空宇宙間的存亡生死、一元多元等問題。各家思想，對於這些問題的探索，雖有偏重偏輕之別，都是為了個人生命及全體環境尋求出路、尋求答案、尋求平衡，乃至尋求永恆，卻是相當一致的。

在東亞思想之中的儒家所說：修身、齊家、治國、平天下，以及定、靜、安、慮、得，便是以人的身心及其所處大環境為主題的。又由於孔子說了「性相近也，習相遠也」的話，引起了孟子的人性本善論及荀子的人性本惡論的討論。

雖然孔子曾說人是「未知生，焉知死」，對於人的生前死後等諸問題，是不加討論的，但對於人之如何成為一個健康而有健全人格的人，以及如何建立良好和樂的人際關係等問題，確是申論得非常地多。例如孔子所說「仁」字的定義有多端：

（一）從語言的態度而言：「巧言令色，鮮矣仁。」「剛毅木訥近仁。」言語不在花巧，宜於堅定誠實。

（二）從內心的態度而言：以同情同理之心「愛人」是仁。

（三）從對己對人的態度而言：「克己復禮為仁。」對自己要自制，對他人要尊重。因此又說：「出門如見大賓，使民如承大祭。」也就是每天出門見到任何人，都要像是見到貴賓那樣地以禮相待；遣使大眾之時，就要像是在祭天祭地那樣恭敬他們。

（四）從自利必利人的立場而言：「夫仁者，己欲立而立人，己欲達而達人。」即是忠心耿耿的「忠」貞；「己所不欲，勿施於人。」即是寬恕的「恕」道。曾子曰：「夫子之道，忠恕而已矣。」忠恕之道，也就是孔子「一以貫之」的仁道。由於《論語》中有「臣事君以忠」之句，後人便將忠字狹義化了，好像只有臣對君忠、下對上忠，其實《論語》中尚有「為人謀而不忠乎」，以及「與人忠」等句子，都是將己心比他心，把他人的利益和自己的利益置於一條平行線上，平等看待，才是把良心擺在中間的「忠」字意涵。

這種忠恕之道，也就是孔子提倡的仁道，是很難實踐的嗎？對於有心的人而言，並不困難，所以孔子要說：「仁遠乎哉？我欲仁，斯仁至矣！」又說：「求仁而得仁，又何怨？」只要「無求生以害仁，有殺身以成仁！」便能完成全部人格的道德。也就是說，如果你能有實踐仁道的決心，不僅要把他人的利益和自己的利益平等看待，甚至要將他人的利益，置於絕對優先的地步，為了求仁得仁，不但不可為了自求生存而害仁，更要犧牲自身來成全他人，才算是仁道的極致。正因為孔子沒有機會做到「殺身以成仁」，所以要自謙地說「若聖與仁，則吾豈敢」了。

孔子說「成仁」，孟子說「取義」，都是表現著一個崇高的理念，那是從個人利益的私心追求，轉化到為了群體利益而放棄私人利益，甚至不惜奉獻出自己的身命，來成全「求仁得仁」的人格。這種思想，跟大乘佛教的菩薩行，是很相近的。什麼叫作菩薩？便是有智慧和慈悲的人，有智慧便不會害自己，有慈悲便不會害眾生；更進一步，為了利益眾生，便可以放棄自己的利益，故有「不為自身求安樂，但願眾生得離苦」的菩薩誓願。私利公益的兩極，或是以利人做為利己，僅在一念之間的差別，自私的利己是精神的汙染，是心靈的腐敗，以奉獻心來利他，是精神的昇華，也就是心靈環保。

道家的老子說：「道者萬物之所然也。」（編案：出自《韓非子．解老》）又說：「人法地，地法天，天法道，道法自然。」因為「道常無為而無不為」，便是自然的法則，心也只是自然的現象之一。老子看宇宙人生，都是站在相反相成的立場，老子勸人若要如何，必先居於此如何之反面。故云：「知其雄，守其雌。」「知其白，守其黑。」「知其榮，守其辱。」

老子對於人的私欲心，所做的建議是：「見素抱樸，少私寡欲。」故又云：「知足不辱，知止不殆，可以長久。」這是說，人不能無私，但宜少私，人不必無欲，但宜寡欲，那便能夠知足知止而可以健康，而能夠長生久視了。老子所嚮往的是自然主義，提倡純樸，反對虛浮的繁華，希望人類的道德，素樸而不假巧立名目的爾虞我詐，所以主張「絕聖棄智」、「絕仁棄義」、「絕巧棄利」。

莊子觀察天地間的萬事萬物，是「形雖彌異，其然彌同也」（編案：出自郭象《莊子注》卷一）。這是說，萬事萬物之存在，並沒有優劣、尊卑、高下、大小的定義，只是各是其是而已。此可使人免於「羨欲之累」（編案：出自郭象《莊子注》卷一）。例如〈齊物論〉云：「天下莫大於秋毫之末。」不是說萬物之中秋毫最大，而是說泰山與秋毫不必比大小，秋毫之末的本身便是最大。如果人人不跟他人比尊卑高下，各人自有自己的大小，便無所謂我不如人或者我高於人的比較心了。

莊子的人生觀，不同於儒家的「殺身成仁」、「捨身取義」，也不同於墨子的「兼善天下」的人生追求，故有學者說「重生」、「養生」、「保生」，是貫穿《莊子》一書的基本思想。所謂明哲保身的思想，便是出於《莊子》的〈養生主〉所言：「為善無近名，為惡無近刑，緣督以為經，可以保身，可以全生，可以養親，可以盡年。」

儒、道兩家對於人生的看法雖有不同，其用心則都是為了人類身心的健康、快樂、平安，觀點不一，而為照顧自己、照顧社會，乃至順乎自然的目的是相同的，所以都在心靈環保的範圍。為什麼儒、道兩家對人生的問題，有不同的看法？這也正是現代人應該思考和學習的重點。古人可因各自所處時代環境不同，以及對於環境所採的審視觀點不同，便有不同的發明，得到不同的價值觀。今人當然也可以如法炮製，站在現代人的立足點上，對於當今我們所處的社會環境及自然環境，衍生的各種問題，審慎觀察，對症下藥，給予恰到好處的因應和調適。

因我對於儒、道兩家的書，讀得太少，有關儒、道兩家傳統思想中的身心關係等諸問題，在這次學術研討會中，有不少專家，會有精闢的論文發表，就留著向他們請教吧！

四、佛教與心靈環保

《增一阿含經》說：「諸佛世尊皆出人間，非由天而得也。」可知佛教的基本立場，便是為人類服務的。佛教雖常說一切眾生，能夠修道悟道的，確只限於人類。釋迦牟尼佛是以人間的肉身成道，表示凡有人身的，均有機會轉凡成聖。佛在成道之後，最初用來度脫五位比丘的法門，稱為「四聖諦」，那便是指出人類由於不悟一切現象都是變化無常的，所以生在眾苦之中竟然不以為苦，而且為了追求無常虛幻的五欲享受，並且希望保障能有繼續不斷的五欲之樂而造種種惡業，這便是「苦諦」及「苦集諦」。佛陀所悟的便是這個無常即空的事實，轉告五比丘應當以修戒、定、慧的三無漏學、八正道來滅除苦諦及苦集諦，便是「道諦」及「苦滅諦」。

佛法將人的身心，及其所處的時空環境，稱為「果報體」，又分成二部分，人的身心是「正報」，所處的時空環境是「依報」，此正、依二報，便是人生及宇宙的全部，而此果報的動力中心，乃是業所形成的心識，稱為業識。由業識而形成具體的人，便是色、受、想、行、識的五蘊，其中色蘊是物質的眼、耳、鼻、舌、身的五根，此五根所接觸的是色、聲、香、味、觸的五塵；至於受、想、行、識的四蘊，是非物質的心理現象及精神現象。受苦報、受樂報的是此五蘊身心，造惡業、造善業的也是此五蘊身心，因此五蘊所成的身心，是因造業而感得的果報，每一個人的五蘊身心所處的時空環境，也是由於造業而感得的果報，此即是說，每一個人的身命是業報體，每一個生命所處的時空環境，不論好或不好，也都是每一個生命個別擁有的業報體，此乃是一人一宇宙的生命觀及宇宙觀。

不過，若從佛的智慧來看，不論是個別的身心，或者是全體的宇宙，都不離無常的自然法則，任何一物都是無常的暫有，不是長久的恆有，故無不變的自性，故名為自性是空；五蘊所成的身心及其所處的時空環境，自性亦空。五蘊既空，凡夫所以為的我及我所有的一切，當然也是自性即空。自性空，即是不生不滅、不增不減、不垢不淨的真諦。若能悟得此一切現象自性皆空的真諦，便證無我的涅槃，便從苦、集二諦獲得解脫。所以《心經》開頭便說：「行深般若波羅蜜多時，照見五蘊皆空，度一切苦厄。」這是佛學的基本常識，也是以心為中心，而又抽離了一切不離一切的環保思想。

若從佛學的角度來談心靈環保，便是基於離卻貪、瞋、疑、慢等的煩惱心，而開發智慧心及增長慈悲心的立場，來面對我們所處的環境。有了智慧心，便能使自己的身心，經常處於健康、快樂、平安的狀態；有了慈悲心，便能使他人也獲得健康、快樂、平安的身心。至於如何轉煩惱而成悲智？便是勘破五蘊構成的身心，是空不是我，此有兩個結果：一是不再造作自害害人的惡業；二是當下不受苦報，縱然處身於火宅之中，猶如沐浴於清涼池內。但是尚有無數的眾生不明此理，尚被困在貪、瞋、疑、慢等的煩惱火窟之中，所以要用此五蘊身心做為工具，救世救人，稱為菩薩行者。

當然，東亞思想中的中國大乘佛教，號稱有八大宗，那就是三論、唯識、天台、華嚴、淨土、禪宗、密宗、律宗，每一宗都有本體論、人生論、實踐論的教法，在此無暇逐一介紹。因為各宗所依據的經論不同，所持的觀點，也有出入，甚至同樣是依據眾生的如來藏心，天台宗主張一念心性具足三千（百界千如三世間），華嚴宗主張理體清淨不變（隨緣不變，不變隨緣）。同樣是天台宗派下的學者，有的持妄心觀，有的持真心觀。同樣是禪宗的第五祖門下，北方的神秀主張漸悟，南方的惠能主張頓悟。禪宗的四祖主張「守一不移」，五祖主張「看心」和「守心」，六祖主張「不著心」、「不著淨」、「亦不是不動」，他們三代之間，各有主張。同樣是修念佛法門，禪宗主張「念佛心是佛」，淨土宗主張專念西方極樂世界的阿彌陀佛。同為馬祖道一這個禪師，先說即心即佛，後說非心非佛。以類似的例子看來，似乎複雜矛盾，他們的功能也都是為了自利利人。此乃出於因時制宜、因地制宜、因人的狀況制宜的方便；因有不同的時空及不同的人、不同的狀況，就可採用多元化的、多層面的教法來應對，只要能夠令人的身心健康、快樂、平安就好。

若從禪宗頓悟成佛的立場而言，乃是直指人心的，凡是用文字傳流的佛經祖語，不過是修證方向的指示牌，它們本身不代表方向所指的目的物，甚至有禪宗祖師把佛經祖語，比喻成葛藤絡索，這是說，如果死執文字的經教，反叫人受困擾。但是，沒有佛經祖語，還是不行，所以禪宗的《六祖壇經》，教人依據《淨名經》（即《維摩經》意譯）的「直心是道場，直心是淨土」的開示，修行者應當「於一切處，行住坐臥，常行一直心」，便是「一行三昧」。六祖又依據《金剛般若經》所說的「應無所住而生其心」，主張「心不住法，道即通流；心若住法，名為自縛」。應無所住是不將一切現象跟自我中心的利害得失連繫起來，而生其心是以無我的智慧心來應對處理一切的狀況，所以，心不住法（現象），佛道的智慧便在你的心中產生功用，心若住法（現象），自己便被此法所束縛而智慧的功能就不現前了。

因此，在六祖以後的禪宗祖師們，主張「道在平常日用中」，主張喫飯飲茶都是解脫道及菩薩道，擔水打柴也是解脫道和菩薩道，日出而作日沒而息，都是修行，甚至百丈要求自己「一日不作一日不食」，因為若用無住的直心生活，便可時時都是身心健康、快樂、平安的時間，處處都是身心健康、快樂、平安的空間，所遇的人、所見的物、所做的事，也就無一不是好人、好物、好事了。所以，雲門文偃禪師也說「日日是好日」了。

五、現在我們法鼓山提倡的心靈環保

由於有許多現代人對於物欲的刺激與誘惑，不知設置心的防線，沒有布好心的保護網，所以，很容易自我失控，不容易抗拒，以致絕多數的社會大眾，每天每天都在為了盲目追求物欲的享受和名利的擁有，以及追求莫名其妙的什麼保障感，而忙碌、緊張、恐慌、爾虞我詐，失去了自己的尊嚴，混淆了人生的價值觀，傷害了他人的權益，危害了社會的安寧、和諧、平衡以及共同的安全保障，大家活得不健康、不快樂、沒有安全感。因此有很多人都在埋怨著問：「我們的社會人心，究竟是得了什麼病了？」答案應該是心靈被汙染了，人之所以為人的精神，被現代快速度的文明所形成的生存環境汙染了。因此，我在一九九一年開始，積極倡導「心靈環保」，目的是在呼籲社會大眾，建立正確的人生價值觀，過健康、快樂、平安的生活；人心淨化了，社會才能淨化。現代文明不是罪惡，只要人的心靈不被汙染，我們的世界便有明日的希望。以健康正確的心態，來迎合現代文明的科技生產，才能造福人類，否則，物質的享受豐富而精神的心靈空虛，就是物質富裕而心靈貧窮，對於人類社會的今天和明天，都是害多於利，甚至帶來大災難。

我自己是佛教徒，相信以中國大乘禪宗的思想，來淨化人心是直截了當的，尤其服膺永明延壽禪師的說法，不論是誰，只要當下的一念心與佛的悲智願行相應，你的當下這一念心便是佛心，許多念的心與佛的悲智願行相應，你的許多念心便是佛心，若能夠每一念心都與佛的悲智願行相應，你便證得福智兩足的圓滿佛果了。

從佛經中看，佛果位是很難圓滿的，若從禪宗的立場看，只要你能有一念心不被煩惱刺激誘惑，那一念心的當下，便跟諸佛無二無別；若以無常、空、無我的人生觀和宇宙觀，做為觀察環境審視心境的標準，當下便得解脫。只要願意留心，便見心念的生住異滅，是無常；肉體生命的生老病死，是無常；自然現象的風雲雷雨，是無常；時間的古往今來，是無常；空間的滄海桑田，是無常；乃至花開花謝、月圓月缺、榮華富貴與潦倒落魄等，都是無聲而說的無常法。

觀察無常、體驗無常，若能同時運用《金剛經》的「應無所住而生其心」，便是積極的心靈環保，認知一切現象是無常，包括自然現象、社會現象、生理現象、心理現象，都是無常。因為一切都是無常，一切便可以改變，遇到霉運、惡運，不必哀怨得失望，如能以智慧來因應，加上時空因素的轉移，惡運就會離開你；遇到好運鴻運，也不必自滿得發狂，若能以智慧心及慈悲心來善於運用，還會有更上一層樓的好運等著你，如你不知珍惜、保養、培植，自然律則的成敗得失，往往只繫於一念之差。

若能以無住的智慧心，生起利益社會大眾的慈悲心，來面對無常的一切現象，觀察、體驗、運用無常的一切現象，便是修得解脫道及菩薩道。無怪乎當六祖惠能禪師聽到《金剛經》的這句話時，便立即頓悟了，也無怪乎悟後的禪師們會看到，在日常生活中的任何一事一物、任何一草一木、任何一色一香、任何一人的舉手投足一言一行，對於自己，不論是順境或是逆境，無非都是諸佛的無聲說法，是說的無常法。無常即無自性空，空性是不生亦不滅的，因此，凡事凡物，時時處處，都是在說無生無滅、悲智具足的實相法。一切現象既然都是諸佛的無聲說法，便不會見到跟自己有矛盾的事，也沒有得失利害的事，但有尊重生命、珍惜資源，為眾生的利益、為眾生的苦難，而生起慈悲救濟的事。這是心靈環保的最高境界。

照這般說來，心靈環保的工作者和實踐者，是不是一定要來學佛修禪才行嗎？答案是很明顯的，能夠學佛修禪，當然極好，我們卻不可能要等到全人類都來學佛修禪之時，才開始推動全球性的心靈環保。跟現代人所談的心靈環保，必須是在多元化的原則下，朝向人類共同面臨的環境問題。例如本講稿前面所舉東亞思想中的儒、道二家，也有著心靈環保的內容。其實，凡是有心要為人類社會提供智慧，促使全人類的身心獲得健康、快樂、平安的觀點及方法，而能營造一個健康、快樂、平安環境的，都可算是心靈環保。

因此，我在國內外，推動的心靈環保，分成兩個層面：

一是學佛禪修的層面：是以有意願、有興趣於學佛禪修的人士為對象，用學佛禪修的觀念及方法，使得參與者，從認識自我、肯定自我、成長自我，而讓他們體驗到有個人的自我、家屬的自我、財物的自我、事業工作的自我、群體社會的自我，乃至整體宇宙時空的自我，最後是把層層的自我，逐一放下，至最高的境界時，要把宇宙全體的大我，也要放下，那便是禪宗所說的悟境現前。但那對多數人而言，必須先從放鬆身心著手，接著統一身心，身心與環境統一，而至「無住」、「無相」、「無念」的放下身心與環境之時，才能名為開悟。

二是「四種環保」及「心五四運動」：是以尚沒有意願學佛以及無暇禪修的一般大眾為對象，盡量不用佛學名詞，並且淡化宗教色彩，只為投合現代人的身心和環境需要，提出了以心靈環保為主軸的「四種環保」及「心五四運動」。

所謂「四種環保」，是指心靈環保、禮儀環保、生活環保、自然環保。

所謂「心五四運動」，是指跟心靈環保相關的五個類別，各有四點的實踐項目，那就是：

四安——安心、安身、安家、安業。

四要——需要、想要、能要、該要。

四它——面對它、接受它、處理它、放下它。

四感——感恩、感謝、感化、感動。

四福——知福、惜福、培福、種福。

以上兩種層面的心靈環保，已在東、西方社會引起相當令人興奮的回響。除了我已在東、西兩半球，舉行了三百次以上的禪期修行之外，我也在二〇〇〇年於紐約聯合國總部召開的「世界宗教暨精神領袖和平高峰會」（Millennium World Peace Summit of Religious and Spiritual Leaders）中，提出了「心靈環保」這個理念，二〇〇二年我又在「世界經濟論壇」（WEF）中另一次提出，同年，我向「地球憲章」（Earth Charter）提出心靈環保的急切性，也被該組織明確地接受。我在參加每一個國際性會議中，都會提出這個議題來，與大家分享，也都獲得許多正面的回應。

六、結論

由上述所知，心靈環保是應該不分古今的、不分地域的、不分宗教的、不分族群的、不分生活背景的。只要有心有願的人，都需要做，都應該做。

因此我真希望今天在北京大學發表了這篇講詞之後，能夠喚起全世界的有心有願挽救人心、挽救地球環境的人士，都能投入心靈環保的工作，它的內容是極其寬廣的，是可大可小、可深可淺的。似乎也可考慮到許多不同領域，例如某某宗教與現代人的心靈環保，某某主義與現代人的心靈環保，某某哲學思想與現代人的心靈環保，某某科技文明與現代人的心靈環保，某某經濟體系、某某政治體制與現代人的心靈環保，某某生產事業及建設計畫與現代人的心靈環保、某某地區開發或重點拓展與現代人的心靈環保等等，凡是跟我們食衣住行、教育、娛樂等相關的一切設施，最好能與現代人的心靈環保相結合，那才能夠把許多的差異性利益，匯歸於全地球、全人類永續的共同性利益。

（二〇〇三年十月二十三日講於北京大學）

佛教在二十一世紀的社會功能及其修行觀念

一、前言

自從一九九〇年元月十二日至十五日，中華佛學研究所假臺北國家圖書館，舉辦了第一屆中華國際佛學會議以來，已歷十二個年頭。當時擬定的永久主題是「佛教傳統與現代社會」。在此原則下，以前三屆也各選定了一個主題，分別是「佛教倫理與現代社會」、「傳統戒律與現代世界」、「人間淨土與現代社會」。每一屆都有很多傑出的學者們，發表了高水準的論文。這回是第四屆，我們依舊要沿著永久主題的原則，來討論「佛教與二十一世紀」。我們邀請了來自中華民國、中國大陸、泰國、英國、美國、印度、加拿大、日本、俄國、德國、南韓等十一個國家地區，當今世界的優秀佛教學者共四十多人，將發表三十多篇相關的精彩論文。我首先要在這裡向諸位學者們致敬和致謝，因為你們諸位，將為二十一世紀全人類的福祉，提供卓越的研究成果及高明的建言。

這次的大會，有三個子題，分成三個領域，那就是：一、佛教與修行，二、佛教與社會，三、佛教與資訊。每一個領域都將有多篇專業的論文發表。我的這篇主題演說，僅就佛教與修行、佛教與社會兩個項目，依據《阿含經》的觀點，做回顧與前瞻的探討，用來向諸位善知識請教。至於第三個項目，則由路易士．蘭卡斯特（Lewis Lancaster）博士來給我們做另外一篇主題演說。

二、佛教本來就重視社會關懷

宗教是社會現象的一環，佛教也不例外。雖在佛滅後已經過二千五百多年，佛教依舊在人類社會中，擔負著極其重要的任務。甚至可說，現代乃至未來的世界，愈來愈需要佛教的智慧和方法，來解決人類的社會問題。接下來，我將試舉五項社會議題，從《阿含經》的觀點，說明佛教的立場及其可能提供的解決方法：

（一）**人權平等。現代的社會必須建立在人權平等的基本要求上。**此在古印度稱為「四種姓」的四大階級社會中，是不被承認的，但於佛說的《阿含經》中，早已主張四姓平等。例如《中阿含經》卷三十九〈梵志品〉，佛與梵志論說四姓平等；《中阿含經》卷五十九例品的〈一切智經〉，佛與波斯匿王論說四姓問題，亦由王說出四姓應平等的結論。《雜阿含經》卷四十四有偈云：「汝莫問所生，但當問所行。刻木為鑽燧，亦能生於火。下賤種姓中，生堅固牟尼。」這是說下賤的階級中，也有聖人出生。《增一阿含經》卷三十七有云：「我法中有四種姓，於我法中作沙門，不錄前名，更作餘字，猶如彼海，四大江河皆投於海而同一味，更無餘名。」《長阿含經》卷六〈小緣經〉記述佛云：「若有人問汝誰種姓？當答彼言，我是沙門釋種子也。」

這意思是說，種族階級的信仰，是不合理的。我們應該以素行的道德和智慧的高低深淺，論其成就，不當以出生的家族或種族的背景，論其貴賤。所以凡在佛陀的團體中出了家的，便可捨卻原有的種族階級，一律稱為「沙門釋子」。縱然依舊在家學佛，也不以出身的種族階級，論其高下，而一律皆以所行的善法程度，來做衡量。這就是打破不平等的階級制度，將各種族群的人，都置於同等的社會地位了。此在當時的印度社會，應算是一種革命性的人權運動。

（二）政教分離。政治與宗教分離是新時代的必然趨勢。否則的話，由於政治體制與宗教結構的掛鉤，會為政治人物帶來操縱宗教群眾的弊端，也會為宗教團體帶來腐敗及俗化的危機。政治人物往往會因為私利而驅使宗教群眾，發動宗教戰爭。正統的佛教徒是不會被捲入政治漩渦的。

例如《增一阿含經》卷四十二〈結禁品〉中，便規定比丘不得親近國王，否則可能會有十種負面的問題發生，對比丘不利，也於佛教的團體有害。《中阿含經》卷四十九〈大空經〉中，亦規定沙門不應「論王、論賊、論鬥諍」等。《增一阿含經》卷四十三〈善惡品〉中，佛對比丘們說：「汝等莫稱譏王治國家界，亦莫論王有勝劣。」因為佛教是無國界的、不得黨同伐異的、不得參與政治鬥諍的。

不過，佛教徒也不是全不關心政治的良窳治亂，若遇賢王良相，亦當適時給予建言。例如《中阿含經》卷三十五的〈雨勢經〉、《長阿含經》卷二的〈遊行經〉、《增一阿含經》卷三十四的〈七日品〉，均舉出治國的七法。大致是主張王臣勤政愛民、以和合心議國事、人民彼此團結、上下和順、尊重耆宿意見、不違禮度、法律清明、崇信宗教、恭奉供養。以宗教來福國佑民，安定社會人心，由政治來治國保民，護持宗教。出家的佛教徒在任何國家，都是愛國的，關心政治的，但不左右政治。至於在家佛教徒，不僅關心政治，也應參與政治，唯不可利用教團的群眾，做為政治的工具。

（三）宗教寬容。文化多元與宗教的包容，已是新文明的必然趨勢。今日美國的強大，起源於英國清教徒不容於保守的英國，而移民到了美洲新大陸。是以美國立國精神之一便是人民有宗教信仰的自由，保障了宗教的包容性與多樣性。事實上，此在佛陀時代，就已處處告誡弟子們，應當平等恭敬供養一切宗教的沙門、婆羅門。例如《長阿含經》卷二的〈遊行經〉，建議國王治國，當恭於宗廟、致敬鬼神，而與孝事父母、敬順師長並列。在《增一阿含經》卷三十四的〈七日品〉中，鼓勵拔祇國人，供養沙門、婆羅門，承事禮敬梵行人。也就是說，人人均應有宗教信仰和所供養承事的宗教師及修行者，但不一定非得信仰佛教不可。另於《中阿含經》卷三十二的〈優婆離經〉中，特別敘述了一則動人的故事說：有一位原本供奉尼犍外道的居士，接受了佛陀的教化之後，準備不再讓尼犍外道師進他家門，也不打算供養原先的外道師了。佛陀知道後，卻勉勵他仍應如往常一樣地供養，並且開示說：「居士！我不如是說：當施與我，莫施與他，施與我弟子，莫施與他弟子。」又說：「居士……施與一切，隨心歡喜。」「居士！彼尼犍等，汝家長夜所共尊敬，若其來者，汝當隨力供養於彼。」

佛教主張，只要是不違背人天善法的一切宗教，均應受到保護及尊重。只是一定要告訴大家，佛教雖也是以人天善法為基礎，卻不以人天善法為究竟。在這之上，尚有出離生死的解脫道、自覺覺他的菩薩道、成等正覺的無上菩提。

佛教是「求同存異」的宗教，所以能夠包容異文化，甚至運用異文化的優點來幫助佛法的推廣。不像是若干一元論二分法的宗教，把異民族、異文化的其他教派，一律視為魔鬼，而認為必須予以殲滅，因此造成宗教與種族的世仇大敵，怨怨相報，殺伐不已！新世紀的地球村中，類似從一九九六年起至最近為止曾統治阿富汗的神學士政權，那樣極端的伊斯蘭教一元論者，勢必會被時代潮流孤立而失去生存的空間。否則，人類社會的命運，就要非常地悲慘了。

（四）社會福利。入世濟世的菩薩精神，已是時代宗教的必走之路。事實上，自從佛陀成道之後，除了每年三個月的雨季，是安居不外出之外，幾乎每天都會率領弟子們，到人間遊化說法，關懷人間大眾的疾苦，宣說脫苦之道，勸勉人間大眾都應發心利益眾生。在《增一阿含經》卷十一中，有定光佛說了「菩薩所行法」，同經卷十九中，則有彌勒菩薩請示六波羅蜜法。而《雜阿含經》卷二十六的六六七經及六六九經，更明載有四攝法。六度與四攝，一向被認為是大乘的菩薩法門，卻在《阿含經》中見到了。六度中的布施行是利他門，持戒行看似自利門，可是五戒被稱為五大施，持戒行也含攝了菩薩的三聚淨戒，那便也是利他門了。四攝法的布施、愛語、利行、同事，則全屬於利他行的方便法。

在《阿含經》中處處鼓勵佛弟子們當行布施，這是佛教的社會福祉觀。因為人類的知能和福報，是不會相等的；生產的能力和經營的能力，是不會相同的，尤其是各人的機遇，也不會一樣。這自然而然地就會形成貧富的差距。若用什麼制度來將財物平均分配，那是不公平的，也是不理智的。如果硬性規定下去，可能不是平均的富有，而是平均的貧窮了！要解決貧富懸殊的社會現象，除了合理的經濟制度，其最好的辦法，便是鼓勵人人都樂意布施。

布施哪些項目呢？《增一阿含經》卷二十七的〈邪聚品〉有云：「復有五施，令得大福，云何為五？一者造作園觀，二者造作林樹，三者造作橋樑，四者造作大船，五者與當來、過去（的人）造作房舍住處。」這五個項目，都是社會大眾的公共設施，包括了造作公園及其建築物、森林、橋樑、大船、旅舍等。這些在現代社會中，多半已由政府負責建造了，但是尚有政府做不到的公益福利，均可比照著由民間大眾布施。例如我們對流離失所的災民、難民，對貧病交迫、飢寒相煎的窮人、病患，均應伸出援手，施衣食、給醫藥、教他們謀生的方法和技巧。乃至於如《中阿含經》卷四十七的〈瞿曇彌經〉、《雜阿含經》卷四十八的一二八四經中所見的，也教奴婢及貧窮的人們，發起布施的歡喜心。解除了心靈的貧窮，就能面對物質的貧窮而不以為苦。

布施又名造福業。《增一阿含經》卷十二的〈三寶品〉，說有三種福業。第一種布施福業，便是對沙門、婆羅門、極貧窮者、孤獨無所依靠者，應施與衣被、床具、飲食、醫藥、止宿處等。在大乘經中，又稱布施為種福田。例如《優婆塞戒經》所說，以供養三寶為敬田，以孝養父母為恩田，以布施貧苦為悲田。

不過，布施的項目，可分三等，那就是：1.一般人只能以財物和勞力布施，2.知解佛法的人可用離苦得樂的觀念和方法布施，3.菩薩則能以大無畏的精神布施。財物和勞力的布施，可救一時的急難困苦，離苦得樂的觀念及方法，乃是一勞永逸而標本兼治的教育和訓練。因此，《增一阿含經》卷七的〈有無品〉要說：「施中之上者，不過法施」，「業中之上者，不過法業」，「恩中之上者，所謂不過法恩也」。此即是說，諸布施中，法布施最上；諸供養中，法供養最好；一切恩惠中，法的恩惠最可貴。若以通俗的說法，即是布施物力資源和人力資源，當然很好，但若能以教育來訓練大眾，使大眾獲得自力謀生的觀念和技巧，那就更好了。

（五）臨終關懷。對於病患的看護以及臨終的關懷，已是現代宗教重要的服務項目。現代人病重時，便可能住進醫院的病房，接受專業的醫護照料，但在病危彌留之際，病患本人以及病患的親屬，都會陷入恐慌、焦急、悲苦、無奈的情景中。此時亟需要有人給予宗教信仰和宗教精神的照顧。所以從二十世紀後期，西方社會中即有人設置安寧病房，以照顧臨終的病患。我們臺灣的佛教界也普遍地推廣了臨終助念的風氣，如今，法鼓山提倡的臨終關懷及佛化奠祭，已經是很受社會大眾歡迎的了。

其實，此在釋迦世尊時代，就已實施了。例如《增一阿含經》卷五〈入道品〉之四，佛告諸比丘：「其有瞻視病者，則為瞻視我已；有看病者，則為看我已；所以然者，我今躬欲看視疾病。」這是說，比丘們當為病比丘做看護，就等於為佛陀做看護。照顧了病人，就如同照顧了佛陀，而佛陀自己也要親身看顧病人。故在《僧祇律》卷二十八中，就有佛陀親自替病比丘洗衣的記載。在《雜阿含經》卷三十七的一〇二五經記載，有一位客來比丘，在客僧房中病得很重，無人照顧。佛陀便去探看他，病比丘見佛陀來探視，便扶床欲起。佛陀忙說「息臥勿起」，並問他

「苦患寧可忍否」？病比丘回說：「我年幼稚，出家未久，於過人法勝妙知見，未有所得，我作是念：命終之時，知生何處？故生變悔。」接著佛陀為他說六根、六塵、六識的緣生之理。佛陀走開之後，病比丘便死了。弟子問佛：「如是比丘當生何處？」佛答：「聞我說法，分明解了，於法無畏，得般涅槃。」一個出家未久的年輕比丘，本來還在擔心他尚未得到解脫道的勝妙法，不知死後將生何處而生起不安之心，由於佛陀為他臨終說法，他便得涅槃證聖果了。以此可知，為臨終者說法，以及欲臨終者應當聞法的重要性了。

也有病重比丘，由於佛陀的探視，聞佛說法而病好了的。例如《雜阿含經》卷三十七的一〇二四經，佛為病重的阿濕波誓尊者說五蘊非我，便使他心得解脫，歡喜踴悅，身病立除。在《雜阿含經》卷三十七中，尚有不少佛及聖弟子們探病說法的例子。

在《增一阿含經》卷四十九的〈非常品〉中，有一則舍利弗與阿難共去探視阿那邠祁長者病的記載。兩人向此長者勸修念佛、念法、念比丘僧，說色、聲、香、味、觸離於識，說五蘊熾盛苦，說十二因緣法。長者聞法，感動悲泣，命終之後，即生三十三天。

依據《雜阿含經》卷四十七的一二四四經記載，佛說若有男子、女人，臨壽終時，身遭苦患，眾苦觸身，只要心中憶念，先前所修的善法功德，即於此時攀緣善法，則當生於善趣，不墮惡趣。但亦最好能有善知識從旁勸勉提醒，使得臨命終人，保持正念。

由上所舉經證可知，佛教非常重視探看病人，尤其對於病重病危的病人，應該為他說法。如此或可由於聞法心開而病就好了，或可由於聞法解了而命終解脫，至少也可由於聞法往生善趣不墮惡趣。

中國的淨土念佛法門，確實是好，不僅能夠做臨終時的助念關懷，也能夠做死亡後的誦念超度，較之於《阿含經》的臨終關懷，更多一項方便。誦經說法與念佛說法，是異曲同工的。

三、二十一世紀修行觀念

佛教的修行觀，主要是以解脫道為著眼的，也就是從認知四聖諦的苦、苦集、苦滅，而修滅苦之道，這是佛法的根本思想和基本功能。修滅苦之道，便是解脫道。若以修行解脫道而為自己完成滅苦的目的，稱為自利行，若以解脫道協助他人也都完成滅苦的目的，稱為利他行。近代的日本學者宇井伯壽博士的《佛教泛論》，也基於這個觀點，以小乘諸派為自利教，大乘諸宗為利他教。

我一向以為：關懷人間的種種社會問題，是屬於人天善法；自求出離的四諦法門，稱為解脫道；以六度及四攝等法門，來利人利己的，稱為菩薩道。如果不以解脫為終極目標，僅修人天善法，從事社會關懷，便成隨順世俗的福利事業，不合佛法救世的宗旨。如果只顧修行四聖諦法而自求解脫，便成缺少慈悲心的自了漢，不合佛陀說法化世的本懷。必須將出離生死之苦、證得涅槃之樂的解脫法門，結合了人天善法的社會關懷，落實於人間，分享給大眾，才是正確的修行觀念。

大乘佛教，貶斥小乘，正因為小乘偏於自求解脫，不合佛陀的本懷。如果佛陀也偏於自求解脫，世間就不會有佛教，我們也不會聽聞到佛法了。小乘人僅注意到佛陀所說的四聖諦、十二因緣、八正道、三十七道品等修持解脫道的道品次第及其果位次第，卻忽略了佛陀是為關懷人間大眾的種種苦難、紓解人間大眾的種種苦難，而修道、成道、弘道的。此由佛陀的一生事蹟可以看出，佛陀本人便是最具體的大乘精神的親身示範者。所以在《阿含經》中，就處處呈現了人間性的大乘佛法。例如，大乘佛法的六度及四攝，早在《增一阿含經》及《雜阿含經》中，就已見到了。

大乘菩薩的利他行，不論六度或四攝，皆以布施為首要。解脫道的道品次第雖是以戒、定、慧三無漏學為綱要，但是佛陀隨時隨處鼓勵財布施及法布施。在家居士通常以財物布施，出家沙門即以自己所學所修的佛法布施。這就是將人天善法的社會關懷，提昇到與解脫道結合的菩薩道的層次了。這也正是《增一阿含經》之所以要強調，法施與財施的兩種布施，「施中之上者，不過法施」了。

布施而有親疏厚薄或有目標企圖者，稱為有相布施，仍屬於人天善法；布施而無親疏厚薄、亦無目標企圖者，稱為無相布施，便是與解脫道相應的菩薩行了。故在《增一阿含經》卷四〈護心品〉第五經的記載，有一位阿那邠持長者，常做平等布施，不檢對象。佛陀便稱讚他說：「善哉！善哉！長者！汝乃以菩薩心，專精一意而廣惠施。」又說：「菩薩之（學）處，恆以平等心而以惠施。」《增一阿含經》卷四十五中，亦有佛陀讚歎師子長者是「菩薩所施，心恆平等」的記載。於此可知，菩薩行的布施與人天善行的布施，看來相似，其實全異。一般的慈善救濟，仍為世俗法，若有解脫道的無相或平等心為導向的慈悲救苦，便是菩薩行了。

因此，新世紀的修行觀，必須回歸到佛陀的本懷，那就是契合社會大眾的需求，提昇布施的精神層次，落實於解脫道及菩薩道的普遍推廣。如果是沒有解脫道的菩薩行，其實只是世俗化的人天善法；如果脫離了人天善法而光修解脫之道，那就背離了佛陀應化人間的宗旨。

至於什麼才是菩薩道的修行法門？在《雜阿含經》卷二十第五五〇經，記載有摩訶迦旃延尊者，向諸比丘所說的五句話：「（如來）說一乘道，淨諸眾生，離諸惱苦，憂悲悉滅，得真如法。」這雖出於一向被認為是小乘經典的《雜阿含經》，確實就是大乘菩薩道的根本。此處的一乘道，可以說即是《法華經》的「唯一佛乘」，是和《增一阿含經》卷二十四等處所見的「三乘之道」相對而說的。一乘道是助一切眾生，脫離一切的惱苦、憂悲，並且實證真如的如實法性，也就是用一乘的佛法，濟度一切眾生，淨化心地，實證真如。三乘之道，是指聲聞、緣覺、佛的聖道次第。

至於要如何修證？必須如法修行四聖諦、十二因緣、三十七道品。四聖諦的道聖諦，即是八正道，它的基本內容是正見、正行、正定、正智慧，也就是以佛陀本懷的正知見，做為實踐戒、定、慧三無漏學的指導方針，來清淨身、語、意的三業行為。持戒安身，修定攝心，依空慧乃得解脫。《阿含經》中的解脫，有兩種人：一者定慧俱解脫，二則慧解脫。中國禪宗第六祖惠能大師的《壇經》之中，則主張：「定慧一體，不是二，定是慧體，慧是定用。」又說：「外離相為禪，內不亂為定。」若能於日常生活中，但得心不染著、不起惱亂者，便是自在解脫之人。如何能夠做到？一般人還是得從布施、持戒、習定方面多下工夫，方能心開業消，而證真如法性。

四、我們正在朝向新世紀的佛教努力

二十一世紀的佛教，必須落實於社會問題的關懷，如果光是藏身於自我封閉的修道生活，佛教將會遭受被時代社會淘汰而招致滅亡的命運。但是，關懷社會是為社會大眾滅輕痛苦、增加幸福、提昇品質，而不是隨波逐流，被世俗同化。

我們法鼓山，是在救人首要安心的原則下，依據《維摩經》所說「隨其心淨則佛土淨」的教示，提倡心靈環保，用禪修的觀念和方法來提昇人的品質，以期普遍推廣而來完成建設人間淨土的理念。我們以教育工作來完成關懷的任務，又以關懷工作達成教育的目的。

我們法鼓山正在做的、將要做的，就是為了回歸佛陀的本懷。我們自從中華佛學研究所召開第一屆中華國際佛學會議以來，透過集思廣益，已經得到了許多學者們提供的偉論高見。這對法鼓山有用，對全球的佛教有用，對全人類的離苦得樂有用。

不過，法鼓山的團體很小，力量有限，想做的很多，有能力做到做好的不多。可是，我們應該有信心，二十一世紀的佛教徒們，都會共同響應、共同努力的。

為大會的成功祝福！

為佛教對人間社會的關懷祝福！

為一切眾生能因佛法的救濟而離苦得樂祝福！

（二〇〇二年一月十八日講於中央研究院學術活動中心）

漢傳佛教文化及其古文物

一、佛教有三大傳統

佛教發源於印度，是由迦毘羅衛國一位釋迦族的王子，喬答摩悉達多，出家修道成佛之後所創立的，他的生滅年代，有多種說法，根據各家學者的推論，佛的滅度（逝世），當為西元前三百八十多年，加上他的世壽八十歲，生年該是西元前四百六十多年。現在世界各國的佛教徒們，所採用的，是依據斯里蘭卡的傳說，認為西元前五四四年為佛滅紀元元年，這是在世界佛教徒友誼會第三次大會中通過的，到西元二〇〇二年，便是佛滅紀元的二五四六年，他的出生，比基督耶穌早了六百二十多年。

佛的尊稱為釋迦牟尼，在他入滅之後，弟子們漸漸由印度而向南向北發展，形成了二十個學系的部派，有一個部派中的人，渡海到了南方的斯里蘭卡，慢慢地擴展到緬甸、泰國、柬埔寨等東南亞諸國，乃至中國雲南的西雙版納地區；通常被稱為南傳的上座部佛教。他們雖已各有文字，但仍使用各國語文拼音的巴利文（印度古文的一種）佛典，所以南傳佛教，亦通稱巴利語系佛教。

有向印度西北方延伸的佛教徒們，分作兩個階段，第一階段的絕大部分是通過西域的絲路而進入漢地，一小部分是從南方的海路，傳到中國的廣東。西元第一世紀，相當於從東漢明帝時代開始，陸續地將印度梵文的經、律、論三藏聖典，譯成了漢文，經過一千多年，到北宋開寶年間（西元九六八—九七五年），即有五千零四十八卷的漢文《大藏經》了。然後在中國又開展出了大、小十宗的學說，包括小乘二宗的俱舍、成實，大乘八宗的律、三論、天台、慈恩、華嚴、禪、淨土、密。又傳至韓國、日本、越南，統名之為漢傳佛教，漢傳佛教雖然有大、小乘十宗，主要源頭是印度初期及中期的大乘佛教。

印度佛教向北發展的第二階段，相當於西元第七世紀，進入中國的西藏高原，主要傳來的是印度晚期的大乘密教。由於印度的密教跟西藏原有的苯教，有許多相應相融之處，所以發展了具有西藏民族特色的大乘佛教，又由於佛教的輸入而發明了藏文，用藏文翻譯了大量的佛典，也用藏文寫了大量的佛教著作，藏傳佛典數量之多，當然多過南傳的巴利語三藏聖典，也不太少於漢文系的佛典。經過一千二百多年的傳流，也發展出了許多學派，乃至傳入了蒙古以及青海、四川、雲南、山西五台山等地。

今天，我們且不談南傳及藏傳的兩個系統，也不談由中國傳往韓國、日本、越南的佛教。就只談漢傳佛教在本土中所形成的文化及其所遺留下來的古文物，做幾點介紹和探討。

二、什麼是漢傳佛教的文化

文化的英文是culture，它的範圍非常廣泛，凡是跟人類社會有關的各種現象及其運作，都屬於文化，從沒有文字記載之前的語言、符號、用具等生活方式、互動關係，都算是文化，因此而有史前文化及有歷史記載的文化。總之，人類社會由野蠻而至現代的文明，經過歷代的努力，所得的成績，表現於各方面者，例如宗教、哲學、科技、藝術、文學、道德倫理、法律規範、風俗習慣等；在此各個項目之中，又有不同的領域，例如藝術之中含有繪畫、雕塑、音樂、舞蹈、建築等；文學之中含有經、史、子、集，又有散文、韻文、小說等；韻文又有詩、詞、歌、賦、偈、聯等；小說又有短篇、中篇、長篇等。

不過，人類社會，從史前到現在，多少都跟宗教信仰有關，例如中國古人所說社會的「社」字，是指祭拜土地之神，是從天子以至庶民，都應祭祀的「社稷」，後來便將有功德於大眾的人，死後配享於社稷，形成了崇德報功的祖先崇拜。即使到今天，儘管有人已不在乎有沒有宗教信仰，但是遇到婚、喪、節、慶，仍不免有儀式，以表示隆重及慎重，乃至向國旗致敬，對國父遺像鞠躬，對憲法宣誓等，其實都是淵源於宗教的信仰。

因此，凡是一個歷史悠久而被許多人接受信奉的宗教，必定會有其縱橫面的各種文化資產。佛教，是發源於二千五百多年前的印度文明古國，傳入中國之時，已有博大精深的文化內涵，到了中國這個東方的文明古國，再經一千年的含英咀華，開展成為具有中國漢文化特色的漢傳佛教，不僅適應了漢文化、融入了漢文化、豐富了漢文化，也創新了漢文化、開拓了漢文化。所以漢傳佛教的文化內容，早已和中國人的哲學思想、歷史傳統、文藝表達、風俗習慣，不可分割，甚至也早已跟中國人的日常生活打成一片；不論你願不願意承認，不管你是不是覺察得到，也不一定要用佛教的專用名相，佛教已經是根深柢固的中國文化，那確是一樁事實。

佛教的漢化，是跟中國固有文化互相影響，很有關係，中國的固有文化，從哲學思想而言，東漢時代，已有了先秦孔孟的儒家、老莊的道家，以及荀、墨、楊朱等所謂百家諸子，但其主流而被中國人所共通接受的，乃是儒、道二家。所以佛教的漢化，主要是和儒家及老莊的互相激盪而成。

從宗教的角度而言，中國原本的老莊思想，是哲學而不具宗教的型態，也不負宗教的功能，佛教傳入中國之前，只有先秦以來的方術之士，也沒有道教的宗教型態，當佛教傳入中國一百年之後，始由張陵、張衡、張魯的祖孫三代，「以鬼道教民」（《三國志．張魯傳》），近世學者章太炎說他們傳的是「古之巫師，……既非老莊，並非神仙之術也」。但是，天師道的開始，就是張陵的五斗米道。然後經過漢末魏晉南北朝，便一面納入老莊及丹鼎神仙之說，一面模仿佛教，抄襲佛經，而形成了經常與佛教對抗的道教。直到宋朝的道教重要文獻《雲笈七籤》，所列道教五戒十善的五戒內容，與佛教全同，十善的項目雖異於佛教，卻是佛教慣用的名相。南宋時代成立於河北遼、金治下的全真教，吸收儒家及佛教思想，參用禪宗的叢林制度，是跟南方江西龍虎山天師派相對的新道教，天師派蓄妻生子不忌魚肉，全真教則比照佛教的禪宗，也立「清規」，做為他們出家生活的公約。

其他，則由於佛教為了適應中國文化，希望能被中國社會接受，一直做著各方面的努力，佛教徒們一直都在學習中國文化，並且設法滿足中國社會的需求，彌補中國文化之不足，因此而為中國文化帶來了創新的機運及開展的活力。且讓我們來做如下幾個項目的探討。

三、漢傳佛教的思想適應及其開創

佛教最初輸入中國之時的思想環境，除了孔孟的儒家及老莊的道教，在宗教信仰的層面，便是方術之流行，那也就是構成被後世稱為道教的雛形，即是對於黃老的崇奉，雖沒有一定的中心思想，卻普為民間流行，亦為宮廷信奉。當佛教從西域傳到漢地，漢人也就將浮屠（梵文佛陀 Buddha 的早期音譯），跟黃老當作同樣的神祇來供祀，例如後漢明帝永平八年（西元六十五年），有詔曰：「楚王（英）誦黃老之微言，尚浮屠之仁祠。」一百年後，在後漢桓帝時（西元一四六——一六七年），襄楷上書：「聞宮中立黃老浮屠之祠。」可見當時的佛教被中國人視作黃老的亞流，並未見到有從西域來的佛教徒們，對此提出異議，他們是明知不同，而自願配合漢文化的需求。以此可以推知，佛教在中國，自始就是有其適應性的。

到了宋齊以下，方術迷信的風氣，漸漸退潮，清談的玄學抬頭，佛教的思想義理，也趁時而起，首先是配合玄學的風氣，故從孫綽的〈道賢論〉中，見到以七僧比竹林七賢，例如以竺道潛比劉伶，支遁比向秀，于法蘭比阮籍，于道邃比阮咸等。所謂玄學，是指南北朝時代的道家之學，其中以王弼所注的《老》、《莊》、《周易》，以及何晏的〈道論〉、〈無名論〉等，為玄學的代表。

當時的義學僧侶，也就多以老莊來解釋佛學，介紹佛理，被稱為「格義」。例如《梁高僧傳》的〈慧遠傳〉，講到：「年二十四，便就講說，嘗有客聽講，難實相義，往復移時，彌增疑昧。遠乃引莊子義為連類，於是惑者曉然。」慧遠（西元三三四—四一六年）是東晉時代的佛教名匠，少年時代，便已「博綜六經，尤善莊老」，出家學佛之後，即以老莊之說，解釋佛法的「實相」之義，是否允當，則不用辯論，總算能讓聽慣了玄學的人士，領略到了一些什麼是佛學。

又如《梁高僧傳》的〈法雅傳〉，也說到：「時依門徒，並世典有功，未善佛理，雅乃與康法朗等，以經中事數，擬配外書，為生解之例，謂之格義。」

另於僧祐撰《出三藏記集》卷六，載有道安（西元三一四—三八五年）的〈安般注序〉中，引用老子所說的「損之又損」，莊子所說的「忘之又忘」（編案：出自郭象《莊子注》卷三），《周易》所說的「開物成務」等名句，以說明安般的禪修方法。而此《老》、《莊》、《周易》之三書，正是當時玄學家的中心典籍，通稱為「三玄」。也就是以三玄來比附佛法，假藉當時大家所熟悉的三玄，介紹印度傳來的佛學。

又在《出三藏記集》卷八所收支遁的〈大小品對比要抄序〉中，所言：「莫若無其所以無，忘其所以存；忘其所以存，則無存於所存。……盡無則忘玄，忘玄故無心。……設玄德以廣教，守谷神以存虛；齊眾首於玄同，還群靈乎本無。」此篇所用的名詞，幾乎就像是在講老莊的玄學。但其篇名是講的大小品《般若經》對比要抄序，一開頭就以玄學比附佛經云：「夫般若波羅蜜者，眾妙之淵府，群智之玄宗，神王之所由，如來之照功；其為經也，至無空豁，廓然無物者也。」粗讀之時，誤以為佛學就是玄學的同類，細讀之時，始知佛學要比玄學更有內涵，故不等於老莊的玄學。這也就是佛教所說的方便權巧的設施，援玄學做為橋樑，來介紹佛學，並進而引玄學之士來接受佛學。

這樣的風氣，影響佛教是很深遠的，正因為當時講老莊的人士，特別注重「有」及「無」的問題。例如《老子》云「無名天地之始，有名萬物之母」句，王弼注云：「凡有皆始於無，故未形無名之時，則為萬物之始；及其有形有名之時，則長之育之，亭之毒之，為其母也。言道以無形無名始成萬物，以始以成而不知其所以玄之又玄也。」王弼及何晏都以老子的「有生於無」，為宇宙論的主張。

當時佛教學者們，便以講出「空」、「有」的論點，來因應時代環境的需要。依據吉藏的《中觀論疏》卷二所說，在羅什三藏未到長安之前，已有釋道安「明本無義」，即是「一切諸法，本性空寂」。又謂：「無在萬化之前，空為眾形之始。」此中的「本性空寂」，是印度的佛法，「萬化之前」及「眾形之始」，則是配合著老子所說「無名天地之始，有名萬物之母」講的。

日人安澄的《中論疏記》卷三末又說：法深法師亦製論云：「夫無者何也？豎然無形，而萬物由之而生者也。有雖可生，而無能生萬物。故佛答梵志，四大從空生也。」這還是附和老子的「天下萬物生於有，有生於無」之說，表示佛法所說的「四大從空生」，是跟老子的思想吻合的。不過，這種「本無義」，終究不是佛法的原意。

類似的空有論，尚有支道林（支遁）作〈即色遊玄論〉，「明即色是空，故言即色遊玄論，此猶是不壞假名而說實相」。這就是真的佛法，如《中觀論》及《般若經》所說空有之義了。又有僧溫作〈心無二諦論〉云：「有有形也，無無像也，有形不可無，無像不可有。」這是依莊子講佛學。

從以上所舉諸家的空有論來看，道安的「本無」義及支道林的「即色是空」義，是以中國哲學的實在論做橋樑，跟老莊思想接軌之後，再說出佛法的本義是什麼，巧妙地適應了老莊思想，也調和了中、印兩系思想的差異。這要在羅什的弟子僧肇出來，便明白地告訴我們，《梁高僧傳》卷六的〈僧肇傳〉介紹他：「歷觀經史，備盡墳籍，愛好玄微，每以莊老為心要，嘗讀《老子・德章》，乃歎曰：『美則美矣，然期神冥累之方，猶未盡善也。』」他心喜老莊，而覺得「猶未盡善」，所以轉而追隨羅什學佛，可是當他討論佛法時，還是要借用老莊來闡明佛法，又用佛法來深化和拓展了中國的思想領域。

僧肇（西元三八四—四一四年）的主要著作，現存而收於《大正藏經》者有三部書，一部《寶藏論》一卷三品；另一部《肇論》一卷內收〈物不遷論〉、〈不真空論〉、〈般若無知論〉、〈涅槃無名論〉等四篇；第三部是《注維摩詰經》。

在他的《寶藏論》一開頭，就採用老子《道德經》的句型：「道可道，非常道；名可名，非常名。無名天地之始，有名萬物之母。」而云：「空可空，非真空；色可色，非真色。真色無形，真空無名；無名名之父，無色色之母。」說的道理雖不同，所用句法則學老子學得很像。第三品中，又借用老子《道德經》所說的「道生一，一生二，二生三，三生萬物；萬物負陰而抱陽，沖氣以為和」的一段話，來介紹佛教的「無為」、「妄心」、「三界」。僧肇用老子《道德經》的句型，但他所要表達的是《般若心經》的「色即是空，空即是色；色不異空，空不異色」。有形有相的「色」，即是存在於無形無相的「空」之中，無形無相的「空」，是由於有形有相的「色」而被認知的。本體和現象，是不一不異的、是同時存在的，不是本體與現象的二分法，亦非「有始於無」，以「無」為宇宙根本的自然主義，乃是「因緣所生法，自性即是空」。但是僧肇的表達方式非常巧妙，能讓人覺得是與老子的思想相類似。

僧肇的《寶藏論》第三品，不僅引用老子，也假藉陰陽及清氣濁氣，來說明佛教對於宇宙人生的現象，所持的看法，例如：

道始生一，一為無為；一生二，二為妄心。以知一故，即分為二。二生陰陽，陰陽為動靜也。以陽為清，以陰為濁；故清氣內虛為心，濁氣外凝為色，即有心色二法。心應於陽，陽應於動；色應於陰，陰應於靜；靜乃與玄牝相通，天地交合故。所謂一切眾生，皆稟陰陽虛氣而生。是以由一生二，二生三，三即生萬法也。既緣無為而有心，復緣有心而有色，故經云：「種種心色。」是以心生萬慮，色起萬端，和合業因，遂成三界種子。夫所以有三界者，為以執心為本，迷真一故，即有濁辱，生其妄氣；妄氣澄清，為無色界，所謂心也。澄濁現為色界，所謂身也。散滓穢為欲界，所謂塵境也。故經云：「三界虛妄不實，唯一妄心變化。」（《大正藏》四十五冊一四八頁上欄）

這一段論文抄錄得很長，若不如此抄錄，不易見到僧肇當時要把佛學介紹給中國的苦心，在瀰漫著《老》、《莊》、《周易》，所謂三玄的知識分子社會環境中，若不從他們所熟悉的角度切入，就很難讓他們對佛學產生興趣了。例如中國人好簡單、重大體、樂現實的人生，從未想到有生於無的「無」，是「真一」的實相、無相或空相，也從未知道宇宙人生是由眾生的妄心被萬法所迷而起惑造業，而成了欲、色、無色的三界種子，更不曾習慣分析宇宙人生是以五蘊假合的人為中心，五蘊構成的人，簡單地說，便是心、色二法的結合，心為心理及精神的部分，色為生理的肉體的部分。所以僧肇要假藉三玄常用及慣用的名詞，來襯托出佛學的義理。僧肇所用的「真一」，不是一元論的第一因，而是諸法自性空的一實相，乃是既非有相、亦非無相的畢竟空相。僧肇所說的「二」，雖以陰陽清濁之氣來形容，但他指的是被境所迷的執著虛妄心，由此執著幻境而動的虛妄無明心，便有三界的宇宙萬物出現了。所以要說：「既緣無為而有心，復緣有心而有色。」那即是說，迷了「真一」的無為實相之智，便產生妄心，由於妄心生起「萬慮」的心理現象，便與種種物質現象的「色法」有互動關係了。這是佛學特有緣起論，用這樣的表達方式，目的只是在運用玄學介紹佛學，在佛教史上稱之為「格義」。

請看「既緣無為而有心，復緣有心而有色」，是不是有一點像佛學所說的「無明緣行，行緣識（心），識緣名色」的句型及內容相似？佛學中的「無明」、「行」、「識」，都是《寶藏論》所謂「濁辱」而生的「妄氣」，即是妄心；佛學中的「名色」，便是妄心與物質和合而成的胎兒之初形。妄心加色法，便是具體的人的心身世界。這種觀點，對於漢文化的中國人，原本是陌生的，所以要借用玄學。

佛學包容玄學、肯定玄學、運用玄學，拓展了玄學的廣度及深度，這是佛學對於漢文化的成全及拓展，而非否定及破壞。猶如王弼用玄學註《老》、《莊》、《周易》，也註《論語》，也是以另一種角度來看孔子思想，多少對儒家也有一些影響。同樣地，在《肇論》的〈般若無知論〉中，主張：「聖人虛其心而實其照，終日知而未嘗知也。」又謂：「般若可虛而照，真諦可亡而知，萬動可即而靜，聖應可無而為；斯則不知而自知，不為而自為矣。」馮友蘭的《中國哲學史》便以為：「宋明道學家謂聖人之心，寂然不動，感而遂通，即用此等意思。」足徵僧肇的思想，也為儒家開出了復興的契機。至於僧肇所謂「聖人虛其心而實其照」，從表面看是用莊子之言「至人之用心若鏡」的譬喻，其實是為表達《金剛般若經》所說的「應無所住而生其心」，「應無所住」是沒有妄想的執著，「而生其心」是有智慧的功能。後來宋明的新儒家，也常用聖人之心如明鏡的譬喻，殊不知這是經過佛學與莊子調和之後的新觀念。

四、漢傳佛教是經過漢文化熏陶之後的中國佛教

佛教傳入中國之後，如上所說，曾與老莊玄學有過適應及互動的關係，但是也很清楚，儒家思想，才是漢文化中的最大主流。因此，道安（西元三一四—三八五年）撰寫的〈二教論〉，雖也提及道家、陰陽家、法家、名家、墨家、縱橫家、雜家以及農家，而他卻採取讚揚儒家而貶抑其他諸家的態度，他說：

若局命此方，則可云儒釋，釋教為內，儒教為外，備彰聖典，非為誕謬。詳覽載籍，尋討源流，教唯有二，寧得有三。……（《漢書》）〈藝文志〉曰：「儒家之流，蓋出於司徒之官，助人君、順陰陽、明教化者也。遊文於六經之中，留意於五德之際，祖述堯舜，憲章文武，宗師仲尼，其道最高者也。」（《廣弘明集》卷八，《大正藏》五十二冊一三六頁下欄）

這段文字，道安是把佛教和儒家，置於平等而平衡的地位，中國儒家常稱「內

聖外王」之道，佛教則謂內學及外學之教，佛學中的《大智度論》有內、外兩經之說，《仁王般若經》有內、外二論，故以儒家為「治國之謨」及「修身之術」，佛教則講悲智兩全、明因果業報，主張種族平等、有教無類、萬品齊悟。所以儒、佛二教，乃可相輔相成，相得益彰的。道安以為，儒教有六典，道家僅二篇，孰高孰下，也可以想見。

道安所著眼的是經世之學的實用層面，所以重視儒家而貶抑老莊。因此，錢穆的《國史大綱》，也稱讚道安是「中國第一個嚴正的佛教徒」，至於曾被孫綽拿來跟竹林七賢之中向秀相比的支遁（支道林），錢穆說他只是「出家的名士」而已。

另一位略晚於釋道安的竺道生（西元三五五—四三四年），他是羅什門下的高徒，與僧肇齊名，並稱什門二傑。他在漢傳佛教的思想史上，有震古鑠今革命性的大貢獻及大發明。

道生的貢獻，是受孔子思想的影響而大膽地提出了「頓悟成佛」之說以及「善不受報」之議，乃是繼承「人皆可以為堯舜」的平等觀，以及孔子所說：「聖道既妙」能「體無鑒周」即「理歸一極」的頓悟觀（編案：參見《廣弘明集》卷十八〈辯宗論諸道人王衛軍問答〉）。但是在當時已知的佛學思想中，只知道成佛是多生多劫長遠修行的結果，並且在《大般泥洹經．分別邪正品》有說「一切眾生，皆有佛性」，「除一闡提」。雖以為一切眾生皆有佛性，唯其在眾生之中有一類沒有善根的「一闡提人」，是不可能成佛的。此與孔子人人平等的思想不合，道生以為如果佛教尚沒有孔子的知見開闊，應該是不可能的，因此不惜與時眾對抗，力排眾議，而率先提出了頓悟成佛之說。他說的「頓悟」是不必經過積功累德的長期漸修，「成佛」是一切眾生都有成佛的可能。

至於「頓悟成佛義」及「善不受報義」的兩篇論文的題目，僅見於梁僧祐的經錄，論文現已不見，湯用彤的《漢魏兩晉南北朝佛教史》第十六章中說：「生公似各曾為文發揮此二義。」唯據湯氏的考證，在跟道生同時代的一位學者謝靈運（號康樂），寫有一篇〈辯宗論〉，被收於《廣弘明集》卷十八，該論首篇即介紹「新論道士」的頓悟之說，湯用彤先生的看法是：

> 此新論道士，當即指道生，其證有二：（一）王弘（字休元，時為衛將軍）既與謝辯頓義，往反多次後，即將其問答送示生公。必因生公為原來立此義之人，故以之就正也。（二）陸澄〈目錄〉稱：「道生執頓悟，謝

康樂述頓悟。」是謝述生之義也。慧達《肇論疏》亦曰：「謝康樂靈運〈辯（原作弁）宗〉，述生師頓悟也。」（《漢魏兩晉南北朝佛教史》下冊一五三頁）

由以上所引的論點來看，謝靈運的〈辯宗論〉所說「新論道士」便是道生，新論道士所提倡的頓悟之說，便是道生的「頓悟成佛義」了。從〈辯宗論〉所見的新論道士道生的頓悟成佛義，他先舉出佛家及儒家，原本也都有「積學」及「漸悟」的思想，但是孔氏主張「體無鑒周，理歸一極」，因此道生「以為：寂鑒微妙，不容階級」，主張「今去釋氏之漸悟而取其能至，去孔氏之殆庶而取其一極」。可證知道生的頓悟論，是受儒家孔子影響所啟發。至於儒、佛二教的不同之處，乃在：

隨方應物，所化地異也。……華人易於見理，難於受教，故閉其累學而開其一極；夷人易於受教難於見理，故閉其頓了而開其漸悟。……（儒家）學聖不出六經，而六經得頓解，（佛家聖學）不見三藏，而以三藏果筌蹄歷然，何疑紛錯？魚兔既獲，群黎以濟。（《大正藏》五十二冊

二二五頁上至中欄）

這段文字，說明了儒家與佛學的頓漸不同，乃由於中國的華人與西域的印度人之間，在民族性上有其差異，儒、佛二教的目的相同而方式有殊，那是聖人設教，為了「隨方應物」的關係。漢民族的華人，雖然也有如孔子謂顏淵：「回也其庶乎屢空。」似亦講漸修的工夫，但其「理歸一極」，畢竟是講頓悟；因為「華人易於見理，難於受教」，是故孔子關閉了累積學習的漸修之門而開啟了一極至理的頓悟之門。西方的「夷人易於受教難於見理」，是故釋氏關閉了頓悟之門而開出了漸悟之門。但是，佛教既來了中國，所化的人群，也跟儒家相同，都是華人，就應該倡導：「去釋氏之漸悟而取其能至（理性的頓悟）；去孔氏之殆庶（漸修）而取其（頓悟的）一極（之理）」了。因為儒、釋二教的經典，都是聖人之學，是聖人所說，也是能使庶民凡夫成為聖賢的依據。在儒家不出六經，若能一極至理，六經便是胸中之物；在佛家不見三藏，若能得魚而忘魚筌，得兔而忘蹄跡，直下頓悟，不用三藏聖典，也能利濟眾生了。

像道生這樣的見解，並不否定漸修漸悟，但他相信釋迦牟尼佛的本意之中，一定也有頓悟的法門，既然傳入了中國，就當入方隨俗，適應「易於見理」的漢民族，遂提倡頓悟之說，並且認為一闡提人，皆得成佛。這是非常大膽的創見，結果由於他的「孤明先發，獨見忤眾。於是舊學，以為邪說，譏憤滋甚，遂顯大眾，擯而遣之」（《梁高僧傳》）。道生被當時同住的僧團大眾開除了，那是劉宋文帝元嘉五、六年間（西元四二八、四二九年）的事。後來於東晉太元十年至劉宋元嘉十年（西元三八五—四三三年）之間，四十卷本的《大般涅槃經》，由曇無讖在南京譯出，於其卷二十七的〈獅子吼菩薩品〉，果然見到了佛說：「我常宣說，一切眾生，悉有佛性，乃至一闡提等，亦有佛性」的經文。證明道生的先見之明，是正確的。因為道生曾對著大眾，發過誓願說：「若我所說，反於經義者，請於現身即表癘疾；若與實相不相違背者，願捨壽之時據師子座。」當《大般涅槃經》譯出後的第二年，道生真的就在廬山西林寺的說法座上，「端坐正容，隱几而卒」了。

道生的「頓悟」之說，和他的「善不受報」之說，乃是彼此呼應，互為表裡的。頓悟之理，即是實相般若，般若之智，即是無住生心，「無住生心」即是去除對於一切諸相的執著而生起智慧的妙用，用之於日常生活，便是悟後的功能。因此〈辯宗論〉的「什法師答」之中有云：

眾生之所以不階道者，有著故也。是以聖人之教，恆以去著為事，故言以不住般若。雖復大聖玄鑒，應照無際，亦不可著，著亦成患。

（《大正藏》五十二冊二二八頁下欄）

鳩摩羅什是道生的老師，對《般若經》無住無著的思想，是一脈相承的，既然頓悟是悟的實相般若之妙智，連般若都不執著，還要等待接受修行一切善法的果報嗎？所以「善不受報」是頓悟者的必然態度，那也就是《般若心經》所說的「無智亦無得」了。道生本是為要適應中國人的民族性而提倡頓悟成佛，結果證明這種思想正是印度大乘佛教的最高意境。從此之後，對於漢傳佛教的禪宗，具有決定性的影響。

漢傳佛教雖有大乘八宗，唯有禪宗的活力最強，禪宗在第六祖惠能（西元六三八—七一三年）以下，又分南頓北漸，到了惠能的弟子神會（西元六八四—七五八年），征服了北宗禪，而只剩主唱「不立文字，教外別傳」的南宗禪一支獨秀，直到如今，中國漢傳佛教的寺院，普遍多屬於禪宗。這又證明漢民族的確如道生所說的「華人易於見理，難於受教」。所以大乘八宗之中凡是重於哲學思辨、論議繁複、分析比較的宗派，只有行之於極少數的知識分子之間，普遍、實用並與現實生活結合的，還是主張頓悟的禪宗。中國頓悟禪的開創者，與其說是西元第六世紀來華的菩提達摩（西元？—五三五年），應該說是更早於一百年的道生（西元三五五—四三四年）了。菩提達摩著的〈略辨大乘入道四行〉之中，雖也有「不隨於言教」的「理入」頓門，但他也列出了另外四種漸修的修行法門，稱為「四行」。所以還不能算是純淨的頓悟禪，也正因為如此，才有此後所謂北方神秀一系的漸悟禪了。

中國禪宗的風格，到了第七代的百丈懷海（西元七二〇—八一四年）在江西洪州的大雄山，建禪林、立清規、自食其力、開墾山林，創立了「一日不作一日不食」的農禪家風，這與印度佛教僧侶之以托缽為生，不許墾土掘地，不得自耕自炊的生活方式，大異其趣，也和中國都市佛教寺院之依賴政府供養及信徒布施的生活方式，大不相同。這也是由於適應了中國社會的文化背景，所以能夠可大可久，能在中國人的環境中，生存發展。但是，這種生活態度的形成，在道生之時，就已見到了端倪，那就是在《梁高僧傳》卷七「竺道生傳」中，有一段非常有趣的記載說：當晉恭思皇后褚氏建了一座青園寺，由於道生是當時的法匠，所以被請去在該寺居住，深受宋太祖文皇帝的重視。有一天皇帝設宴供僧，而皇帝到遲了，飲食上桌之後，眾僧久久不敢開動，原因是大眾以為已經過了日中，依律制，不得進食。如果不受此食，又不知如何給皇帝交待，所以猶豫不決。

因此皇帝開口說話了：「始可中耳。」

道生便接口說：「白日麗天，天言始中，何得非中？」說完，道生便取缽用餐，大眾也跟著吃了。

這樣的事，若在印度，是絕對不會發生的，到了中國，就算方便，也很少有僧侶敢以如此公開地不拘泥於律制的。看起來好像是道生沒有骨氣，為了討皇帝的歡喜，竟然妄言皇帝是天，皇帝說日中，就算是日中。但是，在遇到當時那樣的窘況，若不是這麼說，那還有更好的辦法嗎？如果為拘泥律制的小節，失去了皇帝護持佛法的力量，甚至惹來災難，合算嗎？因此，佛教到了中國，只有最能適應漢文化的禪宗，最受歡迎。

其實，類似道安、僧肇、道生等人那樣，主張儒、釋、道三家的適應與調和論者，在中國佛教史上，一直都有許多人在努力，由《弘明集》、《廣弘明集》所收諸家文獻中，已可一目瞭然。直到清末民初，凡是有學問的僧侶，都還是秉持著三教融合論的態度。儘管有人批評中國的漢傳佛教，不太像印度佛教的面貌，殊不知這正是漢傳佛教的長處，若非如此，佛教可能會跟印度教一樣，僅是印度單一民族的宗教罷了。

道生提倡的頓悟成佛以及禪宗主張的教外別傳、直指人心，不止是一種中國型態的哲學思想，更是一種實事求是、實用活用的生活態度，所以也是遇深則深、遇淺則淺，遇高即高、遇低即低的教育模式。它沒有一定要堅持信仰心外的什麼神明或最高的權威者上帝，佛也只是一位有教無類的教育家，佛是聖人，佛也希望一切眾生都能成為聖人。站在禪宗頓悟成佛的立場，佛與眾生是平等的，佛是我們見賢思齊的榜樣，不是讓我們當作神靈來崇拜的偶像。孔子不語「怪力亂神」，禪宗在佛教各派之中，也是最平實、最具有人文化、人間性的一派。在佛經以及佛教史傳文獻中，雖也有不少說到天堂地獄及神仙鬼靈的記載，但在第一流的禪宗法匠，絕少談神說鬼，縱有神祕經驗，也會明示那與明心見性的實相般若無關。主張平常日用中事，最為親切，所以要說「應無所住而生其心」的如實生活，積極利益眾生而不以自我的利害得失為念。所以中國的禪僧，不會由於生活形式及身分事業的不同，而失去禪修生活的目標及其所秉持的生活信念；能屈能伸，極富彈性，而又不會背離佛教徒的精神。而經歷代毀佛的皇帝或異教徒破壞與迫害之後的佛教，禪宗受的影響較少，很快又會復興，原因也在於禪宗重視內在精神的淨化，不太在乎外在的環境怎麼變動。

五、佛經的翻譯適應及其影響

漢傳佛教在思想及生活層面上，既然能夠適應華人社會的文化背景，在其傳流的過程中，產生的種種文化活動，也跟著有其同樣的特色。

例如，由於佛經從梵文陸續譯成了漢文，不僅豐富了中國的漢文化，影響了漢文化，佛教的翻譯家們，為了適應華人的民族性，也在不損及梵文原典意涵的原則下，做了若干變動。例如依據我國近代的歷史語言學家陳寅恪（西元一八九〇—一九六九年）的研究所見，鳩摩羅什的譯經藝術，有三點值得注意：「一為刪去原文繁重，二為不拘原文體制，三為變易原文。」他以羅什所譯《大莊嚴經論》的漢文本對照現存的梵文本，便發現「中文較梵文原本為簡略」，甚至該論「卷十一首篇之末節，則中文全略而未譯」。又據《喻鬘論》的梵文殘本與羅什譯的漢文本對勘，有兩節梵文原本為散文，譯成漢文則為五言一句的偈頌體；另有兩節的梵文原本為偈頌體（類似韻文），而被譯成了漢文的散文。又有一處梵文的 Kanva，本為印度古仙人的專有名詞，如果直譯，中國人就不知是什麼了，所以羅什譯為中國人常識所稱的「諸仙」；還有 Mandara 及 Vindhya 原為印度傳說中的兩座大山之名，亦非中國人所習知，所以羅什將之譯成了中國人已經知道的「須彌山」（以上資料，見於胡適的《白話文學史》第九章）。

因此，胡適要說：「他（羅什）譯的書，雖然掃除了浮文藻飾，卻仍有文學的意味，這大概是因為譯者的文學天才自然流露。」又說羅什所譯「最流行又最有文學影響的卻要算《金剛》、《法華》、《維摩詰》三部。其中《維摩詰經》本是一部小說，富於文學趣味。……這一部半小說半戲劇的作品，譯出之後，在文學界與美術界的影響最大」（見於同上書第九章）。

因此，佛經的漢譯，除了力求投合漢文化的習慣，也為中國文學增加了新意境、開創了新文體，拓展了新材料。原來例如胡適所見樂府中的長詩〈孔雀東南飛〉，只是寫實的敘述，而沒有一點超自然或超空間時間的幻想。這是中國文學表現的民族性。又如在《列仙傳》、《神仙傳》，也是非常簡單而且拘謹，等到受了印度翻譯過來的佛典文學影響之後，才有《西遊記》、《封神傳》的超現實作品出現。

西元第五世紀以下，中國的佛教徒們為了要把佛教傳播到民間去，倡行了三種宣傳佛教教義的方法，那就是：

歌詠經文，稱為「轉讀」：四世紀末葉的支曇籥，就是以諷詠經文著稱；胡適先生說，這種以唱誦來讀經的方法，是源自西域，後來傳遍中國，連小孩念書、秀才舉子背八股文章，也都學著哼出調子來了。但是亦有一些不同，詠讀儒書稱為書腔，詠讀佛經稱為梵腔。

歌詠法言的「梵唄」：此與轉讀同出一源，乃因梵文文體，注重音韻，以能入絃為佳。初期的僧侶，多數是來自西域的所謂梵僧，也將印度人歌詠法言的梵唄方法，傳入了中國。當時僧侶造的梵唄，據《梁高僧傳》所說，有支曇籥的六言梵唄〈大慈哀愍〉；又有〈面如滿月〉、〈敬謁〉等曲子。後來中國化了的梵唄，都帶有一些地方色彩的唄讚，直到今天，尚有所謂四大祝延、八大讚的唄讚。後來有人說，是出於曹植的魚山梵唄，應係神話傳說，不足採信。

設立了宣唱的法理制度，名為「唱導」：用在齋會的晚上講座之間，大眾聽法疲乏困倦之時，法師便以佛經中的因緣、譬喻、本生、本事等的故事來廣明三世因果，辯說一齋大意。

由於以上三種傳教的方法，雖然能夠提高讀佛經、誦法言的興趣，也能讓聽法的民間大眾，知道一些佛教故事；但是歌詠梵唄，還是不易叫人懂得，到了唐及五代，漸漸地便出現了「變文」體裁的佛教文學作品。

什麼是「變文」？它給中國文學有多大的影響？自從在敦煌石室發現了大量的變文，已有許多學者如羅振玉、劉半農、臺灣的羅宗濤等研究了，鄭振鐸的《中國俗文學史》，便以變文專列一章，並以為後來中國的戲曲、小說、彈詞、寶卷，皆由此發生。因為變文中已有詞曲、散文、唱詞，後來的戲曲、小說、彈詞、寶卷中所表現的，亦無非是這些東西。現存的變文殘卷中，以《維摩詰經》為藍本的變文最為繁富，有的是大部頭的作品，需要積時累月才能講唱完畢。凡是依經文講唱時，先引經文開場，然後繼以散文，再繼以唱詞。在謝無量寫的〈佛教東來對中國文學之影響〉中說：所謂變文，「大概要將事實用散文先為略敘，再用韻文復述一次，詞句愛用重復。這是講說宣傳的事，並運用那時大眾語言，使大眾聽得慣，記得牢，所以做成這樣的體格」。（《現代佛教學術叢刊》第十九冊二十六頁）

我們從張曼濤所編《現代佛教學術叢刊》第十九冊所收作品，可以看到專題討論變文的學者有：秋樂、周叔迦、關德棟、覺先等諸人。他們多很重視鄭振鐸的《中國俗文學史》所持見解：

在變文沒有發現以前，我們簡直不知道「平話」怎麼會突然在宋代產生出來？「諸宮調」的來歷是怎樣的？盛行於明清二代的寶卷、彈詞及鼓詞，到底是近代的產物呢？還是古已有之的？許多文學史上的重要問題，都成為疑案而難於有確定的回答。

從這段引文可以明白變文對中國通俗文學的影響之大了。而變文的體裁，乃是脫胎於梵文佛經的形式，幾乎所有的大乘經典，每一段都是先採用「長行」的散文敘述或議論，接著就用韻文體的「偈頌」，來重複一遍散文所講的內容，也有在重複之際延伸散文所未講的內容。目的是在使聽者容易懂得，容易記憶，也比較活潑生動，容易使人感到興趣。至於這種文體的變文，竟然能影響中國文學的革新，甚至於成了中國戲曲和章回小說的鼻祖，雖非出於佛教徒的本意，卻為中國文學史展開了新局面。

六、漢傳佛教的古文物是世界輝煌的文化資產

文物是表現文化的物品，在人類歷史的過程中，凡是由於為了表達生存的努力、生活的情趣、生命的信仰，以及個人和群體的關係、人類和自然的關係等，而發明了特定的工具、導具、象徵物、用品、衣物、建築、繪畫、雕塑等的物品，乃至歌唱、舞蹈、樂器、語言文書等，都算是古代的文物。

自從佛教傳入中國之後，經過一千多年的佛典漢譯，不僅影響了中國人的哲學、宗教、文學，也豐富了漢民族的日用語彙，創新了漢民族的思維層面，並為中國乃至為世界人類，留下了豐富的文化資產。例如魏晉南北朝時代的鑄造鎏金佛像，動輒幾萬尊，遺留下來的，已成為今日世界收藏家們的心愛。

例如石窟藝術，本來在印度是一種僧侶修行居住的洞窟，釋迦牟尼佛時代，在王舍城郊外山中，就有一個可以容納五百人集會的大石室，名叫七葉窟（Sapta-parṇa-guhā），是當時王舍城的五大精舍之一；有石雕藝術品保留至今的石窟遺

址，印度尚有數十處，其中最有名的一個，名叫阿姜塔（Ajanta）。另在柬埔寨境內，也有吳哥窟（Angkor Wat）等，都是偉大的石雕寺院。中國古人也從西域來的梵僧生活，學到了開鑿洞窟，做為佛教徒們群居或獨處修行的處所。後來由於朝廷出資、或者由達官顯要及大富豪們出資、或由庶民許願集資，為了表達他們對於佛教信仰的虔敬，全心投入，開鑿石窟，雕造佛像，彩繪壁畫，極盡富麗莊嚴堂皇之能事。經過近千年的累積，石窟藝術，即成了許多依山而建的寺院博物館；近世有西方人把敦煌石窟比作法國的羅浮宮，把麥積山四十四窟那尊北魏泥塑佛像，形容為東方的蒙娜麗莎，把敦煌的壁畫和米開朗基羅在梵蒂岡所留的作品相比，也有將龍門及雲岡的石窟大佛及石窟的宏偉建築，與希臘的神殿及其雕像相比。但是中國的達文西是誰呢？中國的米開朗基羅是誰呢？他們的設計人多半是僧侶，他們的製作人有僧侶也有在家居士，多半都是以畢生的心力和時間，奉獻給了他們的信仰，是否要留名，卻不是重要的事了。

佛教的石窟藝術，涉及的範圍，可謂包羅萬象，舉凡雕塑、繪畫、建築、經典、碑刻，乃至音樂、舞蹈、文學、戲劇、歷史、地理、風情、人物、儀式、服制等，都能在石窟中被找到。例如敦煌石窟，不僅是藝術殿堂，更是古籍文獻的寶藏，被英國的史坦因、法國的伯希和等所運走的敦煌卷子，內容以佛教的文獻為主，已成為漢傳佛教文物中的寶庫。

其實，石窟及摩崖石雕，是同一性質，其最大優點是比較禁得起時間的考驗，所以開鑿石窟、磨刻石崖的風氣，非常普遍，而且歷久不衰。北方多山，而自然環境嚴峻，所以石窟多是佛教道場的主體，南方多水，而且自然環境溫和，所以石窟及摩崖多為寺院的附屬。我們最熟悉的，也是最著名的，漢傳佛教有五大石窟：山西大同的雲岡、河南洛陽的龍門、甘肅敦煌的莫高窟、甘南天水的麥積山、四川的大足石窟。事實上，如今已經被陸續發現和公開的，幾乎遍及全國的有上百處。其中有名的例如山東濟南有神通寺的千佛崖、南京棲霞山千佛崖、杭州靈隱寺飛來峰、江西通天岩，沿河西走廊而下，尚有武威天梯山石窟、永靖的炳靈寺石窟，涇川的王母宮、王家溝、羅漢洞石窟，彬縣大佛寺、武山縣水濂洞石窟，沿洛水尚有直峪口石窟（編案：直峪口石窟或為鞏縣石窟寺），河北尚有響堂山石窟，河南有寶山石窟，益都黃河南岸有一連串的石窟，如黃石崖、千佛山、玉函山佛龕等不下十多個遺址，在東北則以遼東的萬佛堂最有名。

其實，在北京西南郊房山縣雲居寺石經山，也是石窟型的藏經洞。而此雕刻石經的風氣，從北齊時代已經開始，例如河北省南響堂山及北響堂山的石窟內石刻的《華嚴經》及《般若經》等。至於像房山縣的石經，是從隋煬帝大業年間開始開鑿雕刻，經唐、宋、遼、金，迄於元朝，歷七百五十年的斷續經營，共九個石窟，如今完整的石經四千一百九十六片，加上殘缺破碎的石板經七百八十二片，以及雲居寺南塔地穴內的一萬零八十二片，合計一萬五千零六十塊石板，有一千一百二十二部、計三千五百七十二卷佛經。其中最大的是第五窟，名為「雷音洞」，可以容納四、五十人，四壁皆是石刻佛經，內有石柱四根，共刻一千零八十八尊佛像，類似雲岡石窟，具體而微。像這般浩大而持久的雕刻石經工程，絕不亞於前面所舉的五大石窟，如果拿秦始皇的兵馬俑來比五大石窟，其規模也絕不遜色，但此房山石經，乃係出於民間的力量，是由於佛教歷代的僧侶所促成。根據日本學者常盤大定博士的調查研究，除了房山石經，尚有幾十處摩崖石刻的經典，其中最具特色的是山東省泰山經石峪的大字《金剛經》，刻於花崗岩的溪床上，堪稱石經中的極品，碑帖中也將之列為上選的一種。

從石窟、石經，也可以延伸到跟佛教相關的碑碣、銘文以及書法的範本。歷代名家的碑帖，例如大家熟悉的，有集王右軍書的〈大唐三藏聖教序〉，褚遂良的

〈聖教序〉，懷素的〈草書〉，顏真卿的〈多寶塔碑〉，柳公權的〈玄祕塔碑〉，智永禪師的〈千字文〉等，全都是跟佛教相關的。另在各處古寺院中，可以發現許多的石碑，都跟當時的人文地理及歷史相關，故為文化史及地方誌，保留了第一手資料。其中的許多可在西安的「碑林」內找到。

從石窟及寺院的佛教建築群中，最凸顯的應該算是佛塔的建築。漢傳佛教的佛塔，是寺院殿堂的附屬物，寺院主殿都採用王公大臣所居的宮殿式，雖非來自西域，卻為中國歷代的古建築保存了它的特色，陪襯主殿的寮房或廂房雖多用古代的民居形式，也是一種民族文化的遺產。至於佛塔，幾乎又是每一座規模較大的寺院所必備，那是沿襲自印度西域的習慣，乃是佛教精神信仰所寄的象徵物。

「塔」的梵文是窣堵波（stūpa），原先是用作安置佛陀舍利的建築物，亦即是各個僧房的中心，提供僧侶及信眾們做紀念、禮拜、供養之用，其功能相當於漢傳佛教寺院中的佛殿。因為安置佛陀的舍利，中國人便將之譯成佛圖、浮圖、浮屠。又稱之為佛塔、寶塔，簡稱為「塔婆」、「塔」。

「塔」的形狀，在最初是自然的圓形，所以又有「土堆」的意思，類似漢人土葬的墳墓，俗稱土饅頭。到了阿育王時代（西元前二六八年即位），開始建造覆缽式的佛舍利塔。後人又在圓形的塔頂上增加了平頭及傘蓋，共三個部分，這是早期的塔形。後來的演變，則除了西北印度有方形塔之外，其他地區便在自然圓形的基礎上，逐漸發展，依次向上，有了塔身、覆缽、剎竿、頂端是傘蓋，共分五個部分。這大概就是漢地佛塔有三重、五重、多重的起源了。當佛教分別由印度往北往南，傳出國外之後，塔的形狀也各自有了變化，南傳、藏傳、漢傳，朝鮮、日本，也略有變化。漢傳的佛塔，在建材方面有石塔、磚塔、泥塔、木塔、鐵塔、銅塔、金銀塔、水晶塔，在形狀方面有四方、六角、八角；有密檐式、樓閣式；有三重、五重、七重、十三重、乃至多到十五重的；有覆缽塔、龕塔、柱塔、五輪塔、無縫塔。在所置物品方面，除了舍利塔，尚有髮塔、牙塔、爪塔、衣塔、缽塔。

就紀念的對象而言，則有佛塔及祖塔。例如山東濟南市柳埠神通寺，現有兩座古塔：一座是建於隋煬帝大業年間的四門塔，塔內四面各供一佛，所以是佛塔；一座是為紀念該寺開山祖師東晉時代的僧朗，故名為朗公塔，俗稱龍虎塔，雖也是四方形，而塔基、塔身、塔頂，與四門塔完全不同。這是既有佛塔又有祖塔的典型寺院了。因此，每到一座具有歷史性的古剎，除了會看到一、兩座高聳入雲的佛塔，也多有歷代祖師的塔林。如果進入古寺院而見不到佛塔及祖塔，就會覺得好像少了點什麼。許多歷經滄桑的古寺院，修復之際，必定考慮古塔的重整，有許多已經毀廢的古寺遺址，也憑著尚有佛塔的基礎，而得以重建，山東神通寺，便是一例；北京西山的靈光寺招仙塔，也是一例，它是文革之後第一座被重建的寶塔，目前稱為佛牙塔。

總而言之，漢傳佛教對中國文化的貢獻，是非常大而且多的，舉凡日常生活的用品、用語、飲食、風俗、習慣之中，不論我們有沒有意識到，都已有著佛教的影響成分在，確是無可否認的事實。又如對於生死的態度、因果的觀念，乃至喪葬中的火化方式，也是由印度傳入的，這種葬法，今後也很值得普遍推廣，它可解決死人跟活人爭地的問題。另有造像風格的變遷分布，是一門大學問，臺灣的林保堯及山東的劉鳳君等諸位教授，是這一方面的專家。中國山水畫的形成以及詩與畫合一的意境，都跟佛教的影響有關。禪宗留下大量的語錄，不僅影響了中國的文學，也對宋、明的理學，影響深遠。

再以漢傳佛教寺院的古建築物來說，又是一門大學問，北京建設部的屠舜耕先生，便是一位這方面的專家；粗看寺院主體都是宮殿形式的，細加考察，則唐、宋、遼、金、明、清的佛殿建築風格，亦各有其特色；迄今保存得最完整的一座唐代古建築，是五台山的南禪寺；其次是遼、金時代的，有五台山的佛光寺及大同市的上華嚴寺、下華嚴寺，迄今保存得最多的是明代風格的寺院建築。這些都是中國極珍貴的文化資產。我們到歐洲訪問，見到他們的古文物，多半與宗教有關。我們發現漢傳佛教為中國創作了這麼多的古文物，應該也是值得我們重視和發揚光大的民族文化。

七、結語

我很慚愧，今天的主題，不是我主攻的專長，我的專門，僅是佛學領域中的一小部分，今天為了這場演講，臨時看了十多本書，參考了幾十種資料，就大膽地在諸位行家面前，講了這麼大一個主題，有點自不量力，一定有不少是外行人講的外行話，真覺得不好意思！

（二〇〇二年十二月十八日講於山東大學）

萬別千差一掃空

——管窺黃檗隱元禪師

天下有三座黃檗山，一座在江西洪州，一座在福建福州，一座在日本京都的宇治，而最古的一寺，即在福州。我於二〇〇二年十月十三日，到福州的黃檗山參訪先賢遺蹟，看到殿堂寮室煥然一新，尤其在隱元禪師紀念園中，殿閣庭苑及碑亭建築，令我神往不已，因為那是現代日本黃檗山諸賢，對於祖庭的奉獻。

我是臨濟子孫，當然也是黃檗子孫，唯以生逢亂世，少小出家，即遷居海外，未嘗有緣及早拜謁法脈源頭，年逾古稀，始得來到黃檗山禮拜祖師行道遺址，感慨自身業深障重之餘，尚有不虛此行之慰。

今年（二〇〇三年）九月，接獲京都黃檗山萬福寺文華殿之知藏田中智誠先生來函，囑我為其文華殿開館三十年、創設三十三週年，撰稿紀念，提供《黃檗文華》第一百二十三號刊載。我雖對於日本黃檗山，所知不多，趁此因緣，對於隱元隆琦禪師（西元一五九二—一六七三年）及其門下，做一管窺，聊資回報田中先生的雅意，亦對明末歸化日本之高僧，表示崇高的敬意。

正由於隱元禪師在六十三歲時歸化了日本，中國禪宗史中便甚少見到有關他的資料。以致我雖研究明末佛教，卻未能對隱元禪師著墨，若以隱元禪師的年代計算，又正是我所研究的範疇，例如我的博士論文，是寫明末的蕅益智旭大師（西元一五九九—一六五五年），乃為隱元禪師同一時代之人，隱元禪師親近過的密雲圓悟（西元一五六六—一六四二年）以及為其印可的費隱通容（西元一五九三—一六六一年）兩位禪師，也曾是我研究的對象，遺憾得很，我竟未曾寫過與隱元禪師相關的文章。

中國佛教之傳入日本，大乘八宗，無一遺漏，其中多係日本僧侶到中國求法之貢獻，唯自唐朝以下，唐僧東渡者，亦大有人在，例如唐代著名者，有道明、道榮、道璿、鑑真等二十七人，而以鑑真之東征，最為史家所樂道，因其對於日本律宗開創，影響極其深遠。鑑真律師（西元六八七—七六三年）之後，宋僧東渡而有影響力的，乃為蘭溪道隆、兀庵普寧、無學祖元、大休正念等十一人；元僧東渡之有史可徵者，有一山一寧、西澗子曇、石梁仁恭、靈山道隱、清拙正澄、明極楚俊、東陵永璵等十三人；明初東渡僧侶，則有天龍寺的龍室道淵、建長寺的喜江以及靜山，尚有奉明代朝廷之命，派赴日本擔任交流工作者，則為仲猷祖闡、無逸克勤、天倫道彝、一庵一如等人。

到了明末清初，由於明室衰亡，滿清入關主政，基於民族意識以及兵亂不止，明末儒者如朱舜水等流亡日本，大量明末遺民，亦浮海赴日，著陸之處，即為明、清時期日本對華交通的特別要港長崎，明人赴日，皆於長崎登陸，亦集中留置於長崎，明末僧侶亦隨著移民潮來到長崎，故有建立佛寺之必要，先建興福寺、次建福濟寺、後建崇福寺，合稱為長崎三福寺，基本而言，此三寺的建築，乃由中國的船主捐獻，亦從中國福建聘請僧侶前往住持。此後，廣州旅日華僑亦於長崎建寺，名為聖福寺，其開基住持鐵心和尚，祖籍亦為福建人士，直至隱元隆琦禪師，於京都宇治開創黃檗山，建立黃檗宗，寺名為「萬福寺」，乃為紀念福建的黃檗山萬福寺，是為飲水思源，以上五寺寺名，皆繫有一個「福」字，想必亦為出於飲水思源。

依據資料顯示，自清朝順治年間至康熙之末的七十年間，東渡日本的高僧，多達六十餘人，隱元隆琦，即是其中的大龍象，他是日本承應三年（西元一六五四年，即明末永曆八年，亦是清朝順治十一年）七月十五日抵達日本長崎，在這略前的順治八年（西元一六五一年），已有福建的道者超元禪師，到了長崎的崇福寺。及隱元東渡，則為日本佛教史上的一大盛事。也可以說，歷來東渡的華僧之中，對於日本佛教有大貢獻者，雖然很多，而能在日本自創一宗，並獲得後水尾法皇封為國師，也贏得德川幕府大將軍家綱撥地建寺，又受到皇女光子法內親王崇敬的人，在鑑真律師以降，能集如此榮寵於一身者，恐不作第三人想了。尤其隱元東渡之時，已是黃檗山的住持，德高望重，弟子眾多。亦似鑑真第五次東渡之時，伴同的弟子有道俗十四人，隨同隱元東渡的弟子有大眉性善、獨湛性瑩、南源性派、獨吼性獅、慧林性機等。

隱元東渡的緣由，表面上是因長崎興福寺的住持逸然性融遣弟子自恕及古石等，來福建的黃檗山邀請前往日本弘揚禪法，一說是依敕命及王命而到日本的。依據《長崎古今集覽》也說，將軍家綱之時，依足利家之慣例，欲建禪剎，並呼請中國道德之僧，隱元便是應聘的一人。

隱元自身是明末臨濟宗的中興法將，他的門下弟子，亦多傑出之士，帶到日本的二十人，十人返回中國，十人留駐日本，嗣後又有木庵性瑫於西元一六五五年抵長崎福濟寺，即非如一於西元一六五七年東渡住崇福寺，高泉性潡於西元一六六一年到宇治黃檗山，襄助隱元，掌理衣鉢。兩位性字輩的弟子，對於日本黃檗宗的攝化之功甚偉。其中的木庵性瑫，是日本黃檗山的第二代住持，深得將軍家綱的優遇厚賜，在他手上，黃檗山完成了極有規模的各種殿宇建築，並蒙靈元天皇敕賜紫衣，並在江戶白金，開山興建紫雲山瑞聖寺，在法嗣五十餘人之中，鐵牛道機、慧極道明、潮音道海，並稱為門下三傑。至於高泉性潡，乃是一位奇才，不唯精於寺院行政工作，禪修工夫及文學修養，均屬上乘，後水尾法皇曾向隱元請法，亦敕高泉製〈十牛頌〉，法皇八十聖誕日，高泉提唱，並撰《扶桑禪林僧寶傳》進奉，法皇御覽之後，而云「仰願禪師與朕同壽」，爾後優詔不絕；並且得到皇子一乘院真敬親王皈依嗣法，皇女光子法內親王亦請為之皈依授法號，尚有近衛基熙、家熙父子的皈依，大名之建寺供養，在他以世壽六十三歲圓寂之後，靈元上皇敕諡「大圓廣慧國師」。此乃明末第二位中國的歸化禪僧，能在距隱元之後二十年間，亦受另一位上皇敕諡國師號的人。這二位歸化的國師，看來似乎一樣地尊榮，唯其若無隱元禪師在日本的艱辛開路，高泉禪師恐亦不易得到如此高的世榮。

回過頭來，再看隱元禪師東渡之後的艱辛經歷是什麼？他在日本得到的助緣是哪些人士？首先，隱元面臨的日本禪佛教界，是妙心寺派的臨濟禪僧。歡迎他的是妙心寺派的禪僧，抨擊他的也是妙心寺派的禪僧。先說迎接隱元並把隱元留在日本，使他的晚年能在日本主流社會，得與原有的臨濟、曹洞二大宗派，分庭抗禮，創立第三禪派黃檗宗的人士，原來都屬於臨濟宗妙心寺派。第一位是妙心寺仙壽院的禿翁妙周，因他於西元一六五二年頃，在京都書肆的一束書物中，見到《隱元錄》二卷，讀之稱奇，因以之示於龍安寺（亦妙心寺派）的龍溪宗潛，見之亦奇，二人便暗暗崇敬隱元禪師，此時距隱元東渡，尚早二年。當隱元抵達長崎，卻巧妙心寺的另一禪僧竺印，也行腳到長崎，便希望盡快把隱元接到京都，正巧禿翁妙周的法兄虛櫺了廓，也從廣島至長崎，親炙隱元的法儀，並向禿翁報導。就這樣，龍溪、禿翁、竺印三人，便計畫著把隱元迎請到妙心寺。由於諸方相傳隱元禪師到了日本，便為當時日本的禪宗界，興起了一大股刺激的風潮，仰慕而求參謁者，相當地多。例如大阪大仙寺湛月致虛櫺的書信，對於隱元禪師行化日本，稱為：「是何幸哉，當于叢林衰替之秋，適遇祖師之西來者，如冷灰之復燃矣，孰不隨喜焉邪。」

由於竺印及龍溪二人之奔走，而將隱元迎至京都，並與將軍及後水尾法皇等日本最高統治階層結了法緣；在隱元禪師未於京都建立黃檗山之前，遇到不少挫折阻礙，所以屢次表示返回中國之意願，均被竺印及龍溪等人勸請挽留下來。諸多不遂順事，乃出諸於明末中國禪林規制行儀，與入宋諸師所學，已有若干不同，所以隱元禪師帶到日本的規約制度，包括飲食次數、敲打法器、唱念南無阿彌陀佛等，均與日本禪宗所行者殊異。另有一部出於妙心寺派的著作《禪林執弊集》二卷，共有三十七項，竟有十七項是針對龍溪、隱元及其黃檗宗的非難。以此可知，隱元禪師東渡日本，既受到妙心寺派許多禪僧的歡迎，也為妙心寺派的禪風帶來考驗，受到歡迎的是仰慕隱元禪師的禪法，受到抗拒的是明末清初中國禪林的行事方式。

如何是隱元禪師的禪法？在他尚未東渡之前，名為《隱元錄》的開示錄，已於日本的書肆流傳，後世相傳的則見於《普照國師廣錄》、《黃檗開山普照國師隱元和尚傳》、《普照國師年譜》等書。寬文三年（西元一六六三年），日本黃檗山開堂之後，後水尾法皇，委託龍溪，向隱元徵求法語，隱元即上「法要」一章，現存於《普照國師法語》，內容如下：

單傳直指之道，別無言說，唯要自己放下身心及一切塵勞。直下返照本來面目，覷破無位真人，則不被外物所蒙，如鏡對鏡，了了分明，原無一物染汙，亦無點塵留礙；圓陀陀、活潑潑、赤灑灑、轉轆轆，名不可名，識焉能識？直得自徹自悟自了而後已。既徹悟了然，則生死去來自由自在，處富貴不為富貴之所牢籠，處人天不為人天之所留礙。可謂萬象主，而作四生父，以天下為一家，以萬類為一子，繼往開來，駢臻民福，聖種彌隆於萬代，法門砥柱於千秋。

這一篇法要，共有四個段落：1.禪法的體驗，首在放下身心及一切塵勞。2.禪法的工夫，在於返照未出娘胎前的本來面目，原來無物無塵、非名非識。3.禪悟之後，即得生死自在，不為人天富貴所滯礙。4.徹悟之人，便可以成佛，便能如法皇那樣，既有聖種隆傳萬代，亦為法門千秋作砥柱了。乃將佛法與皇業，用禪法來一以貫之了，因此而博得後水尾法皇的尊崇，於同年六月二十九日，以納於五重黃金塔內的佛舍利五粒，以及黃金若干相賜，敕建舍利殿。

又於寬文十三年（西元一六七三年）二月三日，後水尾法皇向隱元禪師請法的書問奏對，可見其機鋒峻厲：

後水尾法皇曰：「朕老矣！無日不思道範，但未得一會為歉耳，……朕嘗閱《人天眼目》、臨濟四料揀等，建立宗旨，差別因緣，後來知識下語作頌。朕屢召問都下諸山之僧，未免多涉於機解，若如是則何處見宗旨？據朕見處，了無一法與人，臨濟亦無開口處。雖然，既有料揀不用，則違臨濟之旨，用則不免葛藤，未審如何判斷？」

隱元老和尚奏答云：「萬別千差一掃空。」

法皇聞奏，大悅，乃曰：「朕早知老和尚只有一句，今果然。」

隱元老和尚聞後，呵呵大笑云：「老僧被法皇看破。」

真是一則快問快答的公案。緣於當時日本都下諸山之僧，多被知解葛藤所困，涉及機鋒往還，便落入義解說理的窠臼，所以後水尾法皇不能滿意，一般利智上根禪士，例如禿翁、龍溪、竺印、虛櫺等妙心寺派下諸禪僧，一旦接觸到隱元語錄，便生傾慕之心了。

後水尾法皇對於隱元禪師，雖未會面，隱元的奏答，確甚稱旨。故於一六七四年隱元禪師圓寂後的二年，也就是延寶四年八月七日，由於皇女林丘寺開山普明院光子元瑤法內親王之奏請，後水尾法皇親用御筆，將隱元禪師奏對的一句法語「萬別千差一掃空」七個字書寫了，下賜黃檗開山堂。至於為何以「未得一會為歉」？依據後宇多天皇的遺敕，禁止外國僧晉見參謁。可知不是不想會見，乃因不便會見。然而當後水尾法皇聞悉隱元禪師重病不起，即以三句話悼慰：「師者國之寶也，倘世壽可續，朕願以身代之。」法皇為期隱元禪師這樣的國寶，長壽住世，竟「願以身代之」，這絕對不是一般客套的悼慰話了，法皇對於一位歸化的禪僧，如此真情相待，實在難得可貴。

接著亦由已經出家為尼的皇女林丘寺宮光子法內親王，提出奏請，後水尾法皇便對隱元禪師授給「大光普照國師」之謚號。敕文云：

朕聞臨濟之道，遍行天下，至天童雙徑，光輝益盛。唯我日域，久乏宗匠，幸黃檗隱元琦和尚，受請東來，重立綱宗，闡揚濟道，大光於國，功不可磨，朕屢沾法乳，簡在朕心，故

特賜大光普照國師之號，以旌厥德，欽哉，故諭。

寬文十三年四月二日

敕文中一則慨嘆「唯我日域，久乏宗匠」，再則稱頌隱元禪師東來日本，「重立綱宗」，闡揚臨濟祖道，「大光於國」。此係指出日本禪宗此際已無大匠，故藉隱元東渡而重振臨濟宗風。以此可知，隱元禪師對於日本禪佛教的振興，厥功甚偉。縱然受到來自妙心寺保守派的許多抨擊，說他不識禮法，說他濫收徒眾，連馬伕船腳為了餬口，也到寺內剃度，數百惡比丘，都成了會眾。又說黃檗宗所用的口語，非倭音、非唐音、亦非明音，乃是用的韃靼音等等。可是，隱元禪師東來，已為日本的禪佛教界，注入了新鮮的源頭活水。

回顧中國佛教，經過宋明理學的撻伐以及元朝蒙古人的異族統治，漢傳佛教諸宗，到了明初，已是奄奄一息，命如懸絲。迄於明末，相當日本江戶幕府時代的初期，中國佛教出了不少大善知識，臨濟派下名德群出，曹洞一脈也極興隆，隱元隆琦禪師，便是出現在那一個時代的臨濟宗傳人，由於當時的中國，像隱元禪師這樣的名匠極多，他東渡日本，找到一塊發揮所長的新天地，可能要比他留在中國的意義更大。

當我研讀我的先師東初老和尚遺著《中日佛教交通史》的過程中，發現一項有趣的事實，那便是日僧留學中國者，不論入唐、入宋、入元、入明，遊歷參學之後，即返回日本；華僧東渡者，往往便在日本留下，成為歸化僧，甚至像唐之鑑真，明之隱元，成了日本佛教的拓荒者及中興者，而被日本朝野尊稱為人間國寶。因為他們東渡是為弘化。反觀我聖嚴自己，一九七〇年代，東渡日本，是為留學，完成博士學位之後，便離開了日本，這好像也是理所當然的事了。

這篇文章，到此必須擱筆，因為我不是研究日本黃檗宗的學者，引用的資料，主要出於上述先師的遺著以及辻善之助著的《日本佛教史》第九卷，將之提供《黃檗文華》刊載，殊覺汗顏。尤其是用現代口語的中文撰寫，對於日本讀者極度不便，我要為此致歉。以我這個中國禪僧，寫一篇中文來紀念文華殿開館，算是聊表一份敬意；更貼切地說，我是寫給中文讀者們看的，是讓中文讀者們約略知道一些日本黃檗宗的開創事蹟，以資緬懷明末東渡的先賢古德。

（二〇〇三年十一月十五日法鼓山僧釋聖嚴撰於美國東初禪寺）

智慧海 67

學術論考

A Collection of Academic Paper by Master Sheng Yen

著者	聖嚴法師
出版	法鼓文化
總審訂	釋果毅
總監	釋果賢
總編輯	陳重光
編輯	張翠娟、李書儀
封面設計	化外設計
內頁美編	小工
地址	臺北市北投區公館路186號5樓
電話	(02)2893-4646
傳真	(02)2896-0731
網址	http://www.ddc.com.tw
E-mail	market@ddc.com.tw
讀者服務專線	(02)2896-1600
初版一刷	1999年12月
三版一刷	2020年7月
建議售價	新臺幣500元
郵撥帳號	50013371
戶名	財團法人法鼓山文教基金會—法鼓文化
北美經銷處	紐約東初禪寺 Chan Meditation Center (New York, USA) Tel: (718)592-6593 Fax: (718)592-0717

法鼓文化

國家圖書館出版品預行編目資料

學術論考 / 聖嚴法師著. -- 三版. -- 臺北市：法鼓文化, 2020. 07

面； 公分

ISBN 978-957-598-850-0（平裝）

1. 佛教 2. 文集

220.7 109005699